国家杰出青年科学基金资助项目(编号:40125003)

服务业与城市发展丛书

转型期中国城市公共服务业管治研究

闫小培　主编

刘　筱　闫小培　著

商　务　印　书　馆

2010年·北京

图书在版编目(CIP)数据

转型期中国城市公共服务业管治研究/闫小培主编；刘筱，闫小培著．—北京：商务印书馆，2010
（服务业与城市发展丛书）
ISBN 978-7-100-06059-2

Ⅰ．转… Ⅱ．①闫…②刘… Ⅲ．服务业—城市管理：商业管理—研究—中国 Ⅳ．F719

中国版本图书馆CIP数据核字(2009)第048951号

所有权利保留。
未经许可，不得以任何方式使用。

服务业与城市发展丛书
转型期中国城市公共服务业管治研究
闫小培　主编
刘　筱　闫小培　著

商　务　印　书　馆　出　版
（北京王府井大街36号　邮政编码 100710）
商　务　印　书　馆　发　行
北京瑞古冠中印刷厂印刷
ISBN 978-7-100-06059-2

2010年8月第1版　　开本 880×1230 1/32
2010年8月北京第1次印刷　印张 12½
定价：32.00元

目 录

总 序 ………………………………………………………………… i
前 言 ………………………………………………………………… vii

第一章 管治的基本理论问题与公共服务业管治………… 1
　第一节 管治的基本理论问题与管治的研究进展………… 1
　第二节 公共服务业的研究进展 ………………………… 45
　第三节 中国公共服务业管治 …………………………… 62

第二章 公共服务业供需特点及其与城市管治的关系 …… 69
　第一节 公共物品和公共服务的经济学认识 …………… 70
　第二节 公共服务产品的供需关系 ……………………… 77
　第三节 地理学意义上的城市公共服务产品供需平衡 …… 84
　第四节 城市公共服务与城市管治的关系 ……………… 90

第三章 中国公共服务管治的主体结构 ………………… 96
　第一节 国家经济体制对公共服务业的影响 …………… 96
　第二节 转型时期中国城市公共服务业管治主体结构 … 111

第四章 中国公共服务业管治模式及其形成机制 ……… 146
　第一节 公共服务业管治模式 …………………………… 147

第二节　公共服务业管治模式的形成机制……………………171

　　第三节　公共服务业管治模式的相互关系………………………178

第五章　公共服务业的发展与管治特征——广州案例………181

　　第一节　公共服务业的发展特征…………………………………183

　　第二节　公共服务业的管治特征…………………………………196

　　第三节　医疗卫生事业和教育产业的发展和管治………………206

　　第四节　公共服务业供应模式……………………………………231

第六章　公共服务业管治的社区研究——广州和深圳案例……238

　　第一节　研究技术路线……………………………………………239

　　第二节　广州中心城区成熟社区研究……………………………241

　　第三节　快速城市化转型社区公共服务管治研究

　　　　　　——深圳龙岗案例…………………………………………297

　　第四节　相对落后城市边缘社区公共服务管治研究

　　　　　　——深圳西冲案例…………………………………………340

第七章　结论与讨论………………………………………………365

　　第一节　结论………………………………………………………365

　　第二节　公共服务管治模式讨论…………………………………368

　　第三节　公共服务业城市管治的地理学意义……………………372

参考文献……………………………………………………………374

后　记………………………………………………………………383

总　　序

服务业(service industry)是目前经济学界最具有争议的一个经济学概念,至今还没有形成一个统一的概念。一般认为服务业是指生产服务产品或提供服务的经济部门或企业的集合。西方学者普遍将第三产业等同于服务业,我国经济学家和政府统计部门也常常将第三产业等同于服务业,虽然两个概念存在一些细微的差别,但所包含的内容基本一致。

近年来,全球服务业发展很快,发达国家绝大多数已进入服务社会,正如马克思·韦伯(Max Web)所言,后工业社会产生了特定的"服务经济时代";美国著名哲学家丹尼·贝尔(Deny Bell)也认为,随着知识经济时代的到来,服务业在整个经济活动中逐渐取得主导地位。与此同时,服务经济的到来,如同工业革命对人类社会产生的影响一般,将对全人类的发展产生深远的影响,在经济全球化的今天,这种影响所覆盖的区域更加广阔,所产生的效果更加深远。对发展中国家而言,为了在全球经济格局中占有一席之地,并把握新的发展机遇,服务业是其经济发展的重要内容之一。

对于服务业的研究在经济学中已有相当长的历史。17 世纪末的威廉·配第(William Petty)就提出了服务业发展的一些思想,但服务业成为主导经济部门却在第二次世界大战以后。20 世纪 60 年代以来,西方国家的经济结构开始由工业经济向服务型经济转变,主要表现在两个方面,一是服务业发展迅速,增加值比重逐步超过了制造业部门;二是服务部门的就业比重上升很快。1968年,美国经济学家富克斯(V. Fuchs)在其经济学名著《服务经济》一书中"宣布"美国在西方国家中率先进入"服务经济"社会。20世纪80年代中期,由于服务业成为1973年石油危机后创造就业岗位的重要源泉和各国占领世界市场的重要手段,服务业的研究进一步受到区域学家、区域经济学及经济地理学者的重视。20世纪90年代以来,信息技术的发展加剧了经济全球化进程,服务业的发展更代表了整个经济发展的主导方向,也因此出现了大量服务业经济学方面的研究,有学者提出了一门新的学科——服务业经济学。然而,这些研究主要涉及服务业内部结构方面,对服务业的空间规律少有研究。作为以空间作为研究核心要素之一的地理学,尽管近年来也有些属于服务地理的分支发展很快,但他们都是局限在单一的服务行业内研究,从某种意义上来讲,割裂了这些服务行业内部的有机联系。因此,地理的角度探讨服务业的空间发展规律,并剖析其与产业发展的内在联系,成为迫切需要的研究课题。

近年来,国外地理界开展了一系列与服务业相关的研究,主要是将服务业置于全球经济中,研究了以下几方面的问题:①后工业社会或服务业社会的特征,②从生产与就业的角度研究服务业在经济发展中的地位和作用,③生产性服务业发展对城市和区域发展的影响,④技术变化影响下服务业贸易与城市和区域功能的转变及其对全球化的影响,⑤社会极化与服务阶层的形成等。总体上看,国外相关研究已有不少,但比较零散,系统性不强;多为描述性研究,解释性欠缺;关于区位的研究多为区域尺度,大都市内部的研究较少;个案研究较多,规律总结不多,需要认真梳理和开展新研究。

在中国，近年来产业结构也在朝着服务业占主导地位的方向发展，服务业内部剧烈分化，服务业在国民经济的发展中扮演的角色日趋重要。一方面，我国的服务业发展还有较大的空间，及时归纳总结和评估具有重要的现实意义。从服务业（通常所指的第三产业）占GDP的比重看，改革开放以来，我国服务业产值占GDP的比重有较大的增长，由1980年的21.4%上升到2003年的33.2%。但这个比重不仅低于65%左右的发达国家平均水平和60%左右的世界平均水平。在拥有巨大的发展空间的同时也将面临相应的挑战，急需在理论和相应的战略上有所储备。另一方面，服务业内部构成的多样化和复杂性使现有经济地理学和城市地理学的理论和方法难以解释和解决区域和城市发展中出现的新现象和新问题，难以对发展趋势作出预测，同样，迫切需要在实证的基础上，对服务业发展进行系统和深入的理论研究。中国地理工作者有关服务业的研究成果不多，且以实证分析为主，理论分析较欠缺。

基于上述背景，在对服务业地理学及其相关领域开展了一系列预研究的基础上，2001年底，经国家自然科学基金委员会批准立项，本丛书主编闫小培教授获得了"服务业地理学的理论与方法研究"项目的研究资助，该项目成为我国人文地理界获得的第二个国家自然科学基金杰出青年基金资助项目。2002年1月，本项目正式启动，迄今本基金项目资助下已经发表了学术论文60余篇，通过该项目以及完成博士学位论文8篇，待完成1篇；完成硕士学位论文6篇，待完成1篇。本丛书正是在上述研究的基础上，结合研究者长期以来在城市地理领域所作的研究工作，进一步整理提炼形成。

本丛书在服务业地理学方面作了研究尝试，旨在抛砖引玉，引起同行们对该学科领域的关注和重视。本丛书所探讨的服务业地理主要研究服务业结构及空间组合、过程和规律,并探讨服务型经济社会和新技术支撑背景下的人文地理学方法论变革。

本丛书及其相关研究成果涉及了服务业地理学的七个重要领域,包括服务业地理学的基本理论问题、服务业区位的理论与实证、中心城市生产性服务业对城市和区域发展的影响、大城市服务业的发展及其社会分化、服务业发展的区域差异和区域服务业合作发展模式、转型时期的城市空间规划和转型时期中国城市公共服务业管治等方面。在探讨了服务业地理学的基本理论问题的基础上,重点以广州市、珠江三角洲和广东省为例,分专题展开实证研究,并进行理论总结。

本丛书已经出版和即将出版的具体选题包括以下几个。①在服务业地理学的基本理论问题方面,出版《服务业地理学》,探讨服务业地理的理论发展、研究对象、内容和方法等。②在服务业区位的理论与实证方面,出版《服务业区位理论与实证》、《城市商业业态空间研究》、《金融服务业与城市发展》、《港口服务业与城市发展》和《CBD发展与城市商务活动》等,探讨服务业分类方法、服务业区位等问题,总结和分析大都市服务业发展的特征与趋势,和不同类型服务业的区位选择特征、因素、模式及区位类型,并以广州为案例,研究广州的服务业空间演变及区位类型以及重点行业的空间特性,包括广州商业的业态空间、CBD发展、金融服务业、港口服务业等与城市发展的关系。③在中心城市服务业对城市和区域发展的影响方面,出版《区域中心城市与生产性服务业发展》,着重研究中心城市生产性服务业对城市和区域发展的影响。④在转型时期的城市空间规划方面,出版《城市居住流动与城市社会空间》、《城市空间结构性增长》、《转型时期的城市空间规划》等,分别以社会经济转型为背景,研究探讨城市社会空间和实体空间的演化特性及其相关规划思路。⑤在转型时期中国城市公共服务业管治方面,出版《中国城市公共服务业管治》,研究公共服务业管治问题及其未来发展。

本丛书的主要写作和参加人员主要包括闫小培教授、吕拉昌教授、陈忠暖教授、王爱民副教授、薛德升副教授、曹小曙副教授、叶岱夫副教授、林耿副教授、周素红副教授、柳意云讲师、李志刚博士、方远平博士、钟韵博士、刘筱博士、林彰平博士、易峥博士、魏立华博士、吕传廷博士,以及王云璇、刘蓉、周锐波、胡敏、陈再齐、张润朋和刘逸等已经毕业或即将毕业的硕士生。他们都为本项目的开展和本系列丛书的写作付诸了心血。本研究的开展得到中山大学城市与区域研究中心同行们的支持,得到国家自然科学基金委员会的帮助,得到国内外部分高校和科研机构同行知名专家的指导,在此一并致以深切的谢意!此外,本丛书的写作过程中得到了众多同行学者的帮助,也借鉴了相关的研究成果的经验,特此谨向他们致谢!

本丛书力图通过理论与实证案例研究相结合,探讨服务业地理学的理论与方法等问题,并希望具有系统、全面和创新等特点,为加强经济地理学和城市地理学的理论建设和揭示服务型经济社会城市和区域地域运动规律,以及指导服务业布局和经济建设等奉献绵薄之力。错漏与不足之处,敬请指正!

闫小培
2006年5月1日

前　言

两千多年前中国著名的思想家荀子在《王霸》篇中说"治国者，分已定"，这就是后来汉宣帝说的"王道霸道杂之"的要害。分权合作，有弛有张，这是最早的管治思想，也是今天我们所谈管治的基本原则。这种管治思想，今天已经成为企业管理、城市管理、区域管理的主要思想。在这种管理思想荡漾思想界的今天，一个科学问题提出了城市的公共服务应该采用何种管治方法呢？为了回答这个问题，我选择了这个研究领域。

本书对城市公共服务业管治的探讨是基于全球化、市场化和快速城市化这样复杂的经济和政治转型的大宏观背景之下，社会转型无疑包括了社会结构的调整、经济上的放松规制、国有资产改革和民主化进程。在这一社会转型过程中，管治的思想逐渐在社会中确立，它提出建立和谐的国家管理体系。也许正是这种和谐的精神，吸引了我的导师，吸引了我，吸引我们这些女性地理工作者的目光。

我的研究首先从管治理论的发生、发展来理解它与城市公共服务业的关系。管治从20世纪末兴起以来一直在西方公共管理学、地理学、经济学、社会学和政治学研究中占有重要的一席，形成了大量以西方市场化、民主化国家为背景的研究框架、理论、方法和成果，但这些理论或结论并不完全适用于发展中国家，尤其是转型时期的中国。在全球化、市场化和快速城市化这样复杂的经济和政治转型的大宏观背景之下,中国的社会转型无疑包括了社会结构的调整、经济上的放松规制、国有资产改革和民主化进程。在这一社会转型过程中,管治的思想逐渐在中国社会中确立,非常需要通过深入的实证研究总结,进而提出适合于中国城市管治的理论、模式、研究框架和方法。在我国城市管治研究方兴未艾之时,我们发现对城市公共服务业管治研究尚少报道,因此我们选择了基础性的探索。研究力图从管治理论的发生、发展来理解它与城市公共服务业的关系,并从城市地理学的角度,借鉴社会学、政治学和公共管理学等学科的研究方法,从公共服务的主体结构、公共管治中的供需关系入手,研究各种不同的管治模式及其特点。一般来说,公共服务不是一种产业,但是在市场化进程中,公共服务出现了产业化的趋势和现象,因此本书不得不用大量篇幅来澄清这个问题。在接下来的工作中,我们对中国城市公共服务业的管治开展了较为全面的研究,研究各种不同的管治模式,同时对模式研究选择从公共服务的主体结构、公共管治中的供需关系入手并展开。当完成这种结构分析后,我们对城市管治的内部细节开展了研究,包括公共服务产业化过程以及具有不同发展程度的城市空间类型和空间变化。这些分析是实证性的。整个研究走了一条自上而下的道路,最后的分析在社区停止了进步,因为社区以下的单位已经失去了城市地理学的意义。我相信我探索的这条路线是可行的。

本书共分七章。第一章梳理了管治的基本理论问题以及公共服务业管治的内容,界定了本书的几个重要概念和研究内容。第二章从公共服务业的供需关系入手,并分别从经济学和地理学角度进行了阐述,建立了新的研究视角——公共服务业的城市管治,即在需求基础上不断追求最大程度地实现公共服务与公共物品的有效供给过程。第三章界定了中国公共服务管治的主体结构。第四章重点探讨了中国公共服务业管治的形成机制及其管治模式，并为后文的案例研究提供了理论基础。第五、六章转入了研究的重点——城市案例研究。为此我们从不同的公共服务行业、不同的地域类型着手，选择社区作为评估对象，借助问卷、访谈等社会学的研究方法，探讨不同行业、不同空间类型的公共服务管治模式特征和形成机制，并试图建立理论与实践相结合的研究规范。第七章总结提升了本书的研究意义，提出了有关转型时期中国城市公共服务业管治的基本理论，并就公共服务管治对城市发展的影响和地理作用进行了讨论，提出了关于转型时期中国城市公共服务业管治问题的建议。

最后，愿本书能够成为川流不息的城市管治杰出论著中的一滴水珠。

第一章 管治的基本理论问题与公共服务业管治

第一节 管治的基本理论问题与管治的研究进展

一、管治:新公共管理学的核心

(一) 关于管治的意义

"管治"的中文译自于英文 governance,关于 governance 可以追溯到古典拉丁语和古希腊语中的"操舵"一词,原意主要指控制、指导或操纵,与 government 的含义交叉(Jessop,1999)。在很长一段时期,governance 都等同于 government(统治的同义词),指国家的正式机构及其对强制性权利的垄断。政府有能力作出决定并付诸实施。现代意义的 governance 则来自于 18 世纪的法语 gourernance,它是启盟哲学把开明政府与对市民社会的尊重结合起来的并为之向往的一个重要因素(让-皮埃尔·戈丹,1999)。但是它真正进入社会科学领域只是最近十年来,1989 年世界银行首次使用这一术语,从而使这一概念开始表现出新的特点——力图找到一种新的办法来界定国际关系包括国家、非国家、非政治机构、多国公司之间的关系,并从此在随后的愈来愈多的讨论和探讨中不断加深其内涵。

Governance 的研究进入中国是从 20 世纪 90 年代开始,虽然只是最近几年才风靡开来,但是它的关注程度已遍及各个研究领域。因此在 governance 的中文译意上各个学科有不同的译法:在规划学和地理学里,通常又译为"管治";在政治学里,多译为"治理"或"善治";在法学里也有译为"治道";在经济和管理学里,它多同企业联系在一起,因而也译为"公司治理"。除此之外,还有"统理"等不同译法。总而言之,较为通用的译法主要是"管治"和"治理"。本文引用管治这一译法。

(二)管治的概念和含义

对于不同的使用者来说,管治具有不同的概念和内涵,并且日益成为在各种对话领域中都出现的重要观点。要理解管治的概念,不能不提到统治(government),这两者也越来越被交叉使用或是混淆起来。反映出当前的众多使用者将二者指代同一概念。帕普罗斯基在解释管治的概念时认为,管治指公共部门和市民社会中各种不同行动主体、组织之间相互作用的过程。在管治和统治间最重要的区别在于是否包含市民社会这一概念,市民社会可以被定义为国家领域以外的个人和社会组织存在的公共领域。从另一方面来讲,统治则被认为是制定和行使法律法规的政府部门所从事的活动或职能,所以由这一点来看,管治和统治则是界线分明的。具体区别主要表现以下三个方面。

第一,管治与统治一样都需要权威,但这个权威并不一定是政府机关,而统治的权威机构一定是政府机关,这是两者最本质的区别。

第二,管治中的权利运行方向是上下互动的,注重横向管理,主

第一章 管治的基本理论问题与公共服务业管治

要通过合作、协商、确立认同和共同的目标等方式展开对公共事务的管理；而统治的权利运行方向则总是自上而下的，往往是通过发号施令、制定政策、实施政策来进行公共事务管理。

第三，"管治"的概念范畴大于"统治"，两者是包含与被包含的关系。由于管治注重通过协商、谈判等互动式手段协调各方利益，顺应了经济体制转型时期城市基础设施供给领域决策主体多样化、分散化的发展趋势，因而具有广阔的运用前景。

管治作为行动过程被认为是推动社会发展的重要支持条件，从而引起世人的关注，管治它意味着在政府和市民社会之间还应存在一个独立的行动空间，通过管治安排可以推动公共服务、公共物品的供给水平和效率。

在此我们需要明确什么是市民社会（civil society），关于它的定义基本上分为两类，一类是政治学解释，另一类是社会学意义上的解释。政治学意义上的市民社会强调"公民性"，而社会学意义上的市民社会强调"中间性"，即市民社会是介于国家和市场之间的中间领域。本书我们主要采用社会学意义上的解释，其组成要素是各种非国家或非政府所属的社会组织，包括非政府组织、公民的志愿性社团、协会、社区组织、利益团体和公民自发组成的各种正式和非正式的团体。也被称为介于政府和市场之间的"第三部门"。

奥斯本和盖布勒（Osborne and Gaebler, 1992）认为，在善治（good governance）和善政（good government）之间同样存在争议，而且善政的争议性远小于善治，因为几乎所有的政党都在寻求更大的发展空间，从而使善政的现实性和可获得性更大于善治。这一观点被许多公共管理研究者所认同。但是，这一观点在谈及引入私人部门的管理技术以提高公共服务和公共物品的供给水平和效率时我们排除了绝大多数的社会组织,如世界经济合作与发展组织大力推动政府部门的改革,鼓励引入私人部门的先进管理技术以提高政府部门的行政能力,却忽略了公平、社会参与。

在牛津大词典里对管治这样解释:"管治指的是管理的行为或方式;对具体行动的控制和权力;规制系统。"不难发现这一概念解释高度强调了管治的政治层面含义。

世界银行认为,管治指的是"在管理国家经济和社会发展中的权力结构和模式"。哈范尼基于世界银行的概念界定,认为管治与管理不同,它指的是国家与市民社会、统治和被统治、国家与社会、管理和被管理者之间的相互作用关系。

由于管治首先是一个过程,因此它必然具有动力性,帕普罗斯基强调了管治的动力性这一特点,他认为:"管治是社会、文化、政府、经济等领域由公共部门和市民社会中的私人组织机构以及不同行动主体间相互作用的复杂系统。这一系统的特点是多元化和多变性,并随着管治过程不断引入不同的权力主体,沿着固有的目标,加强现有权力结构的合法性,尤其表现在供给和分配给市民社会中的个人和集体组织的各种公共服务和物品的供给和分配中引入多样化选择机制。"

总而言之,管治这一概念为政府和市民社会之间创造了更多的行动空间,它更强调透明的行动过程、回应性以及社会参与性。

(三)实践中的"管治"

对于管治的存在,一方面是概念,另一方面就是它的实践活动。对于概念来讲因为管治本身涉及多学科,因此其含义也因不同的研究领域而有所不同或侧重。对于实践活动来说,各个机构或国际组织也因其应用的范围不同而对管治有不同的理解,在实践方面则因概念理解的不同因而其行为的侧重点或方面也不同,但总的来看都与公共部门的研究结合在一起。目前关于管治有下面几家重要的实践"解释"。

世界银行的解释:由于世界银行是由经济学家所组成了一个组织,他们的主要出发点主要在于经济领域,它认为经济增长是发展的关键,社会干预仍然主要以保证经济增长为目的,其原则为建立宏观的稳定的经济体系,减少政府开支(或公共服务规模),并且保证通过私人部门领域的发展来促进社会的发展。其参与也主要是在政府和私人部门的联系上而非在政治和决策上的由广大市民参与的对话、协调、发展机制上。另外世界银行对管治的认识和应用具有强烈的全球性经济和政治自由主义思想。

联合国开发计划署(UNDP)关注"管治"认为管治是解决社会发展的关键,如生态、健康、教育、环境等,对管治的研究也主要关注它的结构和决策过程以及希望借此为国家进行正确的涉及国计民生的问题方面的抉择,以促进全人类的发展,包括消除贫困,创造就业机会和可持续的生存空间与环境,推动妇女发展等。所以 UNDP 对管治的理解和认识是与人类的可持续发展相联系的。

联合国人居中心是这样定义管治的:管治作为一种可认识的概念,它是存在于正规的行政当局和政府机构内部和外部的权力总称,在许多范式中,管治包括政府、私营部门和市民社会。管治强调过程,强调决策建立在许多不同层面的复杂关系之上。

发展中国家城市研究机构——全球城市研究机构(GURI)及其网络的参与者,通过第一轮的研究,是这样定义城市管治的:管治不同于政府(government),它涉及市民社会和国家之间的关系,涉执法者和守法者之间的关系,涉及政府和可控性(governability)的关系。目前其中心议题放在地方层面,其主要原因在于发展中国家普遍缺乏可持续性和有效率的地方城市政府,城市或城镇服务设施严重不足,暴力事件经常发生,贫困和失业面扩展很快,地方财政赤字严重,私营企业部门发育缓慢等。要解决这些问题就必须将管治的理念引入到城市地方政府的层面上来。

在宽泛学术研究领域中对管治的定义多倾向于政治合法性的探讨,认为"管治是以增强公共领域为目标,能动地管理政权结构的行为"。在政治学里,它意味着统治的含义有了新的变化,意味着新的统治过程,意味着统治的条件已经不同于前,或是以新的方法来统治社会(Rhodes,1996);公私部门之间以及公私部门各自的内部的界限均趋于模糊(格里·斯托克,1999);它所要创造的结构和秩序不能由外部强加,它是要依靠多种进行统治的以及互相发生影响的行动者的互动(Kooiman and Vliet,1993)。在行政学里,它指实行新的公共管理办法(Hood,1991),诸多方式中任何一种独立活动的协调方式,如交换(交流)、无秩序(无人管)、有组织的等级制以及自我组织(self-organizing)——自组织的人际网络、经谈判达成的组织间协调等,它涉及彼此独立运作但又有结构上联系的相互依存的多组织的机构和系统的调控(Jessop,1999)。海顿对管治的定义相当清楚明了,十分具有代表性,他指出"管治是一个包罗万象的概念,而且几乎等同于政治过程"。其理论要点归结起来如下:①管治从全面来看构造了一个宏观政治化的比较分析体系;②管治关系到形成政治运行规则的宪法的特征;③通过各个政治参与者的创新干预来改变社会结构以更适应人类潜能发挥;④管治是一个理性的概念,它强调国家和市民社会以及社会各种行动者之间的互动;⑤管治还指一种特殊的政治参与者之间的关系,这种联系是社会赋予的而不是强制。总之,对 governance 的理解仍众说纷纭,尚未有一个被普遍认可和接受的定义,甚至从来没有确切的定义。

联合国有关机构专门成立了一个"全球治理(管治)委员会",在关于管治的各种概念中,它的定义具有一定的代表性和权威性。在 1995 年其发表的一份题为"我们的全球伙伴关系"研究报告中对管治的定义如下:管治是各种公共或私人的个人和机构管理其共同事务的诸多方式的总和,它是相互冲突或不同的利益得以调和并且采取联合行动的持续的过程。它包括正式和非正式的制度规则和安排等,具有以下四方面特征:管治不是一整套规则,也不是一种活动,而是一个过程;管治过程的基础不是控制,而是协调;管治涉及公共部门也包括私人部门;管治不是一种正式制度,而是持续的互动。

正如上述定义所言,管治本身是一种过程,同时也是一种新的管理方法,强调了一种不断变化的机制,它的定义的多元化反映了管治理论的发展和变化特性,反映了管治本身的适应、学习和实践过程。因此,管治反映的是一种政府、市场和市民最佳的结合方式,在各个不同时期、不同地区、不同场合有不同的管治特点和模式。

从理论形成到实践活动看,笔者认为管治是为实现既定社会目标相关行动主体包括政府、公共团体或私人个人等之间始终采取最佳结合方式以管理共同事务的过程,政府在管治中是一个重要的行为主体,也是极为重要的影响因素。同时,我们定义管治模式也称为管治结构指行动主体之间为实现管治而结成的关系或结合方式。

二、管治的基本要素和研究范围

(一)管治的基本要素与特征

管治作为一种科学理论其最基本的研究问题包括所谓 5-who 内容：① 谁控制？(Who controls what?) ② 谁进行决策？决策如何？(Who makes what decision?) ③ 由谁实施和执行？(Who perform what action?) ④ 谁的职责？(Who is responsible for what?) ⑤ 谁受影响？(Who is accountable to whom?)

管治理论确定了以上基本研究框架和内容，笔者根据有关研究(林喆,2001)，并结合自己的观察和研究将管治的基本要素归纳为以下几点。① 合法性(legitimacy)：这是政治学术语，它所指的合法性与通常意义上的法律规范并不相同，它主要强调的是被一定范围内的人们内心所认同的权威和秩序。因此要取得和增大合法性的主要途径是尽可能地增加公民的共识和政治认同感，增强公众参与力度，同时相关政府机构要尽可能地协调公民与政府以及公民与公民之间的利益和矛盾，从而实现公共管理目标的一致和协调。② 透明性(transparency)：主要指的是政治信息公开性。对于每一位公民都有权获得与自己利益相关的政府政策的信息，从而使公民能够有效地参与公共决策，并且对公共管理过程实施有效地监督。③ 责任性(accountability)：在这里主要强调人们要对自己行为负责，它意味着管理人员及管理机构由于其承担的职务而必须履行一定的职能和义务，否则就是缺乏责任性。同样，公民自身也必须对自己的行为负责，这也是公民性的首要基础。④ 法规(rule of law)：法规的直接目标是规范公民行为，管理社会事务，维持正常的社会生活秩序；

但其最终目标在于保护公民的自由、平等及其他基本政治权利,所以它是与人治相对立的,它既规范公民行为,更要制约政府的行为。没有法治基础,任何社会秩序的改革都是失败的,也就无从谈管治。⑤响应度(responsiveness):响应度事实上与责任性是密切相关的,它也是透明性、责任性的延伸。政府官员和管理机构在社会管理中具有透明性,并对公民的要求和呼声作出及时准确的回应,同时为了实现良好的管治在日常中还积极、主动地广纳民意,采取广泛的咨询。这一点是政府主体实现管治的必要条件。⑥有效度(effectiveness):管治本身意味着最佳的社会管理模式,所以有效性是衡量管治成效的首要标准。它要求管理部门是灵活的,管理成本是最低的。⑦参与性(participation):参与性是衡量管治程度的首要指标,没有公众的参与管治也无从谈起,事实上,许多学者都将参与性作为评价甚至是界定管治的标准。它表示公民可以通过多种渠道直接或间接或两者结合以参与政策和规划的制定和实施,这是公民的责任与义务的具体反映。⑧动态性(development):它强调管治本身没有统一的模式,并且它是随时间、空间、人的不同而不同的。它的动态性正反映了为了实现社会最佳目标的管理的弹性。因此它也可以称为弹性(elasticity)。

(二)管治的研究范围

罗伯特·罗茨在"新的治理"一文中将治理(管治)的用法整理了六种,我们据此重新整理如下。

1. 作为国家与市民社会互动的管治

中国的改革开放是由国家率先发起的,其成效举世瞩目,但是随着改革的进一步深化,现存体制内的改革被认为其边际收益已经接近为零,这种政治体制已不能适应经济的发展,于是当前改革的瓶颈是如何从原来的改革外部环境变为改革自身,即以社会领域的深入广泛的变革推进国家领域的变革。如何建立一个完善的监督机制或制度,如何寻找新的外力来推进国家上层建筑的变革则是当前的关键,一个自主性的市民社会是改革成功的必要条件。因此,围绕这一问题关于中国市民社会的兴起以及重新界定国家的职能等研究也就展开。在这方面的研究成果可以说十分丰富,在中国的改革实践中也起到相当的指导意义。管治作为国家(或政府)与市民社会之间的桥梁,在二者的对立中寻找新的解决方式,无疑为正在转型中的中国社会的发展提供了重要的思路。另外,中国的国情与西方发达国家截然不同,在国家与市民社会的关系上也与西方国家有很大的差别,所以在此层面上的管治研究就具有十分重要的意义。

(1) 国家职能的重构。中国的历史上具有很强的中央集权化官僚体制传统,因而官本位的思想在中国可谓根深蒂固。1949年共产党开国建政,特殊的国际和国内背景使中国必须有一个强大的中央权威,利用这种垄断地位实行强制性的工业化积累,这种赶超型的发展战略在当时具有极为重要的意义,使中国在短短几十年里完成了西方国家三百余年的工业化过程。但是这种发展战略同时又造成了社会对政治权威也即政府的极度依赖,因而政治权力可以不受限制地渗入和控制社会每一个领域和每一个阶层,使中国政治呈现出鲜明的国家全能主义。国家无所不能,无所不管,政治、经济、文化一体同构和中心重叠,社会完全成为国家的行政附属物。在这种情况下,国家或政府的弊端如寻租行为、目标置换、信息不灵、成本过高等也就成为不得不改革的深刻动因。国家作用的不可替代性与它当前存在的矛盾交织在一起为管治的研究提供了巨大的空间。

（2）市民社会的形成和作用。中国市民社会的研究与国家职能的重构可以说是同时发生的，而事实上在中国关于管治的研究也是以中国市民社会的研究为起点的。20世纪90年代初，中国市民社会研究在社会学领域首先发起，迅速在全国展开形成一种关于中国发展的理论思潮。按照西方学者的观点，市民社会的存在和发展壮大是管治的先决条件，所以对中国的管治研究就不能不先研究中国的市民社会。在中国的理论界，一直存在中国是否存在市民社会的争论，中国的历史文化传统、经济发展背景都与西方完全不同，因而中国的市民社会模式也注定与西方国家不同，所以最后的研究结果是30年的改革开放，中国的社会基础发生了深刻的变革，中国市民社会赖以成长的条件和现实空间在不断地形成和拓展中（吴锦良，2001）。现在的中国市民社会不仅仅是一种价值建构，而且是一种实体存在（陈明明，2001）。因此，基于这种研究基础，中国的管治就需要具有相当的中国特色，而不是西方模式的移植。中国管治的研究也就不是空洞无物的研究，或纯理论探讨，而是具有丰富的现实意义。

2. 作为新公共管理的管治

中国的改革开放至今已30年。社会关注的焦点也从最开始的经济领域逐渐地在全社会渗透开来：包括市场发育和完善、政治参与和改革到现在的对涉及人民切实生活质量的公共服务领域，以何种模式或管理方式才能提高公共服务的水平，才能真正改善全社会人民的生活是我们最为关心的问题。由此关于新公共管理的讨论和研究就在全社会展开来。新公共管理（NPM）有两个含义：管理主义和新制度经济学。管理主义是把私人部门的管理手段引入公共部门，它强调直接的职业管理、明确的绩效标准和评估标准，并根据结果进行管理，更接近消费者等；新制度经济学则是把激励机制引入公共服务中，它强调削减官僚机构，通过承包和准市场的运作方式实现更有效的竞争以及消费者选择(吴锦良，2001)，从而改善对公众的服务并重新获得公众的信任。事实上，这两方面都同当前遍及全世界各国的政府改革密切相连：政府的非管理化或社会化，让政府和社会共同承担公共管理之责。

新公共管理之所以同管治结合在一起，在于管治在很大程度上反映了社会以及市民社会对有效率的政府的一种期待。引证现代管理学泰斗彼得·德鲁克的话说："我们需要一个有活力的、强大的和非常活跃的政府。""一个能够管治和实行管治的政府。"经合组织(OECD)1999年度公共管理发展报告《转变中的治理》把新公共管理的特征归纳如下：①转移权威，提供灵活性；②保证绩效，控制和责任制；③发展竞争和选择；④提供灵活性；⑤改善人力资源管理；⑥优化信息技术；⑦改善管制质量；⑧加强中央指导职能。从这一方面来看，公共管理将管治的实践进一步具体化。我们可以从美国公共行政学会前会长马克·霍哲关于公共部门创新方案看出，管治概念中的一个基本要素——伙伴关系是其核心要素之一。所要建立的伙伴关系包括社区伙伴(公民与志愿者)、私营部门伙伴、非营利组织伙伴等。也就是说在公共管理方面要打破政府垄断这一根本性的结构问题，这正是当前政府绩效不佳的最主要原因。因此，解决此类问题不仅仅是技术问题，更为重要的是要借助市场力量，引入竞争机制。这也正是公共管理的核心理念。

关于这方面的研究也只是最近几年才开始出现在中国的学术

界,而真正引起全社会关注则可以说始于2000年出版的"制度分析与公共政策译丛"和"当代西方学术前沿论丛"(俞可平,2000),在这两套丛书里,都涉及管治问题,而且介绍了国外在这方面的研究动态,因而为中国这方面的研究奠定了很好的理论基础。

以此为基础,管治的研究又迅速从政治学漫延至经济学领域和管理学领域,在全国关于制度经济学的研究和公共管理的研究也就日益活跃起来。

3. 作为公司或企业治理的管治

这方面的研究早在20世纪80年代初就已开始,它伴随制度经济学或交易费用经济学的兴起而出现。在这一概念里管治主要指一种管理体制——管理和控制组织的体制,一种经济意义上的管治,通常用在微观层面上的治理。崔克在《国际公司治理》(Tricker,1994)中指出:管治的作用不是只关注经营公司的业务,而是给企业全面的指导,同时监督和控制管理层的业务活动,满足公司外部利益团体对公司的责任心和管制的合理要求……任何公司都既需要管治也需要管理。引用制度经济学的鼻祖威廉姆森的观点——哪怕是最简单的交易活动都少不了管治结构或管治机制,它们的功能是保护交易主体免受各种风险的侵害。另一方面,从企业间的组织方式来看,企业与企业间的联系已从20世纪60年代的大型、垂直整合的方式,到70年代小型化、专业化、独立自主型转变为现在的新型的网络化模式。这种网络化模式有两种形式,一是具有强势中心的大规模网络化企业,二是多企业地方协作网络中的众多小企业集群式。由于复杂的网络系统的存在,因而需要新权力关系控制技术创新的动态和网络成员的利益分配,从而使其更具竞争力。管治在企业这个微观层面上的研究似乎与我们前文谈到的管治内容有关国家、政治、主权等相去甚远,但是事实上,从企业存在的市场这个角度来看,它则反映了企业内部管理者和外部投资者之间的冲突的协调,是管治结构和运行的微观表现,而且它从宏观上涉及政治和法律的博弈规则,涉及政府与市场之间的协调,在这个角度上中国关于企业管治的研究就相当具有实践指导意义。尤其是中国现在建立现代企业制度、国有企业改革、中国特色的市场机制的建立等都急需理论指导。在近一两年,中国也专门成立了公司治理(管治)委员会等一系列相关的研究或管理、协调机构,以共同促进中国公司(企业)的管治。

4. 作为"善治"的管理

"善治"这方面的研究在中国目前已开展得较为广泛,尤其是在行政管理学、政治学领域内,已取得了较为丰富的研究成果。2001年6月由中国行政管理学会与北京行政管理学会、北京行政学院联合举办了"治理理论与中国行政改革"研讨会(此处治理等同管治),对当前中国的行政改革从善政走向善治作了一系列的理论分析和探讨,并就善治的实践指导意义给予了充分的肯定。

善治主要涉及政府改革,它是世界银行提出的最新口号,并且成为世界银行向发展中国家提供贷款的主导思想,它主要指"一种有效率的公共服务,一种独立的司法体制以及履行合同的法律框架;以公共资金进行负责的管理;一个独立的、向代议制的立法机构负责的公共审计机关;所有层次的政府都要遵守法律、尊重人权;多元化的制度结构以及出版自由"(Leftwich,1993)。在中国善治则指"使公共利益最大化的社会管理过程。它的本质特征在于它是政府与公民对公共生活的合作管理,是政治国家的一种新颖关系,是两者的最佳结合状态","善治是国家的权力向社会的回归……从全社会范围来看,善治离不开政府,但更离不开公民……没有公民的积极参与和合作,至多只有善政,而不会有善治,所以善治的基础与其说是在政府或国家还不如说是在公民或民间社会。"(俞可平,2000)因此,在中国由于政府与公民或市民社会的状况都与国外的不同,所以善治包含的最佳管理方式就与其他国家不同,但都是以公共利益最大化这样一个"善治"为目标,实现社会的管理。所以,中国的善治必须结合中国的国情,必须与中国的国家(或政府)和市民社会的基本实情为依据,照搬西方的模式只能造成灾难性的后果。另一方面,中外对善治的理解上的差异客观上为我们呈现出了我们目前存在的差距,这种差距不仅仅是来自于政府,更主要的是来自于市民社会本身。要实现中国的善治,关键是要建立一个强大的中国的市民社会,这个社会基础不是靠国家来创立,而必须靠自身的发展。

5. 作为城市或区域管理的地方管治

在过去的10年或20年里,全世界都在经历着重大的变迁,不断增加的经济的相互依赖性,不断变化和发展的技术,不断深化的全球化过程以及不断复杂化的国际关系等都对社会产生巨大的影响,这一系列的变化不仅直接冲击着各个国家原有的社会制度,而且对各个地方的发展带来巨大的影响。未来的国际间竞争不再是国与国的竞争,而更多的是城市与城市之间的竞争。所以地方政府不得不寻求新的发展机会参与竞争,而其自身的力量在应对这一变化过程中显得力不从心,它必须求助于地方的利益集团、私人组织和个人,并且与之合作,来共同推动地区的竞争力,达到"双赢"。地方发展行为主体日益复杂,原有的发展模式已不能保证社会的发展,因此,什么样的社会管理模式才能促进可持续发展成为地方治理的首要目标。伴随着技术革命而来的新型社会治理模式——管治,改变了原有的垂直管理模式,以一种互动式的水平的网络管理来适应社会的需求,它的兴起无疑为面临危机地方管理带来希望。在这种社会、经济和政治变迁的大环境下,城市和地方政府的运行方式的改革是管治的必要前提,地方政府首先应成为有弹性的、有创造性的并具有很强适应性的社会管理的主要参与和执行者,同时地方的管理除政府外还包括所涉及的行为者的互动式参与,从而共同完成一定的目标。在共同进行社会管治中同样存在秩序,这种秩序是由共同的任务或具体的行动所决定的,而不是由行政干预制定的。所以地方管治强调行为主体的多元化,协调、互动与参与。

从近两年开始,城市以及地方管治的研究在中国也日益活跃起来,尤其在城市规划领域,管治理论为城市规划提供了极为重要的理论意义和方法依据。城市规划作为政府治理社会的重要手段,它的创新和改革必然对政府以及社会各个利益主体产生重大影响,同时关系到地区的发展和兴衰。在《城市规划》杂志中专门就城市管治的研究设立了专题,在城市规划管理学界引起广大反响。特别是城市等地方管治与可持续发展之间的关系更成为研究的焦点。目前,有关学者(周一星等)已陆续将管治理论用于实践,在规划和管理方面已走在了前面。如在中国山东以及苏锡常地区作大都市区管治的研究,已取得了一定的成绩。

6. 作为自组织网络的管治

管治强调政府、私人部门以及自愿部门或个人等在行动上的广泛合作与联系,尤其是在公共服务功能上的协调和相互依存。网络就存在于公私之间的广泛联系中,存在于这种相互依存的组织中,信息化为网络的存在提供了物质基础。事实上,管治的实现正是依靠网络化,没有网络的存在管治也只是一个空想。所以研究管治,就必然要通过网络的研究来分析管治的结构。这种网络是广泛存在的社会协调方式,网络管治不仅仅存于公共服务中,同时对私人部门如企业、个人、机构的管理同样重要。在埃尔文·托夫勒的《第三次浪潮》和贝瑞·卡特的《无限财富》中都充分地分析了这种组织网络的先进之处:这种网络组织"必然是一个发展的、不断学习的有机体,它的功能必须与大脑相仿,其中包括协同作用、平行处理、逻辑思维、直觉、创造力、思考与表达自由……这样就意味着有更多的交流与智力,因此更多财富被创造出来"。佛兰西等人(France, Levacic, Mitchell and Thompson,1991)在研究管治的网络方式时得出了这样的结论:"管理的网络方式强调了声誉、信任、互惠以及相互依存。"所以"网络拓宽了公共、私人以及自愿部门的边界,是市场和等级制的替代,而不是混合"(罗伯特·罗茨,2000)。国内学者姜奇平则认为"管治是介于政府调节与市场调节之间的管理手段",在信息化时代,这种新的管理方式正在以一种主流的姿态呈现在我们面前,成为对付国家和市场失败的手段。尤其在中国,我们正面临市场化改革,目前的情况是"一乱就抓,一抓就死,一死就放,一放就乱",市场失效和国家失效同样是我们存在的巨大问题,所以管治的研究成其在组织网络方面的研究就具有相当的意义。

(三)管治的内涵

通过前面对管治概念和用法的解析,我们认为管治的要素特征如下。

第一,管治必须有一个强有力的政府。有关学者曾列举了四种国家—社会关系模式:强社会—弱国家、弱社会—弱国家、弱社会—强国家、强社会—强国家(景跃进,1993)。第一种模式反映了传统的自由主义的观点,即社会对抗国家;第二种模式多见于中世纪西欧封建制国家和现代不发达政体;第三种模式则反映了现代权威主义的要求,即国家主宰社会。这三种国家社会模式都与管治的理念相违,第一种模式虽然能在一定时期促进社会中先进力量的发展,但这种发展之间缺乏有组织的相互联系和呼应,不能产生持久和整体的效应,没有一个强有力的国家的引导和保护,社会的成果就无法积累和发展,而且尤其是在当前的国际环境中,很可能导致国家主权的丧失。同时,没有国家保证社会法律和制度实施,社会自由也会最终被自身所吞噬。所以管治的前提是一个强有力的国家和政府。在社会管治过程中,国家的作用是肯定的和积极的,管治需要国家保障社会运行规则、准则和制度的实施,保障整个社会做到公正、公平,不偏重某一利益集团。管治中的国家的作用是"小而精",而非"大而全",有能力做到协调各种社会势力间的冲突和矛盾,稳定社会秩序。

第二,管治是社会行为中各种力量的互动。管治从根本上反映的是社会复杂、多元、动态的变化趋势,它并不意味着单纯的强化谁或弱化谁,在某些条件下国家必须起主导作用,而在另一些条件下,可能要公民自己做主。公民自我承担的角色越多,国家干预的范围也就越少,反之亦然。关键是达到目标,最有效和最高效地解决问题。人为制定各种统一的标准,不论由谁来实施或监督都会阻碍社会发展以及创造性,而且与管治本身多元化、复杂化和动态化的特征相违。

第三,管治是公民自治与国家管理的结合。任何思想领域的变革都必须有相应的经济基础变革为基础,所以不同的经济基础构造的社会其管治模式也不尽相同,任何超前或滞后的管治模式都会对社会发展带来巨大损害,关键是二者的协调。所以管治的实现不仅是国家方面单纯的改革,而必须有来自公民和社会的推动力。也就是说必须使市民社会与国家相平衡。市民社会要想与国家的力量抗衡就必须使自己强大起来,使自己首先成为一个自治的公民。使自己有能力分担一部分政府的功能。

三、研究转型时期城市管治的原因

（一）管治兴起的原因

1. 从市场失灵到政府失灵是管治兴起的最直接原因

众所周知,20世纪30年代,一场波及全球的经济危机使市场神话彻底破灭。西方古典经济学理论受到巨大冲击(刘筱,2002)。在这种条件下,以凯恩斯主义为代表的福利经济学派在经济学中取得了胜利。凯恩斯学派认为新的经济需要加强国家干预政策,政府除了建立和维护市场游戏规则外,政府还应修正市场失灵。在市场失灵的领域,还应在以下领域进行干预。①提供公共物品,如国防、基础设施、污染控制等。②保持宏观经济稳定。在市场经济的周期性波动中,调节总供需平衡,维持适度的经济增长。③使经济的外部性内在化。避免在正外部效应很强的领域,市场经济活动不足或在负外部效应很强的领域市场经济活动过多。④限制垄断。⑤调节收入和财富的分配。以达到广泛社会认可的社会公平。⑥弥补市场的不完全性和信息的不对称性(胡鞍钢、王绍光,2000)。这种新的凯恩斯的经济理论在西方国家取得了极大的成功。不仅使各国摆脱了"大萧条"的阴影,而且带来西方国家持续的经济增长。因此,"二战"后特别是60年代以来,美国与西欧各国政府基本上都用凯恩斯政策来刺激就业与发展,从援助西欧发展的马歇尔计划到美国总统约翰逊的伟大社会计划,无一不看到凯恩斯理论的影子,美国总统尼克松就曾说过"我们都是凯恩斯主义者"。

与美国相比,西欧国家在执行凯恩斯政策时则比美国更甚,它们不仅通过多种政策和手段干预市场,还建立许多国有企业,以扩大公共开支为基础,保障就业和刺激增长。这种做法在最初的辉煌后使得西欧各国经济都面临着高通货膨胀率,到20世纪70年代后期,西方国家普遍形成"滞胀"局面,通货膨胀与生产停滞,失业骤增,政府庞大的开支使物价飞涨,而政府为了弥补公共财政又不得不维持高税收,这一切都导致凯恩斯主义为代表的国家干预政策的失效,于是危机出现了。无论在经济理论还是在经济社会中,社会需要新的经济理论、新的经济政策,因此如何处理市场和政府成为管治兴起的导火线。管治作为一种新的国家整理思想,它呼吁政府更多地退出公共服务利益,为市场创造更多机会。

2. 新自由主义的抬头与"第三条道路"的选择

凯恩斯主义者尼克松和卡拉汉的下台使得对凯恩斯主义质疑的自由主义学派重新抬头。1974年诺贝尔经济学奖获得者哈耶克(Friedrich von Hayek)就是反凯恩斯主义的急先锋。哈耶克声称,战后东方社会主义模式与西方的凯恩斯社会——国家主义模式本质上都是一样的,都只对官僚集团有利。以他为代表的所谓新自由主义学派作了大量研究和分析指出所谓国家主义的种种弊端。第一,决策者缺乏信息。援引斯密的话来说,政府的经济规划、真正的成绩以及监督私人产业并指导它向最符合社会利益的就业方向发展的职责表示怀疑。政府不一定具有充足的信息按最佳用途规划资源。第二,目标转换。官僚主义者在不正当动机的驱动下为了实现谨慎目标,甚至会牺牲更重要的无法衡量的目标。同所有理性行为者一样,他们倾向于遏制将会对其威望和权势造成威胁的变革。第三,有权势的利益集团或个人利用政府谋私利的能力,即寻租行为。特殊利益集团或个人致力于其利益的公共政策,而把成本转嫁到他人身上。总之,他们认为,市场是经济运行的最根本机制。违背市场规律,最终总会被市场所惩罚。

在这种条件下从20世纪80年代以来,西方各国为了对付"滞胀"相继使用新自由主义经济政策,这种政策在一定时期取得了好的效果,然而新自由主义的胜利犹如美丽的礼花,辉煌但是过去得太快,因为它终究不能解决实际上会发生的市场危机。90年代全球爆发的金融危机被归结到新自由主义。曾经任美国前总统克林顿的经济顾问团主席斯蒂格利茨就对新自由主义提出强烈的批评。斯蒂格利茨根据拉美的经验和他的理论分析指出,新自由主义必然导致发展中国家的四步曲:第一步就是私有化并生腐败化;第二步是资本市场自由化导致潜伏金融危机;第三步价格自由化导致一个粮食、水、燃气价格飞涨的时期并且可能演化出经济骚乱;第四步在世界贸易组织和世界银行统治下的自由贸易,是不平等贸易。新自由主义再次受到怀疑。

与新自由主义兴衰同时,以儒家文化、佛教文化为代表的东亚文化则在地区的发展中似乎起到重大的作用。而东亚政府广泛深入参与经济的发展,在国家的管理中起到积极的作用。这种强大的政府作用被夸耀为成为亚洲复兴的基础(丁一凡,1998)。然而,东亚金融的凸现使这种"东亚模式"捉襟见肘。显然在公共经济领域政府过于强悍不行,政府无所作为也不行。治理需要第三条道路,以政府和市场协同为基础的管治的讨论则成为大势所趋。在政府和市场不断冲突的过程中,人们试图寻找政府或者市场独角戏以外的"第三条路",也就是协调治理——管治作为新的治理范式。

3. 以创新为代表的新经济发展和第三次产业革命给全球治理模式带来巨大冲击

在管治发展的同时,以新技术革命引致的第三次产业革命加速了社会经济形态的转变。它使工业经济社会向信息、数字和知识经济社会转变。它是一种全新的社会经济形态,使社会经济结构和经济运作机制及社会再生产过程发生了深刻的变化。这一变革带来了新一轮的全球性竞争,其影响在90年代下半期全面地表现出来。以诺思为代表的新制度经济学和以罗默、卢卡斯理论为代表的新增长理论为新经济的出现和实践作出了充分的准备,并强调了政府在新经济中的重要职能:创造支持技术变革的制度环境(Bretschger,1999)。我们认为90年代后期中政府的作用被再次确认。经济学理念从新自由主义的"弛管制"(deregulation,也翻译作放松规制)转变到"再管制"。再管制重新定位政府的作用,政府不是主宰世界的"上帝",也不是出世的仙人,而是一个儒学的教师,教诲和规范着这个世界而不是经营它。新增长理论理念使政府与市场的矛盾得到一定程度的缓和,同时,也带来了新的变革与创新,如企业制度与公司治理结构的重大变化,使公私之间、政府与企业之间、组织之间、组织与个人之间的关系都发生重大变化。一方面它增强了私人利益集团和个人的权力,缓解了政府公共职能上的压力,同时也强调政府的作用,政府承担必要的公共服务并且规范私人行为。因此,新的利益平衡成为焦点,新的管治思想也就应运而生。

4. 国家权力的社会化和多元化促使市民社会不断壮大,参与社会治理的能力和要求也越来越高

在经济学发展的同时,社会也在发生变化。20世纪90年代前后的东欧剧变冲击了整个世界,这种冲击实际上导致现代社会经济制度和政治格局的急剧变化,使居于社会统治层面上的权力在类别上呈现出多元化的状态(林喆,2001)。即除了国家权力之外,还有与之并存的社会权力和超越它之上的超国家权力。由于这种理念变化、一般公众团体、非政府组织和国际组织的权力也加入到支配一个地区社会的力量之中,成为社会统治权力的重要组成部分。公众参与、非政府组织与国际联盟构成了不同层次的社会权力,在这场国家权力的多元化过程中也同时伴随着国家权力的社会化,并对社会的进步起到建设性或破坏性的作用,各种权力或各种权力主体行为的交错作用使现实社会更加复杂,因此,如何协调则成为一个不能回避的重大议题(Kooiman, Vliet, 1993)。这就是说,社会需要管治的理论。换言之,管治理论和实践伴随着国家权力的多元化和社会化,回应于近百年占统治地位的国家主义,在近年来轰轰烈烈地展开。

5. 社会进步危机是管治兴起的直接原因

新一轮的产业革命使全球经济得到飞速发展,创造出巨大的社会财富,而与世界经济增长、全球化流动相对应的却是频繁爆发的社会危机和政治危机,国与国之间、地区与地区之间、社会各阶层之间

以及人与人之间的贫富悬殊在近30年里扩大了一倍以上,尽管全部的社会和保健方面指标都远远强于20世纪50年代。社会失业人口与贫困人口大幅度增加,而另一方面却是社会的精英人士聚集了愈来愈多的财富,社会分化日益明显,就业者、就业不足者和失业者之间生活条件的差距日益拉大,就业者本身也因劳动市场状况、劳动岗位稳定程度等不同而分化。另一方面,大量失业者和贫困者被视为难以帮助的人,他们深受性别、年龄、知识水平、籍贯、身体残疾等特征的影响,表明了他们已成为多余者的集体命运。而来自政策的原因使下层社会出现并与其他社会阶层完全脱节,从而造成社会两极分化日益突出,社会不安定因素愈来愈多,尖锐的社会矛盾使人们对国家、政府、地方当局的职责和能力表示怀疑。因为他们在促进经济增长的同时却忽略了促进社会进步,在从事经济建设的同时忽视了社会安全网的建设,在重视GDP增长的同时忽视了社会保障的发展,在社会的进步中忽视了社会的公平。这一切导致了社会可持续发展观的兴起,全社会需要建立一种新的治理模式,稳定协调的社会结构和基本制度以确保社会公平,全社会鼓励社会各阶层各利益集团和公民的对话和广泛参与,共同关注弱势集团和人群,新的发展战略必须涵盖社会的各个方面,包括国有部门(公共部门)、私营部门,还有社区、家庭、个人的发展问题。以可持续发展为目标的管治为我们带来新的希望。

6. 全球化浪潮是管治兴起的又一重要原因

在过去的20年里,以信息化、网络化和空间分散为特征的新经济的迅速发展,使地区与地区、国与国之间的联系更加紧密,巨大的跨国公司和庞大的汇合在一起的资本穿越国界渗透到全世界每一个地方。资本和技术加速全球化,使全球经济获得爆炸性增长。但世界储蓄财富却是不断地流向位于世界顶层的国家或地区。与此同时,据预测,在21世纪,仅使用有劳动能力的20%的人口就足以维持世界经济的繁荣,越来越多的劳动力将被弃置不用。就业与劳动力面临全球范围的配置,它所带来的不仅是就业问题,还有税收、财政、道德标准、价值观念、分配制度、社会福利、社会公平等一系列问题。伴随经济的全球化是文化和政治的全球化过程,民族国家的权力在日益削弱,资本的力量使主流国家的文化和政治模式日益成为主宰,民族与民族之间的冲突也成为世界和平的危机所在。在全球性的和平危机中,个人的力量已不具任何意义,组织、社团、联盟甚至国家的力量也已显得力不从心,唯有多极对话、多方协调、多渠道沟通,才可能解决涉及面如此之广的全球性问题。因此,管治的兴起无疑为全世界的和平带来一线曙光。

总之,管治的兴起是我们这个特定历史环境的必然产物,正因为有了不断激化的冲突,才有了对话协调的呼声,才有追求和谐、人性化的世界。世界的多元化发展使全球的治理也不拘一格,管治本身代表了一种过程,所以不同的时期、不同的阶段、不同的地区其管治的含义也各不相同,因此管治多元的特征正顺应了我们多元化的世界。

(二)城市管治——管治的研究领域之一

理论上讲,管治的概念可以被用于任何形式的集体行动。管治关系到更具战略性的驾驭和控制,关系到决策方向和行动主体的任务与角色,它不仅是决定战略决策方向的重要过程,还决定了由谁来决策,决策主体应具备的能力如何。通常情况下我们将管治的作用领域分为三个层次。

第一，全球范围的管治。处理各级政府包括中央的、地方的管辖范围以外的国际性事务。

第二，国家层次的管治。包括国家内部的管治。在这一层面上又可以分为以下几个层次：中央的、省或州的、城市的或地方的。在城市或地方层次，管治指政府及其他行动主体如市民社会中的组织是如何在公共事务中扮演重要的作用，尤其是影响和参与决策行为的。

第三，企事业单位层次的管治。如公司管治（通常翻译成公司治理）。它包括了公司内外相关组织或机构的各种行为，这些行为主体通常涉及多个组织，因而行动的决策往往是来自于多个行为主体。这些企事业组织可能是私人所有，也可能是国家所有，如医院、学校、国有企业等。这里的管治更倾向于关注各种不同行为体的角色定位、在高层管理中这些行为主体的关系、股东间的权益关系、回应性等。

在本书中，我们将研究的视角放在第二个层次中的城市管治。城市作为我们的研究焦点与城市重要性日益上升不无关系。

首先，城市之间的竞争已越来越激烈，各个"城市"都努力地推销自己，从而获得更多的投资，这一场没有硝烟的"空间战争"导致了城市管治的兴起。城市管治正从国家福利模式向经济发展导向模式转型。在不断升级的全球竞争中，城市政府不得不向企业家式转型，这种转型无疑会导致管治模式与地方福利主义传统冲突。

其次，全球化的深化也同时伴随着城市本土的地方化发展。比如地方文化，其独特的文化传统正是城市获得更多商业机会和投资的动力源泉之一。这种地方化的文化事实上也正不断地调整自身以更好地吸引投资,如扩大旅游资源等。反映出全球化与地方化这两种过程的交融。因此,如何塑造城市个性、保护城市的地方文化资源往往成为城市竞争以至城市发展的关键。

最后,城市已认识到国家已不能像以往那样大包大揽,城市的发展更多的是地方的责任。这一认识正是管治兴起的重要前提。

另外,由于全球化的影响,通过诸如跨国企业、组织,通过跨境网络等,城市已跨越了空间的界限而直接面对世界。因此,国际竞争突破了国家层次而直接面向了城市之间的竞争。

城市的重要性意味着城市发展的重要性。而良好的管治模式正是城市持续发展的重要保障。正如约翰·弗里德曼所说,中心城市地区的管治在资本聚集的全球经济运动和良好的城市居民生活质量创造中如何取得成功具有决定性的意义。传统的城市管理方式已不能适应发展需求,寻找新型的管治模式正是公共管理研究领域的焦点。当前比较有代表性的是企业家型城市管治模式。也即经济发展导向型管治模式。它是以地方政府为首,广泛联合社会各个部门、阶层以及私人,以获取全球流动的资本投资和消费流为目标,推进城市经济和社会发展。在激烈的全球市场竞争中,争取到最大多数的各种"流"包括资本流、信息流、物质流和劳动流才是城市进步的关键。

本文所指的城市管治也正是基于城市发展这一理念进行研究的。

城市管治实践和经验[①]

南非,大玛非肯地区,完整的发展计划：

以广泛的社会各种不同意见的协调为目标。通过经济和环境发展计划,发展旅游业并将其作为发展增长极,从而为当地人民提供基本服务和就业。首先根据这一计划成立了具有广泛代表性的包括社会各个阶层的行动委员会。这个委员会不仅以经济发展为目标,而且更为重要的是它具有协调和解决社会各种冲突的功能。

尼加拉瓜,索莫鲁大都市区,合作性的城市行动规划：

索莫鲁有一个积极的社会合作议会,包括了 37 个社团发展组织,它们团结在一起共同发展和改善地方生活水平。在地方行动决策中,以合作为途径,通过各种咨询会议、各个不同的阶层和团体的声音,来共同完成地方自治。比如在供水和排污等基础设施修建中,地方当局提供 40% 的资金,其余由市民自筹。地方积极性的提高反过来促进了地方政府的投资。

突尼斯,卡塞林市,使青年成为社会整体中的一部分：

对这个城市来说,正是青年构成了贫困人口的主要部分。更好的生活这个目标对他们来说往往是空洞和遥远的。由于他们中的大多数缺乏足够的训练和技术,同时缺乏相应的就业机会又造成了他们工作积极性的丧失。因而 UMP 和 FNVT(两个非政府组织)组织了广泛的社会咨询和讨论,以共同解决这一难题。自治委员会扮演

---

① 资料来源于联合国开发计划署(UNDP)网站。http://www.undp.org/,所述资料由笔者翻译整理而成。

了核心作用。这一自治型城市机构由城市议会成员、非政府组织、地方政府代表、城市管理计划专业人员和青年代表组成。

这一计划包括新成立了青年社会资源中心,它在以邻里为基础的网络和青年管理中心中起到中心节点的作用。它的功能为青年提供充足的社会信息,将青年与社会私人部门、政府计划相联系,作为青年培训媒介,并且为社会文化行动提供空间场所。支持为青年的国家和区域资源流动,以邻里为基础的青年社团的创立,以及他们的各种计划(创造就业和提高收入水平)。

肯尼亚,"菲瑞比"的实施(抵制不合理的土地利用):

"菲瑞比"运动包括了社会各个阶层,个人、社会组织、研究机构、中介、国际机构、非政府组织以及其他组织为这一运动提供了充足的信息。各种性质的民间自组织为这一运动提供资金和技术资源,在一系列市民行动中起到了保护公民的合法权益的作用。包括来自于国外的非政府组织,以及地方的 NGOS 和 CBOS,以及其他。这一运动通过广泛公开的信息收集(通过传真热线)寻找问题和解决途径。

另外,市民(文明)教育和公众意识的提高也遍及全国,因而需要一个联合发展战略,通过中介组织以作为加强合作的途径。目前,尽管土地利用问题仍然十分严峻,但是广大市民已行动起来,借助中介机构,影响主要政府官员如市长、议员等。

(三) 中国的现实背景

中国目前正处于深刻的变革时期。从 20 世纪 80 年代初的经济体制改革开始,整个社会尤其是城市社会发生了巨大的变化,但是与此同时,社会分化,社会边缘人群、弱势人群的形成,社会公共服务需求的不断增加等,成为需要管治的充分理由。实际上中国当前正处于市场经济体系的形成过程之中,政治体制改革也随之向深入发展,政府如何处理好与市场的关系,民间社会或称市民社会在二者之间的地位如何,三者又当如何协调?或者在共同促进社会发展过程中,又当如何处理好三者的关系?因此,管治的研究对于中国尤其是中国的城市地区更具有重要的意义。

西方国家的城市管治研究也是在 20 世纪 80 年代末才兴起的,但是由于管治本身所指的是一种过程。因此,对于不同的地区、不同的城市、不同的案例具有特殊性,尤其是管治理论涉及意识形态问题。中国在应用西方管治过程中显然不能照搬西方的成果,中国需要研究管治,这就构成本文研究的起点。基于管治研究在中国还刚刚开始,尤其目前绝大多数还处于概念的研究和探讨中,因此本文从实证出发进行研究具有针对性意义。

四、国外对管治的研究

(一)理论探讨

代表城市管治理论研究取得较大进展的是有关城市管治模式的系统总结。阿尔金(Elkin)根据地方利益、政治家的联盟方式、选举联盟策略、政府服务的官僚机构等提出了多元型(pluralist)、联合型(federalist)、创业型(entrepreneurial)三种模式;芬斯汀等(Fainstein and Fainstein,1983)以美国为研究对象,认为自"二战"结束以来,美国经历了由 1950~1964 年的指导性城市管治模式,向 1965~1974 年的让步性城市管治模式,再向自 1975 年以来的保守性城市管治模式的转变;俞可平认为城市治理模式有二十多种,包括公私合治模式、新精英模式、超多元模式、合作型治理模式、发展型政府模式、规制型政府模式、新管理主义城市治理模式、新自由主义城市治理模式等。在众多有关城市管治模式理论研究中,最具代表性的要属皮埃尔(J. Pierre)对城市管治模式的划分,他对城市管治模式的划分是目前所知最精炼的。皮埃尔根据参与者、方针、手段、目标对西方繁杂的城市管治进行了分类,归纳出了管理模式、社团模式、支持增长模式、福利模式四种城市管治模式,并对每种城市管治模式的特征进行了阐述。皮埃尔认为四种城市管治模式皆为理想模式。并认为,同一国家背景下的不同城市、同一城市的不同部门,会采用不同的城市管治模式;在不同时间段,同一城市也会采用不同的城市管治模式。

因此,从管治模式的理论探讨中,我们可以发现目前对管治模式的总结并没有一个统一的标准,而且研究的出发点不同,管治模式也会各不相同。但是,其研究方法和出发点却是值得我们借鉴的。

(二) 实证研究

在国际上,当前对管治的研究已从最初的概念性探讨逐渐转入到实证研究中,特别是随着联合国相关机构和组织以及其他国际组织的研究和发展项目的进行,管治的实证研究和实践也在全球范围内展开。由于管治概念的不确定性和广泛性,因此对于管治的具体研究内容和范围存在许多的分支,哈凡和博廷(Harpham and Boating,1997)以广大发展中国家为研究背景,从文献研究的角度描述性地阐述了城市管治是什么,当前的研究又是如何以及为什么要研究等问题,并且从技术、政治、制度结构和文化四个层次研究了城市管治的概念和内涵。布鲁克霍斯特认为还应该从空间层次上进行分析城市管治,并指出正是因为空间结构,在城市各个方面、领域才可以从平衡、生态可持续等角度促进新的城市社会结构的形成和发展。

具体来看,城市管治的实证研究主要包含以下几个方面。

1. 城市规划与城市管治

在2000年中国上海举行的世界规划大会上,拉奎因指出快速扩张的巨型城市和巨型城市地区的结构、规划与管治是当今世界所面临的最严重的政策议题之一,同时也是21世纪城市规划所面临的机遇和挑战。通过分析各种严重的城市问题认为城市管治的能力是各个地方走出困境的重要因素,如何平衡提供城市设施服务的效率和在公共决策中活跃的市民参与这两个朴素的矛盾的目标是各个地方政府必须面对和解决的重要难题。

科姆等(Kombe and Kreibich, 2000)在对坦桑尼亚的研究中发现了在发展中国家正式和非正式制度与城市土地管理体制之间有机结合的重要作用,探讨了这种联合模式在克服正式体制中的缺陷中的可能性,并将非正式部门引入到住宅土地供给、土地所有者权益保障、制度的实施和土地服务等一系列决策中。强调了认识和了解现有的非正式制度,分散化的土地管理责任以及当前的强大的城市规划管制等对现状的影响以及重要性。并指出如果潜在的非正式部门作用于土地规制中,那么对财产和土地管理的法律体系则必须提供一个清晰的责权和所有人的划分,公共部门必须将权力转交出去以清晰地界定土地利用布局和分配的原则,同时各个私人部门或利益单位的合法权益也应受到相应的法律和体制保障。

当前,在具有市场经济传统的地区已面临越来越大的来自于管理体系方面的压力,胡(Hull, 1998)通过具体案例分析了英国的规划体系是如何利用管治调整和整合区域层次的战略目标以复兴低市场需求和前景低迷的地区。这一研究被主要用于解释规划体系的程序和应用领域是如何用于整合不同的目标和发展重点,如何平衡政府、市场以及市民社会三方关系以影响关系到城市未来的资源供给和决策。

卡洛尔·拉科迪通过研究发展中国家传统的土地利用规划的有效性和局限性,指出其存在的问题和巨大危害性,如土地和住房市场的扭曲,开发成本高昂,大量非法的土地开发行为出现,公共服务产品的供给欠缺,更为严重的是在城市各行为主体间合法性的丧失等。如果没有法律的保障,那么低效益和低效率的恶性循环则会一直持续下去。因此,强调了城市政府应该致力于城市管治的安排,政治以及决策过程。只有这样空间规划才具有进步性和实践性。

维恩戴夫·威廉姆斯(Williams,1999)探讨了大都市地区如何应对日益复杂的社会变化过程,通过分析大都市地区战略空间规划体系和管治结构是如何管理和支持城市的发展进程,以及分析所涉及的各种来自各方的压力包括经济竞争力,社会公平和公正、对城市形态的持久影响等,指出了多核心大都市地区结构不断增长的复杂性和超越大都市地区行政界限的相互交织的网络联系以及各种"流"等正在使大都市地区的管治变得日益复杂。

总之,以上研究都反映出这样一个事实,即城市规划与管治是紧密相关的,城市规划作为政府管理社会、推动社会进步的重要手段,必然要考虑采用何种方式实现目标,而管治正是实现目标的途径之一。同时,政府作为管治结构中的重要主体,也正需要通过城市规划来调整与其他主体之间的关系,从而实现良治。

2. 管治结构和模式

管治的重要性已得到广泛认同,其研究也在各个领域开展起来。

其中采取什么样的管治结构和模式被认为是研究中最具意义的因素,因为适当的管治结构和管治模式会对社会发展起到巨大的能动作用。因此对于这方面的研究成为当前管治研究的重点。

布兰迪·贝克(Becker,2000)通过分析两种城市开发和发展模式——大规模的土地开发商在国有土地市场中的竞争模式和集聚的自我组织模式——探讨了地方政治、城市阶层分异和国有土地市场的各种规制等因素对城市规模和结构的影响,同时还探讨了地方政治的非增长性发展以及特大城市的管治结构。由于城市是自我组织又是被地方政权所控制的,因此土地开发商等私人部门在启动新的社区建设和城市开发中具有极大的复杂性和不确定因素。

罗杰森和伯耶勒(Rogerson and Boyle,2000)针对当前企业联合正在对构建城市政治议程、公共管理等活动产生重大影响这一引起广泛争议的事实为研究背景,以具有批判性的北美模式作为研究背景,从更具理论意义的角度阐述了英国当前政治行政中资本的影响,从中发现新自由主义模式的管治结构正致力于构建新的社会环境,在这种环境中资本、政治都起到了巨大的作用。同时还指出正是带有政治性的资本多元化而非其他因素正影响着管治结构,为了更了解资本和政治之间的关系,我们需要更为详尽地了解资本及其运作方式。

马可赫森的研究则进一步反映出了良好的管治对城市和区域发展的重要作用,他以香港为例,以 1997 年的回归为前提,分析了香港未来的发展以及如何与内地的整合。指出在发展中如何建立新的管治结构是发展的关键。也即是说明了香港和内地的共同繁荣必须通过多元的整合,不仅仅有经济上的,还有政治和社会的整合。

辛普森和切普曼(Simpson and Chapman,1999)以在欧洲具有悠久历史的爱丁堡(Edinburgh)和布拉格(Prague)这两个城市为例，对比分析了各自在地方规划和城市更新政策中的不同努力方向和改革途径。由于东西方文化差异、社会结构差异等使二者的城市规划体系和城市管治结构截然不同，同时还指出前社会主义城市可以通过各种形式的交流从欧洲其他城市中学习到许多宝贵的经验从而促进自身的发展。这一研究也体现出了地域差异对管治结构的影响。为我们建立地理学与管治的联系提供了很好的启示。

布瑞勒(Brenner,2002)从批判的角度探讨了美国大都市地区当前的城市管治和区域合作，指出当前大都市区管治改革在美国表现出十分猛烈的势头，新的区域合作模式正在形成并成为主流发展趋势。研究表明区域合作模式不仅是对新区域主义更是对新政治多元主体结构(地方、州、联邦以及其他政治主体)、地方化社会运动等的靠拢，并且新的管治模式在促进城市社会空间结构重整运动中起到重要的作用。这一研究表明了管治结构的弹性化特征，即管治总是与地方的变化相一致。

普格利西和马维(Puglisi and Marvin,2002)以英国西北部地区为具体研究对象，探讨了当前和未来公众、私人和自愿组织的政治能力以及在不同部门中找出最佳实践模式和潜在差距，以及面临的压力和需求的能力，并尝试提供一种新的解决思路和途径。研究指出当前管治结构的变化正在为城市与区域的未来创造新的发展机遇。

从以上研究中我们可以得出，良好的管治结构和管治模式对城市和区域的发展起着巨大的能动作用，而管治结构和管治模式不仅包含了政府这一重要的行动主体，而且代表私人部门和市场的企业以及公众都日益成为管治主体中的重要一级。管治结构和管治模式并不是唯一也不是普适的，在不同的历史条件下和发展背景下，不同的城市和区域总会有相应的管治模式以推动城市的发展。

3. 社会参与与城市管治

社会参与可以说是城市管治的一个重要特征或是表现形式,所以在这方面的实证研究往往最具代表性和实践性。而事实上社会参与往往成为评价城市管治的重要方面。以下的实证研究也说明了这个问题。

科恩斯(kearns,1995)以英国为例,探讨了有活力的市民关系和地方管治影响下的国家与市民社会中的民主参与模式,分析了市民关系和地方管治之间的各种重要联系和利益关系,认为二者的结合会产生巨大的能动作用并持续地推动市民关系的个性化发展。并且从政治地理学的角度分析得出区位的影响也即地理空间层次的影响在市民关系和地方管治中的重要作用。

瑞可(Raco,2000)通过具体案例分析了在新城市管治结构下的地方政治关系,并强调了在地方经济发展中的社区的重要作用。其中特别分析了地方小型企业对地方发展的影响和作用,通过特定项目中地方小型企业、本地居民、社区组织等与各层次政府之间的冲突和联系,他们共同促进地区的发展。同时还指出了地方社区参与机制构建的难度以及发展的困难,以及在现有政治基础上所形成的自愿主义、由上而下参与模式等极有可能导致在特定项目决策和实施中的专政或者由强大的上级责任机构来回应地方事务。这一研究为我们揭示出了参与的重要性,同时也为我们指出了参与可能遇到的问题,表明了参与机制是与地方的政治、经济以及社会基础相协调的,也即是说管治中的参与性会因时间和空间差异而各不相同。

第一章　管治的基本理论问题与公共服务业管治

沃尔纳(Werna,2001)通过回顾为消除城市贫困而采取的住宅—就业政策,指出了潜力和缺陷,并且关注这种政策影响下的广泛参与式的城市管治模式的作用,探讨了如何增强这种作用的途径,同时也讨论了城市管治过程和相关住宅—就业政策的关系和互动性。但是全球经济的影响使管治的作用仍然是十分有限的。如果当前的全球化趋势仍然保持不变,那么极少有希望得到有意义的全方位的可持续的进步。因此,尽管地方行为是十分重要的,但是我们也需要通过全球行动来改善城市贫困。同时研究者还引入这样一个重要理念:"全球化的视野,地方性的行动。"或是相对应的:"地方性思维,全球性行动。"这一研究最重要的就是指出了参与性与城市管治模式的联系,同时为我们指出了管治必须从一个更广的视野进行研究和分析,这样管治才能真正指导社会的发展。

起源于城市研究领域的关于管治的诸多文献都强调了参与和合作是当前社会管理过程的核心特征,并且新的社会治理中除了政府以外,合作伙伴通常都包含了社区组织这样一个民间单位。因此默多奇和阿布兰(Murdoch and Abram,1998)从批判的角度,以住房政策这一具体案例分析了社区参与并且指出在特定政策因素下州政府在社会发展战略的制定中仍然占据主导的地位,并指出了中央政府、州、地方政府等政治主体的不同作用。尽管当前以社区参与为先导的管治成为社会发展的主要趋势和目标,但是战略性的政策仍然凌驾于地方本地需求之上,并且中央与地方的垂直关系仍然存在,没有因为管治的发展而改变。

以上研究告诉我们,社会参与对管治具有重要意义,但是参与性会在不同的时期和不同的空间场所而有很大的差异,因此建立在参与基础上的管治也会因此而呈现出多样化特征。同时,研究还表明了管治并不一定意味着参与程度越大越好,在不同的行动中管治结构会各不相同,因而各主体间的力量对比也会有所不同。

4. 城市管治和地方政府政治的改变

在全球化的时代背景下,城市运行的经济环境发生了明显的变化,城市管治的研究已经不再局限于就城市论城市,而是将城市管治放在这一开放性的时代背景下进行研究。霍尔(Hall,2000)与哈巴德认为城市不应只从惯用的福利措施或土地利用规划中获得利益,而更应该通过地方资源的流动中,从竞争日益激烈的市场中获得利益。斯托克(Stocker,1995)认为,政府管治的时兴在一定程度上反映着人们寻找办法以减少政府消耗的资源和经费。梅尔(Mayer,1995)认为地方政府与跨国资本的谈判技巧,及其创造条件以适应经济全球化的能力,已成为塑造城市形象和在国际城市体系中定位的关键因素,因此不少城市被称为"企业家城市"。哈维(Harvey,1989)等认为传统上由政府负责提供的公共服务,很多改由其他的非政府主体参与和负责,地方政治家和行政官员日益肯定采用企业家的立场有利于资本在城市范围的集聚。总之,全球化、区域集团化、一体化等态势深刻地影响了城市的发展政策,城市间竞争加剧使城市政策由福利分配和公共服务政策转向促进和鼓励地方经济发展的外向型政策。促进地方经济发展成为城市管治的主要目标。

总之,通过以上分析,可以反映出这样一个事实,即城市管治的作用已日益显现,主要表现在以下几个方面:城市更新、复兴和创新;城市管理手段的革新;市民社会、私人部门和公共部门的广泛参与,城市的可持续发展等。

（三）小结

国外学者对管治研究较为充分和成熟,研究视野和研究方法都较广,而且研究的理论背景已远远走出单一的学科,并逐渐纳入越来越多的知识体系,其中包括政治学、管理学、经济学、地理学等多学科体系。因此,管治的内容也越来越丰富,它的实践意义也越来越广。但是有一个最为基本和核心的问题就是管治起源于对公共领域的研究,是通过政府、市场和市民社会三方的权力关系和权力结构来解决社会公共问题。

五、国内对管治的研究

管治在我国的研究起于 2000 年前后,可以说我国的管治研究刚刚起步。较早提出管治问题的是香港中文大学的杨汝万、沈建法(沈建法等,2000),此后南京大学顾朝林、张京祥(顾朝林等,2000、2001、2002)作了研究。但是,关于管治的系统化研究,包括各类专业书籍、学位论文等还比较很少。目前已知的有关管治所作的较系统研究有华东师范大学黄丽博士所著《国外大都市区治理模式》、南开大学踪家峰博士的学位论文"城市治理模式研究"。总的来看,我国有关管治的研究主要集中于以下方面。

（一）对管治概念、理论基础及其研究意义的探讨

20 世纪 90 年代以来,世界经济、政治、社会等诸多方面都发生了深刻的变化,这些变化导致了西方管治及其研究的产生。我国经济体制改革中产生了许多问题,管治概念的兴起为问题求解提供了切入点。我国许多学者响应世界趋势,在积极引入西方管

治理论的同时,对管治概念兴起的时代背景、概念及其理论基础进行了广泛的探讨。时至今日虽未对管治形成严格的定义,但在众学者的讨论中管治概念已日见清晰。普遍认为管治是各种利益集团(既包括公共机构,也包括私人机构、社会团体等)处理共同事务的诸多方式的总和(胡仙芝,2001),是市场协调作用的继续和政府控制作用的延伸,是对市场和政府两种对立价值和策略的取舍与重组。张京祥等(张京祥、庄林德,2000)认为长于横向管理的管治具有以下四个特点:①管治不是一套规章制度,而是一个综合的社会过程;②管治的建立不以"支配""控制"为基础,而以"调和"为基础;③管治同时设计广泛的公司部门及多种利益单元;④管治虽然并不意味着一种固定的制度,但确实有赖于社会各组成间的持续相互作用。城市地理学、城市规划学的研究人员进一步对城市管治、区域管治的概念进行了探讨。在此基础上,我国许多学者阐述了在我国开展城市与区域管治研究的意义,普遍认为:①我国正处于市场经济转型时期,经济体制改革造成的社会复杂性及其快速的转变弱化了国家管治能力,产生了一系列严重的社会、经济和环境问题,这些问题通过城市与区域的管治研究可以从制度环境与管理模式的角度提供解决问题的办法;②同时,由于中国不同于西方,如薄弱的公民社会、长期且强有力的城市行政等级体系等,因而进行管治研究时应该在强调政府掌握城市与区域空间资源分配决定权的前提下充分发挥政府与市场的作用(顾朝林、吴缚龙、周婕,2000;姚鑫,2001;陈振光等,2002)。

(二) 对城市管治的初步研究

1. 城市管治的发展演变

部分学者以动态的眼光,从历史的角度研究中国城市管治,分析我国城市管治的发展演变、产生的问题以及未来的发展趋势。这些研究包括吴缚龙的"市场经济转型中的中国城市管治"(吴缚龙,2002)、姚鑫和陈振光的"论中国大城市管治方式的转变"(姚鑫、陈振光,2002)、沈建法的"跨境城市区域中的城市管治——以香港为例"(沈建法,2002)。吴缚龙对比分析了市场经济体制改革前后的中国城市管治基础,对市场经济转型中的管治基础变化进行了详细的分析,指出经济体制改革造成的社会复杂性及其快速的转变弱化了国家管治能力,对维持社会等级组织造成了巨大的困难。在此基础上,吴论述了通过管治的地域化、管治的企业化可以填补国家管治弱化后的真空地带。

姚鑫、陈振光在介绍了大城市管治的理论(集中式管治、分散式管治和多中心管治)后,对我国大城市管治方式的演变进行分析,指出我国大城市的管治方式顺应了由"集中式管治→分散式管治→多中心管治"的发展趋势,具体表现为由"'市带县'→'撤县建市'→'撤县并区'"的演变态势,并结合管治理念对实施"撤县建区"提出了一些值得注意的问题。

沈建法从香港特区政府的角度分析了香港—珠江三角洲地区城市区域管治的发展演变历程,认为香港政府在面临全球化和区域一体化的挑战下,跨境城市管治开始从"跨境保护主义"向"跨境自由贸易区"转变。该文属于城市管治的实证案例研究,透过香港政府的跨境城市管治模式的转变历程,可以窥视组织跨境城市区域管治的各利益主体之间的互动关系及其作用机制。

2. 运用管治概念研究我国城市管治中的问题及其改良对策

对于这方面的研究还刚刚开始,尤其从实证的角度来研究管治。顾朝林以南京为案例,通过南京市最近的行政区划调整,分析了南京市城市政府的机构安排与运作效率,指出通过计划上的提升行政等级或者扩大管辖区范围并不能解决所有的问题,并指出了基于管治理念的措施对策(顾朝林,2002)。易晓峰、甄峰以管治理念为线索分析了城市政府在汕头市南区开发中利弊得失,提出了改进的建议(易晓峰、甄峰,2001)。黄光宇、张继刚指出了目前我国城市管治中存在的问题,针对我国国情提出了构建垂直管治体系和水平管治体系的策略见解,并对城市管治体系的支撑体系进行了探讨(黄光宇、张继刚,2000)。罗鹏飞、徐逸伦(罗鹏飞、徐逸伦,2003)在剖析城市社区组织旧有管理体制问题的基础上,运用城市管治理论,提出了十分有意义的有关社区管理体制改革的新构想。

3. 城市管治模式的初步探讨

西方城市管治理论研究取得了较大的进展,其中最具代表意义的就是皮埃尔(Pierre)对于城市管治模式的划分。陈振光与胡燕对皮埃尔的这一研究成果进行了介绍,并对西方城市管治及模式在中国的应用进行了初步探讨(陈振光、胡燕,2000)。南开大学踪家峰博士在综合国外城市管治模式的基础上,提出了四种较为典型的城市管治模式,即企业化城市治理模式、国际化城市治理模式、顾客导向型城市治理模式和城市经营模式。认为城市经营模式是具有我国特色的城市治理模式,具有过渡性与社会经济转型期的特点(踪家峰、王志锋、郭鸿懋,2002)。踪家峰提出的城市治理模式更多的是对国外已有城市管治模式的总结,并且对于城市管治模式的探讨更多的是从经济学的角度所做出的划分。

洪明与徐逸伦则在探讨我国小城镇管治重要性的基础上,借鉴皮埃尔的城市管治模式,提出了适合我国国情的小城镇管治模式(洪明、徐逸伦,2001)。洪明等提出的小城镇管治模式为探索适合我国国情的城镇(市)管治模式提供了思路,但由于我国的小城镇数量巨大,各小城镇的发展条件、面临的问题、发展目标等存在较大的差异,因此其所提出的小城镇管治模式过于单一,无法正确表达我国差异显著的小城镇发展现状。

(三) 关于都市密集地区区域管治的研究

在经济体制转型时期,长江三角洲、珠江三角洲等高度城市化的都市密集地区出现了严重的环境污染、土地开发过度、产业雷同、基础设施重复建设等问题,严重制约了上述地区的可持续发展。国内不少学者借助管治理论对促进都市密集地区协调发展展开了研究。

张京祥等借鉴国外大都市区管理模式的实践经验,分析了我国大都市区现行管理体制中的问题,提出了管治理念指导下的我国大都市区管治体系,即构建两级双层管理模式组合而成的三层管治系统:第一层是地方政府各自提供的相应社区性服务(市、县/镇层面);第二层是提供地区范围的多种服务(大都市区层面,如整个地级市范围);第三层面是更大范围的区域性协调(多个大都市区联合的层面)。张等对每一层管治系统的职能分工、运作机制等进行了阐述(张京祥等,2001、2002)。

华东师范大学黄丽博士分析了当今大都市区的重要地位和对治理的现实需求,选择北美、欧洲、亚洲地区的大都市区治理模式进行了系统全面的介绍,对大都市区治理模式的影响因素与机制进行了总结,展望了未来大都市区治理模式的总体发展趋势,并对上海大都市区治理进行了研究(黄丽,2003)。上述研究的共同点在于均把行政区划调整、构建大都市区区域管治组织作为实现都市密集地区区域管治的重要手段。

(四)对管治研究方法的探讨

为适应管治研究需要,少数学者对管治研究方法进行了探讨。胡燕、陈振光以广州洛溪大桥收费问题为例,通过对案例的分析,探讨了"管治"实证分析的方法(胡燕、陈振光,2002)。顾朝林提出了中国城市管治的主要内容和城市管治的研究方法,认为城市管治研究将采用理论研究与实证研究相结合的研究方法,在理论上借鉴学习国外管治研究理论,开展比较研究,并将管治运用于中国实践,进行实证研究;认为城市管治研究具体采用以下三种方法:①文献分析和国际比较研究法;②社会调查法;③定量分析实证研究法(顾朝林,2000)。

(五)小结

国内对管治的研究还刚刚起步,但是已经得到越来越多的研究者关注,进展越来越快,深度也越来越广。不难发现,这些研究多局限于某一学科,或从政治学角度,或从公共管理角度,或从地理学角度等。多学科综合研究仍然欠缺。

第二节 公共服务业的研究进展

一、服务业和公共服务业的相关理论

(一)服务业相关理论

1. 第三产业理论

1967年,鲍莫尔在《美国经济评论》上发表了一篇经典论文:"非均衡增长的宏观经济学:一个关于城市危机的解剖"。后来他将文中的思想发展成"成本病"理论。他在研究中发现,发生财政危机的原因是服务业从业人员的不断增长和工资不断提高,但同时服务业生产率没有增加。他的结论是:服务业与工业有着完全不同的生产方式和生产技术,服务业就业结构变动的原因不在于需求,而在于供给。另外由于服务劳动本身就是服务业的最终产品,因此服务生产过程中劳动是唯一重要的投入,几乎无法运用资本和技术以提高劳动生产率。由于劳动力市场是完全的,所以服务业的工资水平将与工业等行业看齐,即便服务业面临工资远高于边际产出的状态时也是如此,由此导致服务业的价格相对于商品价格总是处于上升状态。假如服务业的需求具有收入弹性而不具有价格弹性,或者收入弹性大于价格弹性,就业人口必然不断地从其他产业流向服务业,最终将导致经济总体的生产率下降。

但是我们看来,这恰好说明了服务的品性不适宜于市场机制,市场机制的基本概念是等价交换,商品要卖得出才能付工资,即需求的

价格弹性要大于收入弹性,但服务本是一种人类的活动,并不是一定要追求某种非得不可的物质产品。作为活动,在一定的条件下,服务还可能具有一种娱乐身心的作用,这正说明了服务业的发展具有多样化内容,不仅仅是物质层面上的增长,还包括与人的全面发展相关的方面的综合增长。

所以服务业的一种前途可以是构建准市场,即传统服务和特权服务的比例缩小,而公共服务业的比例扩大,由此创造大量就业机会,密切人与人的关系,帮助处于边缘的困难群体进入主流社会。实现这种前景的重要前提条件是人类价值观的彻底改变。人类必须摒弃物质主义,将自己的追求定位在有价值的实质自由,才能完成服务业的重构(杨团,2002)。

2. 后工业社会理论

美国社会学家丹尼尔·贝尔于1974年出版了《后工业社会的来临》一书,详细分析了后工业社会的特征。他认为:后工业社会是服务、知识、技术和科学在社会生活中占据主要地位;专业人员和技术人员具有突出的重要性;价值体系和社会控制方式发生变化。贝尔提出:"如果工业社会是以商品数量来定义社会质量的话,后工业社会就是以服务和舒适——健康、教育、休闲和艺术来定义社会质量。"从这个角度来看公共服务业的发展正顺应了未来的发展主流。

3. 新工业主义理论

新工业主义认为,未来社会并不是以服务需求增长为动力的服务经济模式,而仍然是以物质产品的需求增长为动力的工业经济增长模式。只不过是由于生产技术的进步,现代工业生产的劳动投入方式不再以体力劳动为主,而是以人力资本为主。新工业主义的理论从两方面展开,一是未来消费的趋势是商品替代服务,二是服务的生产也将产业化和工业化。

新工业主义与服务经济理论和后工业社会理论的本质区别在于,前者认为,服务的发展是以实物产品的生产为基础和目的,而不是以人们的生活中心由实物部门转向非实物部门。这里又有两种观点:一种认为,工业生产将变成"服务密集",即工业产品的生产会带入越来越多的服务作为中间投入因素;另一种认为,服务业生产方式将摆脱过去的小生产而融入更多的工业生产化方式,即服务走向产业化。

产业服务化的理论又称为新服务经济学,服务实际上是依附于工业生产的,仅起中介和补充作用。它指的是直接作为工业企业的中间投入;作为商品交换过程的一部分的流通和金融服务,与生产结构相适应的人力资本的形成所需要的服务;与生产体系进行空间上协调和规划所需要的服务。换言之,服务是以工业生产为中心的。在这个理论中,具有启发意义的有以下两点。一是商品与服务在满足人们需求方面是互补的。商品的多样化和复杂化同时意味着对服务需求的范围和种类的扩大,这种服务常常表现为中间需求。二是工业与服务业是相互渗透的。各种经济活动既有产业的特点也有服务的特点。某些服务是可以标准化,从而能够实现不同程度的工业化,由此可以形成规模经济,提高生产效率。从技术层面看,这些服务业具有工业的特点。

总体来看,新服务业经济学理论中的服务是围绕商品生产展开的,服务需求的增加是由于商品生产过程的技术和组织的变化以及商品生产的复杂化引起的。

新工业主义理论与后工业社会理论争论的核心在于在后工业化后期人们生产什么。后工业社会理论认为,在工业化后期改变的是人们生产什么,即主要的产品不再是物质产品而是服务。而新工业理论认为在工业化后期改变的不是人们会生产什么,而是人们怎么生产,即服务业的生产要用工业化的生产方式。

(二)公共服务业相关研究理论

1. 公共选择理论

作为独立的研究领域,它被定义为对非市场决策的经济学研究,是当代西方经济学的一个重要分支;作为行政学的一个思潮或流派,公共选择的特点是用经济学的方法来研究政府的管理活动及各个领域公共政策的制定的执行,因此它同时又是极为重要的现代政治学研究内容(黄恒学,2002)。

公共选择理论认为,政府机构的关键性特征之一,就是其产出的非市场性质,而非市场性质的产出的质和量难以测定和度量。如果对这类的产出的某种特定的公共服务采用政府垄断性提供方式,通常是为了避免由市场生产的浪费性重复,但是其结果却导致由于免除了竞争压力而变得没有效率。从这个分析所引出的逻辑结果是:应该打破政府对提供公共服务的垄断地位,积极寻找由非政府组织直接生产的,为了避免市场浪费性重的新的方式。

公共选择学派主张,可以根据公共服务的类型选择适当的社会组织进行生产,即将公共服务类型与社会组织类型进行理性组合。到底由什么机制来选择担当某种类型的公共服务机构,公共选择学派主张以市场机制来选择。

2. 新管理主义

新管理主义源于新泰勒主义。两者的区别在于一个是内部理性化,重在提高行政活力。一个是生产私有化,将公共服务的行动责任从国家向市场转移。新泰勒主义强调政府要效仿企业搞好内部管理,认为只要借重管理的力量严格控制财务控制和管理绩效,就可以达到既定目标。而新管理主义则将改革从政府内部引向外部,重点在于将政府供给公共服务的提供者角色与生产者角色分开,打破公私界限,把过去由政府机构直接提供生产的社会服务以各种方式鼓励非政府机构、半政府机构共同承担。新管理主义被视为提供了开创公共企业(public entrepreneurship)的可能性。

3. 代理理论

代理理论的基本假设之一人是理性的,都追求自我利益和效用最大化,正因如此,代理人和委托人的利益易于发生冲突。代理理论的重要内容之一就是关注如何确定最优的签订合同的形式,即找到谈判、说明和监督合同的最满意的方法防止双方特别是代理方寻求违背合同为己方谋利。

代理理论影响了公共服务市场化的许多方面,如关于选择代理人的观点影响到公共服务哪些可以让私营部门提供,如何更好地进行公共服务制度安排(如是由政府内部机构提供还是承包出去)等方面。另外,如何选择合适的私营部门,选择哪些私营部门参与服务,归根到底也是一种选择代理人的问题(张晓霞,2000)。

4. 交易成本理论

交易成本理论认为双方能否谋取私利则取决于一系列的结构条件和环境因素，包括不确性程度，信息失衡情况，是否存在有限理性制约，交易双方是否拥有别人所没有的特异性资产，在某一领域是否存在少数底价的情况，即潜在的买方或卖方很少，因而在讨价还价时缺乏竞争而占优势。

综合地看，管理主义、公共选择理论、代理理论、交易成本理论在某些方面或多方面促进了公共服务市场化。但在实际进程中，作为一种尚在探索和发展之中的新生事物，公共服务市场化受到几种理论的影响，也面临一些矛盾和问题。受管理主义管理具有共通性影响，公共服务在市场化过程中将私营部门的管理模式引入公共部门的管理之中，以提高公共部门的工作效率，降低公共部门的成本，但实际上，由于许多公共部门追求的目标、与外部环境的关系、其内部结构和过程等均不同于私营部门，因而私营部门的管理方式并不完全适用。公共服务应脱离政府部门，如通过竞标将其承包出去，但与此同时矛盾接踵而来，在政府不直接提供公共服务之后，如何确保公共服务的质量令公众满意。

二、公共物品和公共服务的概念与内涵

当前对城市公共服务的研究还没有整体或规范的研究，其中最基本的原因在于对公共服务业的界定本身就没有一个统一的标准，各个学者又从不同的研究领域研究目标出发对公共服务业做出不同的认识，因此当前的一个关键性问题是如何对公共服务业建立一个规范性的概念，只有在此基础上其他的研究才能具有现实意义。

第一章　管治的基本理论问题与公共服务业管治

首先,我们要明晰什么是公共物品和公共服务。有的学者认为,最早使用 public goods 一词并予以定义的是大卫·休谟在其传世之作《人性论》中给出的,他首次提出了政府应促进"某些共同的目的或动机",扩展它们的"有益影响",提供多数人共同受惠的"物品",这些物品实际就是我们今天所说的公共物品和公共服务(公共服务与公共物品的性质、特征等大体相同,本文为了研究方便,二者可以互相代替)。但是休谟的思想只是闪烁出政治学和伦理学的火花,并没有形成完整的公共物品(服务)概念和系统的公共物品(服务)理论,第一次使用公共物品一词的是瑞典著名经济学家林达尔(E. R. Lindahl),公共物品(public goods)一般是和私人产品(private goods)相对而言的。

考察公共产品理论的发展历史,以下三种定义最具有代表性。①萨缪尔森的定义:按照萨的观点,所谓公共产品就是所有成员集体享用的消费品,社会全体成员可以同时享用该产品,而每个人对该产品的消费都不会减少其他成员对该产品的消费,或者说"公共产品是这样一些产品,无论每个人是否愿意购买它们,它们带来的好处是不可分割地散布到整个社区"。②奥尔森的定义:他在《集体行动中的逻辑》一书中提出,任何物品,如果一个集团中的任何个人能够消费它,它就不能适当地排斥其他人对该产品的消费。则该产品就是公共产品。换句话说,该集团或社会是不能将那些没有付费的人排除在公共产品的消费之外的,而在非公共物品那里,这种排斥是可能做到的。这个定义现在为很多经济学家所接受。③布坎南的定义:在《民主财政论》一书中,他指出"任何集团或社团因为任何原因通过集体组织提供的商品或服务,都将被定义为公共产品"。按照这一定义,凡是由团体提供的产品都是公共产品。某一种公共产品只可以使很小的团体比如包括两个人的小团体受益,而另一些公共产品却可以使很大的团体甚至全世界的人都受益。公共物品作为一个经济学的概念通常以不排他性和消费的共同性为标准来定义,即公共物品是共同消费,难以排他的物品。以服务形式存在的公共物品就被称作公共服务。

那么什么是公共服务业呢?目前对公共服务业的内涵主要集中于以下几个方面。

(1) 它与基础设施含义相等。公共服务业在狭义上是指由政府直接出资兴建或直接提供的基础设施或公用事业,它又称为经济基础设施服务,世界银行的《1994年世界发展报告》将其分为三类。①公共设施——电力、电信、自来水、卫生设施与排污、固体废弃物的收集与处理及管道煤气。②公共工程——公路、大坝和灌溉及排水用的渠道工程。③其他交通部门——城市与城市间铁路、城市交通、港口和水路以及机场。从广义上来讲公共服务指不宜由市场来直接提供的所有公共物品,即除了上述的经济基础设施服务之外,还包括社会基础设施服务,如行政、法律、教育、医疗卫生等。

在我国通常认为基础设施是指保证社会生产、生活能够正常运行的最一般、最基本的物质条件系列,是保证社会生产、流通、分配、消费得以实现的公共服务系列与设施的总和。凡对整个社会经济运行均起作用的系列,都可称为基础设施,如住宅、幼儿园、医疗卫生、体育设施、文化娱乐、民政、教育、交通运输等。因此,当前许多对基础设施的研究中都隐含着对公共服务的研究。

(2) 它是社会服务业的一个组成部分。社会服务业主要指从事直接为居民生活服务的行业,在我国产业划分中属于第三次产业,是国民经济十大行业之一,具体包括公共服务业、居民服务业、旅馆业、

第一章 管治的基本理论问题与公共服务业管治

旅游业、租赁服务业、娱乐服务业、信息咨询服务业、计算机应用服务业及其他社会服务业九个种类行业。具体来看,这里的公共服务业实际上是指狭义的公共设施服务业,而我们通常所理解的公共服务业实际上包含在社会服务业里的各个种类里面。比如居民服务业,实际上正是我们通常所说的广义公共服务业的重要组成部分。在《城市居住区规划设计规范》(GB50180-93)中,将居住区公共服务设施,即配套公建分为教育、医疗卫生、文化体育、商业服务、金融邮电、市政公用、行政管理和其他八类,按居住区、居住小区和组团三级配置。居住区公共服务设施的建设的数量和质量不仅直接影响到居民的生活水平和生活方式,而且在一定程度上体现并影响到社会的文明程度,是关系城市整体功能的重要因素。因此,公共服务业在这一层面上具有更为广泛的意义。

(3) 国际上对公共服务业的界定更为宽广。奥斯特罗姆、帕克斯和惠特克在《公共服务的制度建构》一书中这样写道:公共服务产业是将市场产业的概念借用到公共领域而产生的新概念,指那些参与一组相关的公共物品或公共服务(指具有相似技术和生产方式,并由一组确定的个人共同消费的物品或服务)的生产单位和供给单位,相互之间结成的类似于市场产业的那种互相促进、共同发展的常规关系。这种常规的关系模式构建了一个产业结构,即公共服务产业。

因此,按照国际上通用的解释我们可以看出国内外的解释有一定的区别,国际上对公共服务业的定义更广。在本研究中我们力图立足于国内的实际情况,以国际上通用的定义作为依据,较为客观地界定公共服务业。

三、国内外对公共服务业的研究

目前,国内外以公共服务或公共服务业为主题的相关研究并不多见,大多涉及公共服务业的相关内容或领域,其中绝大多数研究以文章的形式散见于各学术期刊,全面、系统、深入的专项研究极少。真正涉及公共服务业的研究也在最近才开始出现,下面我们将对相关研究做简单介绍。

(一)国外对公共服务业的研究

20世纪70年代以来,为了寻求城市最优发展路径,众多学者从不同的角度进行了相关研究,其中一个重要方面就是公共物品和公共服务问题。

由于工业化的发展和科学技术的进步,乡村分散的人口和非农业经济活动不断地向城市进行空间上的聚集,这一城市化进程在当今城市发展中进一步加快,并且会持续下去。无论以人口和经济活动在城市的高度聚集表现的集中型城市化,还是以城市功能向城外扩散引起的分散型城市化,都对城市公共物品和公共服务提出了更加迫切的需求。在人口向城市大规模聚集过程中,道路、住房、供水、供电等公共设施和教育、公安、消防等公共服务,就要不断扩大自身规模以满足人口和用地规模膨胀的需求。在人口和各种城市功能向外扩散的过程中,城市的公共物品和服务,就要在空间上通过公路、铁路等的延伸及供水供电网络的完善来扩大城市机能,就要在时间上通过提高城市综合效率的形式表现出来。日本的山田浩之曾指出:"从城市的本质来说,公共需要的增大,则不能不说是必然的,公共需要量的增长趋势,其中是包含着质的改变的,随着收入水平的上

升,消费生活水平的提高,当然市民对公共服务消费态度的变化也更明显起来。"(山田浩之,1991)

早在100年前德国的瓦格纳就对几个国家的公共物品投资情况进行考察,提出"瓦格纳定理"。他曾预言,进入工业化社会以后,经济中的公共部门在数量上和比例上仍将具有一种内在的扩大趋势,公共支出将不断膨胀,这一规律在50～100年以后仍将发生作用。其实在他之前马克思就已经预料到这种情况,他指出用于"公共需要"的那部分将会日益膨胀,其内容至少应包括三份:①和生产没有关系的一般管理费用;②用来满足共同需要的部分,如学校、保健设施等支出;③为丧失劳动能力的人等设立的基金。马克思还明确预言道:用于满足共同需要的那部分,将会立即显著增加,并将随着新社会的发展而日益增加(马克思、恩格斯,1972)。

总的来看,西方国家对城市公共物品和公共服务的研究主要是从公共经济学和公共选择理论的角度进行探讨(孙钰,1999),并主要集中于以下几方面。

(1) 纯粹从城市经济学研究的角度,探讨城市化过程中存在的公共经济问题。其中最著名学者有K.J.巴顿、E.米尔斯和山田浩之。他们认为在城市人口集中或向外分散的过程中,公共物品与服务供给的增长应与人口增长相适应,即应不断增加公共物品数量和公共服务品种。要满足这一要求,就需要扩大城市财政来源,进行庞大的财政投资。因此,即使当今最发达的国家的市政当局也要广泛地介入地方公共经济并主动干预城市公共市场。显然这些西方城市经济学家已明确了公共物品的政府供应形式,也指出了公共物品在城市经济中的重要作用,但是他们的研究还基本上停留在提出问题的阶段,很少就提出的问题再做进一步的深入研究。随着城市化进程的加快,公共物品运营中的一系列问题愈加突出。如城市政府直接供应公共物品的模式远不能满足城市居民灵活多样的需求。也不能实现公共效率最大化的要求。随着可供选择的城市公共物品投资主体的多元化,公共物品供给形式及其由此决定的投资机制创新将成为亟待研究的问题。

(2) 涉及公共物品的最优供应问题,试图说明市场机制下地方公共物品的最优供应量。公共经济理论代表人安东尼·B. 阿特金森提出,可能通过简单多数的投票方式,来确定地方公共物品的供应水平,并建立若干模型,将地方社区中的投票者的影响因素考虑进去以此决定政府支出水平,他将公共经济供给方面的研究推进了一步,对深入研究政府间接控制、偏好显示、外部性后果等问题提供了有益的借鉴。

(3) 公共选择理论对于分析城市政府的公共物品供给决策具有重要的借鉴意义。美国经济学家布坎南曾提出最著名的俱乐部经济理论(economic theory of clubs),它对不同体制下公共物品的性质、特征,进而由此展开对其运营规律的研究,具有一定的帮助。

(4) 用脚投票的解说。查尔斯·蒂伯特假定存在公共经济水平最高,税收水平最低的最佳城市,认为各个城市的公共经济水平与税收组合结构不同,居民以用脚投票的方式向公共经济水平最高、税收水平最低的城市迁移。这一思想对于理解公共物品在城市经济的作用,刺激城市公共物品在量上增加质上提高,结构上优化等具有借鉴意义的。当然这一假设的前提条件还需要结合城市经济现实作出一定程度的修改,并进行进一步经验证明。

(二) 国内的相关研究

1. 公共服务市场化运营研究

国内关于公共服务的研究最早是从经济学和财政学领域进行研究的,邓淑莲从财政学的角度分析了政府与基础设施发展的关系,重点探讨了政府与市场的区别与联系以及在基础设施的建设和运营中引入市场机制的必要性和现实性(邓淑莲,2001)。孙钰从城市经济学的角度分析了城市公共物品的市场化运营机制。通过对城市公共物品理论及其市场化运营实践的研究,探索了城市公共物品运营的规律性和走市场化道路的方法(孙钰,1999)。张晓霞通过对公共服务市场化的主要形式在国内外的发展情况的分析,探讨了行政改革中政府职能重新定位与行政权力重构对公共服务市场化的推动作用(张晓霞,2000)。

2. 探讨市场经济条件下公共服务供给机制改革问题,政府在公共服务和公共产品供给中的地位、作用及其与市场的关系等

在计划经济体制下,公共服务和公共产品供给的全过程由政府一手包办。为适应社会主义市场经济体制的建立,必须重新界定政府在这方面的地位、作用及其与市场的关系。许多研究以分析公共产品性质为立论依据,回答了政府在供给中应干预什么、干预多少,以及在哪些范围内进行干预。许多学者从实证的角度探讨了这一问题,并通过国内外的具体案例分析指出了政府与市场的关系。汪永成、马敬仁从政府与市场结合的角度,探讨了香港公共物品的四种供给模式,即公办公营式、公办商营式、专利经营式、私商经营式(汪永

成、马敬仁,1999)。由于这四种模式描述了政府与市场之间的关系和结构问题,涉及管治结构主体,因而这研究具有管治意义。徐宗威通过介绍法国实行特许经营的政治和经济背景、主要形式及运用这一制度中几个关键问题的解决,指出政府作为公共部门和公众利益的责任承担者,应当避免盲目地包揽一切,重新集中精力致力于社会的基本方面。但作为政府的责任不能丢掉,权力更不能丢掉,因此实行特许经营制度,把公用事业委托出去也就成了一种政治上的需要。因此,本研究也为中国的公共事业的发展提供了一个新的思路(徐宗威,2001)。黄伟、刘学政以珠海为例,探讨了美国政府再造对珠海市城市管理制度创新的启示,通过分析美国地方政府推行公共管理社会化和公共服务市场化经验教训,在分析珠海城市管理面临问题基础上提出了具体的珠海城市管理体制创新的具体策略。包括推动非政府、非营利组织发展,大力推进社区建设,完善两级政府、三级管理的城市管理体系,全面开展公共服务市场化改革,吸引非国有资本参悟基础设施建设,建立科学的政府绩效评估制度等(黄伟、刘学政,2002)。余池明分析、预测了十五期间我国城市市政公用基础设施投资的需求,通过横向和纵向对比,提出了我国公用事业建设中存在的问题,提出了促进市政融资的策略(余池明,2001)。吴湘玲、朱登兴介绍了城市公共服务市场化的主要措施和手段,并指出政府针对不同的社会组织和不同的公共服务项目,可以采用不同的管理方式,这些公共服务供给方面的改革在提高政府行政效率中起到十分重要的作用,并成为政府改革的重要内容(吴湘玲、朱登兴,2001)。

3. 探讨市场经济条件下城市公共服务设施规划问题

城市在发展过程中所面临的一个突出问题表现在公共服务设施

供给和需求之间矛盾日渐突出。过去,实行计划经济体制改革,政府投资的重点在生产性建设项目上,而对这种服务性设施的建设不甚重视,从而导致相当长的一段时间内城市的公共服务设施落后于城市工业、交通等设施建设。这主要表现在公共服务设施数量太少,服务的效率低下。

公共服务设施存在投资大、周期长、见效慢的特点,所以在一种急功近利的思想指导下与大众生活密切相关的公共设施很少,许多公共设施仍由政府投资,但又因受到地价、投资政策等因素的影响,公共设施的建设存在布局不合理、规模偏小、服务效率和质量低下等一些问题。为了解决这一问题,不同的学者从不同的角度用不同的研究方法和理论进行了研究。城市规划的研究人员主要从市场经济条件下城市基础设施规划问题对公共服务设施展开研究,并主要围绕以下主题展开。

(1) 探讨设施指标体系问题。由于经济体制的转变、生活水平的提高、居住类型的变化等,居民对基础设施的需求发生了变化。为适应这种变化,部分学者探讨了城市基础设施指标体系的调整、构建问题。唐子来利用趋势分析法从社会、经济、技术、体制等角度推断了居住小区服务设施的需求形态,并从使用者、管理者和开发者三个范畴进行了实证检验,为探求市场经济条件下城市基础设施指标体系构建提供了基础(唐子来,1999)。陈艳萍、张仁俐则进一步探讨了对现存居住区基础设施配套指标体系进行改革的思路(陈艳萍,2000;张仁俐等,2001)。张仁俐等强调公共服务项目的配置及其配置标准会随着居住区类型的不同而发生变化,因而不必给出强制性的标准,而是根据居住区所处周边环境和居住区居民的实际需要,由开发商自行安排建设,实行"谁投资、谁收益"的原则,同时重新设计了面向21世纪的居住区公建配套设施的项目指标及其规模。邓卫针对当前我国城市居住区规划中的小区单一模式指出在《城市居住区规划设计规范》中对小区公建配套设置项目要求等存在一定的问题(邓卫,2001)。

此类研究偏向于物质技术层面,研究者多以物质规划为特长的城市规划人员。一些地理学者结合城市现代化和可持续发展研究,探讨了现代化条件下或可持续发展框架内城市基础设施的指标体系问题。

(2) 探讨公共基础设施的建设问题。一些研究以城市公共基础设施建设的研究也已经展开。如杨震、赵民从公共服务设施的供给建设角度进行研究,指出在城市建设主体日益多元化的市场经济背景下,配套公建建设效率的低下不仅仅是因为规划配建指标的滞后,更大程度上应归结于建设方式的不合理;结合广州市公建配套设施建设方式改革研究课题,着重讨论市场经济条件下居住区公共服务设施的可行建设方式;详细分析了不同性质的公共服务设施所需要的不同建设主体或是供给主体(杨震、赵民,2002)。李秀辉、张世英通过介绍国外普遍使用的PPP(public private partnerships)模式,即公共部门与私人企业合作模式,对其内涵、具体模型和优势进行了分析,并对其在中国的应用前景和所需注意的问题进行了阐述。通过这种新的模式既可有效地减轻政府在城市公共基础设施中的支出压力,又可提高城市公共基础设施的服务效率(李秀辉、张世英,2002)。

(3) 探讨市场经济条件下规划方法论问题。由于市场经济体制与计划经济体制有本质的区别,计划经济条件下的城市公共服务设施规划的工作模式显然不能适应新的经济体制的要求。任远在城市社区服务建设问题与对策研究中指出在城市不同区域间社区公共设施存在一定的不平衡,不同类型城市社区的公共服务设施也存在不平衡的现象。同时由于条块壁垒、单位壁垒、社区壁垒的存在,造成现有公共服务资源使用效率低下和闲置,未能充分发挥其效用。因此在社区服务规划中提出要根据社区具体情况加以分类指导,各类社区的地理位置,资源条件,居住人口数量结构,未来人口变动等因素差异较大,因此不同社区发展规划应因地制宜(任远,2001)。曾萍等以汕头市龙湖区教育设施规划为例,从实证的角度探讨了如何适应市场经济体制确定教育设施的控制指标,以保证教育设施的供需平衡(曾萍、沈陆澄,2001)。陈晨曦通过对现行的公共服务设施规划的理论、方法、过程的思考,提出以公共设施布局理论和模型来指导公共设施的规划安排和设置。以布局合理性检验的理论模型来修正和优化公共设施规划(陈晨曦,2001)。这些研究虽然都或多或少地涉及公共服务业的生产和供给以及空间布局,但是远没有系统深入地进行研究。而因此为我们的研究提供了很大的研究空间。

(三) 小结

总的来看,中国对公共服务和公共服务业的研究更多的是从经济学的角度研究其成本效益以及运营,而且尤其关注市场化趋势和可能性。但是,为什么要进行市场化以及市场化的可行性和社会整体收益如何并没有得到很好的体现。对于公共领域的研究远不是简单的经济分析可以解决,而必须涉及公域与私域的研究,这更是一个政治的问题。这无疑为我们的研究提供了一个很好的思路和方向。

第三节 中国公共服务业管治

从前文对管治的概念阐释来看,管治本身起源于对公共服务和公共产品供给效率和水平的关注。管治可以从两方面来解释和研究公共服务。第一,公共服务和公共产品的生产首先是一个技术问题,管治可以有助于了解资源是如何组织起来以提供服务;第二,公共服务和公共产品本身是为广大市民服务和消费,因而其中市民社会中个人和组织的代表性如何是管治的重要体现。

戴维(Davey,1993)指出,我们通常认为服务的供给是由于相关组织或机构有责任保证服务的质和量,并且确保供给是有财政保障和可执行的,当公共服务和产品的质和量确定以后,则服务和物品的生产则更有意义于服务供给的各种因素。服务的供给和生产因而包含了各种层次的管治。服务的供给一直以来被认为是政府(公共部门)的职责,而当前的发展则是将私人部门纳入服务的生产领域,市民社会中各部门、组织是否具有参与服务生产供给的机会正是评价"良治"的重要杠杆。

基于这些背景,本研究认为中国公共服务业管治是十分必要且具有现实意义的。

一、公共服务业的发展

我国经济转型和全球经济一体化的浪潮对城市生态环境、经济发展、社会结构和物质实体空间等都产生了巨大影响。当前我国由于产业结构的调整,服务业逐渐集聚城市中心区,使城市经济环境发生巨大变化,产业结构向科技、商贸、信息和服务业为主的第三产业调整,极大地促进了城市改造。随着社会发展、生活富足等社会条件的变化,人们的生活方式也发生了改变,开始转向服务消费,因此对社会公共产品、公共服务的需求也发生了巨大的变化,不仅表现在量的增长还表现在质的提高。总的来看公共服务业的发展主要有以下几个方面:①国有企业改革要求各个单位将原来承担的社会职能还给社会;②由于多种经济单位的出现,无主管单位人员剧增,这部分社会群体的社会公共服务需求需要社会以新的方式加以满足,而又不是以往的以"单位"为单位;③城市化步伐的加快,城市人口的迅速增加使社会公共服务需求随之增长;④城市人口老龄化趋势出现,许多大中城市已进入老年社会,迫切要求为老年人提供的社会服务进一步扩大、充实和完善;⑤市场经济的发展使人们生活节奏加快,家务劳动向社会转移,同时家庭结构小型化的趋势削弱了家庭自我服务的功能,家庭服务的部分功能外移;⑥由于经济迅速增长,社会成员生活水平普遍有了较快提高,对社会服务有了更广泛、更高、更多样化的关注。

在这样的历史背景下,如何多渠道、多层次、多形式地发展公共服务业是面向全社会的一项重要的问题,是管治研究的基础。

二、公共服务业的管治

城市管治的兴起是因为城市化进程是当前全球发展的主要力量并且其发展越来越快,尤其是在发展中国家影响越来越大。从20世纪80年代开始中国的改革开放使城市地区的重要性正在被重新认识和评价。城市化进程越来越迅速,城市经济成为整个国民经济的支柱和骨干,制度创新在地区发展中起到革命性的作用。同时经济转型和全球经济一体化的浪潮对城市生态环境、经济发展、社会结构和物质实体空间等都产生了巨大影响,而服务业的变化更引人瞩目。

(一) 产业结构的调整使服务业成为社会经济发展的主要方向

由于产业结构的调整,服务业逐渐集聚于城市中心区,使城市经济环境发生巨大变化,产业结构向高科技、商贸、信息和服务业为主的第三产业调整,极大地促进了城市改造。

服务业将成中国投资的重点领域

国务院发展研究中心副主任陆百甫认为,中国服务业发展前景宽广,是今后中国产业发展和投资的重点领域,也将是中国经济增长最具活力的产业。

这位多次参与国家重大经济决策研究工作的专家指出,中国的服务业,无论是传统产业的改造,还是新兴产业的发展,都还需要大量的资金、技术的投入,因此,除基础设施建设外,服务业将成为今后中国全社会投资的重点领域。

在刚结束的中国(浙江)服务业投资与开放国际论坛上,陆百甫作了题为"中国服务业投资与开放趋势"的报告,并指出中国加入WTO后正迎来服务业大发展和全面开放的新局面。

新华社,2002年10月25日。

http://www.chinagateway.com.cn/chinese/MATERIAL/3753.htm。

（二）社会生活方式的转变使公共服务需求也发生巨大改变

随着社会发展、生活富足等社会条件的变化，人们的生活方式也发生了改变，开始转向服务消费，因此对社会公共产品、公共服务的需求也发生了巨大的变化，不仅表现在量的增长还表现在质的提高。但是与此同时，社会分裂，社会边缘人群、弱势人群的形成，社会公共服务需求的不断提高等，成为进一步改革所必须面对解决的问题。

服务业安置再就业潜力巨大

服务业安置就业困难群体就业的潜力巨大，但要使这种潜力充分地发挥出来，必须清除一些体制、政策以及工作中的障碍。

近日，国家计委调研组在调研中发现，当前我国就业工作中，以下岗职工为主的就业困难群体的就业问题尤为突出，而传统服务业安置就业的空间还相当广阔。

我国社会服务、居民服务、商贸餐饮、旅店业的就业比重不到10%，在许多国家这一比重为15%～20%。从各地劳动力市场的情况看，社区服务、商贸流通、餐饮、旅游及相关产业的用人需求均很大。如社区服务业在我国还是一个新兴行业，绝大多数城市刚刚起步，可拓展的领域相当广阔。北京通过加大工作力度，仅去年一年就开发、置换了12万个社区服务就业岗位。据一些城市的经验，城市居民中每20人就需要一个社区服务人员。按此测算，目前全国667个城市的2亿多非农业人口，可以创造1 000万个社区服务岗位，城市化率提高一个百分点，还可以再增加60万个社区服务岗位。商贸流通和旅游业也具有劳动密集、产业链长、兼容性强、延伸服务领域广、间接就业量大等特点。

《人民日报》，2002年9月16日。

http://www.chinagateway.com.cn/chinese/MATERIAL/3419.htm。

(三) 社会发展的现实压力促使公共服务生产供给方式发生转变

按照传统观点来看，公共服务的生产和供给是政府的主要职责，社会公共服务水平如何直接关系到人民的生活质量和生活水平。但是随着经济发展，社会需求和利益格局日益呈现出多元化趋势，政府越来越不能满足社会众多的需求，而政府改革恰恰是要对社会多元需求做出回应，以便在最大程度上满足社会的各种不同需求。另一方面城市间的竞争越来越激烈，如何经营好城市以吸引更多的资源也是城市政府所必须面对的问题。有限的财政收入如何最大限度地利用，如何最大程度地改善人们的生活等都是城市政府所关注的问题。一个良好的城市环境是吸引投资的关键因素，因而广大私人部门也需要改进这样一种城市环境。再者，作为广大市民社会，也逐渐意识到公众对公共服务应拥有更大的选择权，他们完全可以减少对政府的过度依赖，而是依靠自身的民间社会组织、宗教、氏族或其他志愿团体等来满足其多样化的需求。而且由于信息的充分和及时获得性，这种依赖自身的公共服务的生产和供给更能准确及时地满足自身的需求。所以在公共服务业的发展过程中，我们看到了作为三分的社会，都是可以作为改善公共服务的重要力量，这一种新的管理模式——调动一切可调动的资源进行城市经营是新的城市治理道路。政府在满足社会公共服务和公共物品多元需求方面的不足,恰恰可以通过管治的运用、合理的管治结构来弥补。而管治所追求的也正是满足特定群体和利益要求,带来全社会所有阶层的进步和发展。只要有合理的制度结构,良好的管治体系,政府完全可以组织好社会公共服务,同时减轻自身的压力,集中力量经营城市。

总之,我们关注管治从最开始希望通过管治来满足发展过程中所需要的各种支持这一初衷,到现在的再次思考如何通过何种支持、何种管治实现整个社会生活质量的提高。这种转变正反映出了发展概念的重大的转变,社会的发展必须以人的发展为最终目的。而改善人们的生活质量、生存空间则是人发展的前提,因而必须以社会公共服务业的多样化和高度发达为基础。我们对城市公共服务管治的研究正是顺应了社会发展的主流。

综合以上研究,我们可以看出,不管是对管治的研究还是对公共服务、公共服务业的研究国内尽管有不少优秀成果,但是基本上处在起点阶段,存在单一化的特点,缺乏实证分析。而将管治和公共服务业结合的研究更少。在这方面国外学者的研究为我们提供了很好的借鉴,从中我们也理出了许多有意义的研究思路:第一,管治起源于对社会公共领域的管理方式改革,起源于对人的关怀和对社会发展的反思,因此管治和公共服务之间就存在着密切联系;第二,管治研究的是各行为主体间的关系、结构以及过何种方式达成良好治理,那么基于行动主体间的分析就可以成为我们分析公共服务业的重要方向;第三,地理科学特有的空间分析优势为我们研究管治提供了很好的思路,即我们可以从空间的角度分析为什么会形成不同的管治结构和管治模式。这几点正是我们开展本研究的出发点。但是,国外对管治和公共服务的研究还处在类似管理学在 20 世纪 60 年代的"丛林"阶段,没有突出的理论,各种学说丛生,各学派"公说公有理,婆说婆有理",这是因为管治实践还在发展,对管治和公共服务的实践研究不足。因此本研究把重点放在对中国的城市管治实践认识上,从实证角度研究城市管治与公共服务。

第二章 公共服务业供需特点及其与城市管治的关系

为了展开对中国城市公共服务管治的分析,我们需要透视公共服务与城市管治的理论。一般来说,公共服务不是一种产业,但是在市场化进程中,公共服务出现产业化,本文除需要特别说明外,一般使用"公共服务业"作为没有产业化的公共服务和产业化的公共服务的统称。

公共服务产业是将市场产业的概念借用到公共领域而产生的新概念。"产业"一词一直是经济学领域的核心概念之一,它被用于比较和评价组织间安排的不同方式如何影响经济效益和效率,经济学家将产业定义为"向共同的顾客群体供给一套排他性产出的替代方式"和"一群为共同顾客群体供给替代排他性产出的销售者"(埃丽诺·奥斯特罗姆、拉里·斯罗德、苏珊·温,2000)。因此,在这里将公共服务看作是可以选择的一组服务的供给和生产的替代方式,就可以用公共服务产业这个词来描述和概括公共领域中发生的事物的运动状态。在公共服务产业里的一些组织从事供给活动,另一些则履行生产功能,因而公共部门的许多服务或产品的生产就可以视为产业,如教育、医疗卫生、公共环境等(杨团,2002)。

公共服务和公共物品传统上都是由政府提供的,这主要是政府"君临天下"的权威所决定的。只是到了近现代,市场经济的发展才导致政府和市场职能的划分以及公共服务产品从一般物品中的分离。由于公共物品和公共服务的本性导致搭便车难题,只有政府可以承担解决这个问题的职责,所以公共服务与公共物品供应,得到了凯恩斯主义支持。同时,公共服务的发展水平从另一方面成为了评价社会发达程度的主要指标之一。

近20年来,发达国家在原有的公共服务经济基础上有了一个飞跃,公共服务的供给主体从单一的政府过渡到多元化,不仅有来自于市场的力量,同时还有非政府非营利部门的参与,广大市民社会起到了巨大的作用。因此,公共服务带有了显著的混合经济的色彩,并且导致了不仅仅是经济领域同时包括更为深刻的政府领域的重大变革。传统的国家、市场和社会三者关系发生了根本性的改变,从一体化、集权化过渡到多元化,多中心的秩序,模拟市场机制等,公共服务的生产者、供给者以及消费者之间的关系有了新的定义,如何构建最符合需求的管治模式是现代公共服务产业面临的重大问题。

第一节 公共物品和公共服务的经济学认识

为了更好地分析和了解公共服务和公共服务业,我们必须明确它的基本含义。公共服务首先是公共物品的一种,是以服务形态存在的公共物品。因此,公共服务具有公共物品的共性和基本特征,而我们首先要明确什么是公共物品。

一、公共物品的竞争性与排他性

什么是公共物品,公共选择学派的创立者布坎南在《民主财政论》一书中指出,"任何集团或社团因为任何原因通过集体组织提供的商品或服务,都将被定义为公共产品"。按照这一定义,凡是由团体提供的产品都是公共产品。某一种公共产品只可以使很小的团体比如包括两个人的小团体受益,而另一些公共产品却可以使很大的团体甚至全世界的人都受益(詹姆斯·布坎南,1992)。公共物品作为一个经济学的概念通常以不排他性和消费的共同性为标准来定义,即公共物品是共同消费,难以排他性的物品。以服务形式存在的公共物品就被称作公共服务。换句话说就是非竞争性和非排他性的产品(public goods)(迈克尔·麦金尼斯,2000)。为了理解这两个概念我们先讨论竞争性和排他性概念。

产品的竞争性(rival)是指某一产品被某一人消费后即无法再让他人享用,也就是说如果要增加一个消费者的消费就必须增加产品的数量,从而增加产品的生产成本。与竞争性相对的产品的非竞争性(non-rival),则是指某一产品供某一人消费后还可以由其他人来消费,并且其他人的消费不会降低该人对这一产品消费所获得的效用,也就是说在给定的某一产品的产出水平增加一个消费者来消费该产品不会引起产品生产成本的任何增加。

产品的排他性(exclusive)是指某人在消费某一产品时可以排斥其他人对该产品的消费。相对地,非排他性(non-exclusive)指对某一产品的消费不能排斥其他人对该产品的消费,或是通过收费等方式限制任何一个消费者对该产品的消费是非常困难的,甚至是不可能的。

严格地说,纯公共产品(pure public goods)是指同时具有完全的非竞争性和完全的非排他性的产品,但是竞争性和排他性只是程度上的差异,并不存在绝对的竞争和排他,在竞争性与非竞争性之间以及排他性和非排他性之间存在一种连续的过渡。因此,在现实生活中大量存在的是除了私人产品之外,多是介于纯私人产品与纯公共产品之间的产品,通常把这类产品定义为准公共产品(quasi-public goods)。

二、公共物品的经济学分类

众多学者把物品按竞争性和排他性的不同可以划分为公共物品和私人物品。综合他们的性质和特点,我们在表 2—1 列出二者的区别。在这些性质中,最终决定公共物品性质的是它是否可以同时或者准同时存在多人共同消费,是否难于排出未付费者。前者是公共物品的可共享性,后者是难控制性。

表 2—1 公共物品和私人物品的区别

私人物品	公共物品
相对易于衡量量和质	相对难以衡量量和质
只能由一个人消费	同时或者准同时由许多人共同消费
易于排除未付费的人	难以排除未付费的人
个人一般可选择消费或者不消费	个人一般不能选择消费或者不消费
个人一般可选择物品的种类和质量	个人对于物品的种类和质量几乎没有或完全没有选择
对于物品的付费与需求和消费密切相关	对于物品的付费与消费或者需求没有密切关系
配置决策主要依靠市场机制作出	配置决策主要通过政治程序作出

资料来源:http://www.wiapp.org/acpapers/a65.html。

第二章 公共服务业供需特点及其与城市管治的关系

决定公共服务业的另一面是消费。消费的排他性和竞争性是独立的属性,它们可以分为两类。竞争性(或共用性)可以分为高度可分的分别使用和不可分的共同使用。排他性可以分为可排他的和不可排他的。一般来说,当没有实际上的技术来对一种物品进行打包或者控制潜在的使用者进入时,排他在技术上是不可行的。当排他的成本太高时,排他在经济是不可行的。因此,可以将物品分为四类(表2—2):同时具有非排他性与共用性或竞争性的公共物品,具有排他性与竞争性的纯私人物品,具有非排他性与竞争性的公共池塘资源,具有排他性与共用性或非竞争性的准公共产品或叫做公共提供的私人产品(郑秉文,1991)。

表2—2　物品类型

		使用或消费的共同型	
		分别使用	共同使用
排他性	可行	私人物品:面包、鞋、汽车、理发、书等	收费物品:剧院、夜总会、电话服务、收费公路、有线电视、电力、图书馆等
	不可行	公共池塘资源:地下水、海鱼、石油等地下资源	公共物品:社群的和平与安全、国防、灭蚊、空气污染控制、消防、街道、天气预报、公共电视等

资料来源:迈克尔·麦金尼斯,2000。

准公共物品中一类是最终消费品,它们不可标准化,不论人们的收入水平如何都应该消费或者得到;另一些是与社会基础设施相关的公共物品,可以标准化并具有规模经济效益。有些学者将前一类称为优效物品,后一类称为自然垄断型公共物品,显然自然垄断物品具有可共享性和难控制性。

对于优效物品如果政府免费提供或象征性收费,人们可能过度消费该物品,政府对过度消费所花费的边际成本会很大,这样就造成了可拥挤性的效果。对消费者来讲,它对该物品的购买会达到他所取得的边际收益等于零的程度,而不管供给的真正边际成本是多少。

自然垄断型公共物品包括供水系统、运输系统、公交系统、煤气、电力等,一般来讲这些公共物品都属于社会基础设施(表 2—3)。

表 2—3　公共物品的分类及特点

分类	纯公共物品	准公共物品	
^	^	自然垄断型公共物品	优效物品
典型例证	国防	供水、铁路运输、公路交通、天然气、通信、电力输送、垃圾处理、警察消防、街道照明、电视广播、基础科学研究	教育、预防保健、医疗卫生、住房、邮政服务、社区服务、文化娱乐、社会保障、统计信息
主要特征		具有拥挤性,具有公共部门提供的私人产品性质	
^	用钱买不到		用钱买不到
^	只能由政府提供	政府与市场皆可以提供	
^	具有广泛外部性		

资料来源:杨团,2002。

三、公共服务产业

将公共服务产业视为与市场产业本质不同,但在技术上有相通之处,并且是可以被人们认识和操作的产业群落,是以埃莉诺·奥斯特罗姆教授为代表的学术群体的贡献。他们认为公共服务产业是指那些参与一组相关的公共物品或公共服务的生产单位和供给单位,

第二章 公共服务业供需特点及其与城市管治的关系

相互之间结成的类似于市场产业的那种互相促进、共同发展的常规关系。正是这种常规的关系模式构造了某类公共服务产业结构(奥斯特罗姆、帕克斯、惠特克,2000)。

公共服务产业的提出,将那些以往并未从经济角度考虑的公共行政工作带入了公共服务经济的领域。也将曾经用来描绘公共服务生产的若干词语——模拟市场、准市场、半市场,统一为公共服务市场,从而使公共服务产业的研究成为一个新的研究领域。首先我们要分清公共服务产业与市场产业的主要区别。总的来讲,公共服务产业与市场产业最大的区别在于其产品属于共同消费的公共物品与公共服务,不能直接使用私人物品和私人服务生产的市场交换方式以度量其价值。所以必须有一类专事公共服务提供的组织专门负责解决由公共物品与公共服务的共用性消费所带来的融资及共用成本的分摊,产品或服务的生产安排、使用和分配等问题,这就是集体消费单位,而这类机构在市场产业中是不必要的。

公共服务与别的产业不同,它包含三个主体,即消费者、生产者和连接生产者和消费者的提供者。而在市场产业中只有前两者,没有第三者公共服务产业的提供者概念是使之完全区别于私人物品产业的关键。区分公共物品的生产和提供正是公共服务产业研究的基础。公共服务产业的提供者就是一个集体性消费单位,它代表一定的集体人口对于某项或者多项公共服务进行选择。在公共经济中,组织消费事务有别于组织生产事务,所以把前者称为提供,后者称为生产。"所谓公共服务提供是指消费者得到产品的过程,包括对服务活动的授权、资助、获得和监督,所谓公共服务生产是指公共物品或服务得以成为存在物的过程。"(奥斯特罗姆、帕克斯、惠特克,2000)

关于集体消费单位和生产单位的区别与联系,可由表2—4反映。

表 2—4　集体消费单位与生产单位的特征

集体消费单位	生产单位
一般来说它是一个表达和综合其选民需要的政府	可能是一个政府单位、私人的营利性企业、非营利机构或志愿者协会
拥有强制性权力来获得资金以支持公共服务费用,并管理消费模式	综合生产要素并为特定的集体消费单位生产物品
向生产公共物品的生产者付费	从集体消费单位获得支持经生产公共物品
收集用户意见并监督生产单位的绩效	向集体单位提供有关成本及生产可能性的信息

资料来源:迈克尔·麦金尼斯,2000。

需要指出的是,表 2—4 所述的集体消费单位的特征是以政府为模式的,现在非政府组织也可以充当集体消费单位。

具体来讲,公共服务业与私人物品产业的不同之处主要表现在以下几个方面。

结构不同。在公共服务市场和公共服务产业中,提供者的地位最重要,它与生产者、消费者构成一个相互沟通、相互制衡的稳定的三角形结构,在私人市场和市场产业中,消费者与生产者之间只是单一的相互需求、相互提供的关系。与市场产业不同,公共服务产业的焦点不在于单位层次,而主要针对组织之间分析层次——公共经济中供给组织和生产组织这两类常规组织之间的关系。

机制不同。首先,公共服务产业的供求平衡不像市场产业那样依赖市场的价格标杆和竞争机制求得自然平衡,而是依靠对公共服务产出、投入与需求的相关关系的衡量,以及在这种衡量基础之上的社会政策的调整。公共服务的供求关系一旦出现不平衡,便会长期持续，难以较快地发现和校正；其次，市场产业以获利为激励机制，而构造激励结构，是公共服务产业的重大难题。公共服务产业的发展取决于找到一种能够将一定形式的公共服务的要求，完成这种要求的一定形式的行动，为行动提供制度性激励这三方面的努力协调一致的方式。

制度安排不同。在组织公共服务的生产方面，至少可以有以下的不同制度安排，提供者建立和经营自己的生产单位；与私人企业签约；与另外的政府单位签约；上述三种单位的组合；授权给经核准的申请者以生产权利，允许消费者选择等等，由此我们可以得出提供者和生产者的区分可以导出若干不同的制度安排，至于哪种制度安排最优则与具体项目以及各自的条件相关。

绩效考核的尺度和方式不同。市场产业以货币为唯一的衡量尺度，而度量公共服务的效益需要一整套社会指标。而且许多社会指标是与人有关，并非简单的物化可以衡量。

总之，将供给功能与生产功能分开，也即明确公共服务业的各主体间关系是构建和发展公服务业的基础，只有在此基础上才能形成各个主体间的平衡模式，进一步讲，也就是形成公共服务业良治。

第二节 公共服务产品的供需关系

一直以来，关于公共服务（以下若无特殊注明，本章公共服务产品指代整个广义的公共物品）的研究核心问题有两个：一是在存在公共服务产品条件下的资源配置条件是什么；二是公共服务的均衡问题，而其中的关键又是如何设计一种机制反映人们对公共物品的真实偏好(徐小青,2002),从而使供给有效地满足需求。现实情况是由于公共物品的特殊性使公共服务业市场比私人服务市场要复杂得多,不仅表现在公众对需求因素的显示较为困难,其最优供给量的供给决策模式选择比较复杂,而且公众对公共服务需求的多样性与供给局限性经常导致供求的非均衡状态。因此,研究何种供需模式最能促进社会的发展历来者是经济学研究的热点问题之一。

一、公共服务产品的供给

公共服务产品的供给目的是为了满足公共需求,实现公共利益,正如前文所述,公共服务产品的特性决定了公共服务产品的供给可以选择多元性的供给主体。

(一)公共服务产品的政府供给

公共服务的使用价值是有目共睹的,在经济发展过程中,公共服务等公共物品确有无法替代的作用,私人产品的服务由市场提供,公共服务由政府提供的观念一直作为主流的观点而存在,其原因在于公共服务产品消费的非排他性及市场失灵的观点。它决定了公共服务不能由私人生产和供给,私人交易市场不能实现公共服务的最优配置。政府作为以强制实现公益的组织形式和社会机制,在实现社会公益目标方面承担了主要的责任。

但是政府供给同样存在相当大的缺陷,首先政府同样会失灵,而且官员政治、政府决策者的短视等都会使政府这一强制求公益的机制并不能完全实现公共利益,满足公共需求。另一方面,政府服务讲求普遍性,但是人民因收入、宗教、种族背景、教育等的差异性,产生不同质的需求,所以服务势必无法满足每个人。因此,政府所代表的无差异的公共服务供给必然存在失灵。

需要明确的是政府提供公共服务并不等于政府生产。公共服务产品和准公共服务产品应由政府组织和安排,政府干预是必要的,但政府干预并不等于政府直接参与,更不等于政府包揽,许多通常认为只有政府投资的提供公共服务产品和准公共服务产品的项目,都可以通过各种方式和手段实现市场化经营(徐小青,2002)。

(二)公共服务产品的市场供给

市场机制代表着效率,在世界各国面临巨大财政压力时,公共服务领域能否引入市场机制、引入企业管理先进的技术手段成为公共管理的核心内容之一。因此,公共服务产品的市场化一直以来就是探讨的焦点所在,也是改革的主要方向。虽然这种市场化过程并非自然形成,需要各种条件加以保障方能形成,但是通过改造后的公共服务产品在符合一定条件下完全可以引入市场机制并取得配置的高效。公共产品的市场化,是解决各国财政负担的重要途径,也是解决某些公共服务产品低效运行的比较可靠的方式。

但是市场机制的效率优先原则同时意味着以社会公平和社会效益为代价,如何兼顾是引入公共服务市场化的重要前提。

(三)公共服务产品的社会组织供给

社会组织不是建立在血缘或地缘联系的基础上,而是建立在成员依公益目的而自愿组成的,并且不以营利为目的。它是团体成员基于共同利益或信仰而自愿结成的社团,是一种非政府的、非营利的组织,它的存在为公民提供了参与公共事务的机会和手段。例如,人们普遍认为的医疗卫生领域是典型的公共领域,但是诸如红十字会等社会组织就承担了许多公共的医疗卫生健康服务,成为政府部门以外的公共物品的供给者。

另一方面,在现代市场经济条件下,市场机制难以解决许多复杂的社会公共问题,比如环境污染、贫困等,这些问题伴随着西方国家福利政策的失败而日益尖锐,事实证明政府不仅在经济上无力承担重负,也不能真正动员社会资源以满足庞大而多变的国民需求,公益性消费和私人性消费的有限性为第三部门也即是社会组织的产生和发展提供了巨大的空间,从一定程度上满足弥补了"政府失灵"和"市场失灵"的缺陷。执行政府部门和市场部门所不能完成或不能有效完成的社会职能。

二、公共服务产品的需求

消费者的需求偏好是不同的。每个消费者愿意为公共服务产品支付的价格总和,等于该公共服务产品的供给成本时,它的需求才是有效率的。然而,由于消费者不能以买或不买的方式来显示其对公共服务产品的偏好,而且消费者与政府之间也不存在服务产品价格信息和稀缺信息的市场传递机制,若仅以政府官员自己的利益来决定公共服务产品供给,那么决策失误将不可避免。因此,公共服务产品的需求显示机制尤为重要。

一些研究表明,公共服务产品对每个享用者的受益来说都是相同的,且消费上具有某种程度的非竞争性和非排他性。消费者很容易因搭便车(free rider)心理而隐瞒其偏好,所以公共服务产品的需求量很难通过显示需求偏好的货币投票(即支付公共服务产品的需求价格)来决定。其成本也只是和消费者的支付价格(假定是地方税)发生间接联系,税收(假定只是地方税)的筹措和对公共服务产品

第二章 公共服务业供需特点及其与城市管治的关系

的供给是分开进行的,消费者(纳税人)不知道他支付的税收中哪些是用于道路,哪些用于消防等,他对公共服务产品需求的判断标准在于:税收负担是否较轻,公共服务产品供给是否充足。若以上判断是肯定的,那么公共服务产品的真实需求显示即有效。

研究还发现:公共服务产品的性质决定了消费者个人不能单方面地调整消费量(如不能私自改变路灯的个数),这种不可调整性(inflexibility)决定了消费者不可能像在市场上一样完全无保留地显示自己的真实偏好,同时个人为最大化自身的利益,即从事"理性活动"——对公共服务产品的消费不说实施(孙钰,1999)。对地方来说,这种情况经常导致公共服务产品的实际消费量偏离最优消费量,难以实现其最优配置:若地方域内居民人人都少报自己对公共服务产品的需求,则公共服务产品的供给量即不足;若域内居民人人都多报自己对公共服务产品的需求,则可能导致公共服务产品供给的过量剩余(浪费)。个人的理性活动和由此产生的非真实需求都将最终导致整个公共服务产品配置缺乏"效率"。

在揭示人们的真实需求偏好研究中,激励并诱使他们对公共服务产品说真话,从而解决搭便车问题,许多学者都进行了深入的研究。如孙钰提出了与城市政府行为有关的揭示真实需求的条件:城市政府把收入和支出计划公之于众,重视居民的选择以及税收制度的改革等,还设计了"投票付费制"(孙钰,1999)。不难发现,这些措施或建议都与政府部门的改革密切相关,它事实上还是传统政治的改良——善政,它存在的最大缺陷是忽视了市民社会的力量或是努力。

三、公共服务产品的供给决策

现在我们需要考察社会在解决公共服务产品供给中是谁决定的,这种决定者主要有以下三种(孙钰,1999)。

第一,需求偏好显示决定的供给。为保证地方公共服务产品的有效供给,即可在需求者与供给者之间建立一种非市场的技术媒介。消费者可以通过投票来直接或间接地选择自己所中意的公共服务产品开支方案或税收方案。但是正如前文所述,如何正确显示消费者偏好是关键性的难题。

第二,团体力量决定的供给。一些具有共同利益的人组成的,对地方政府官员决策施加影响的团体,将会对公共服务产品的供给产生一定的影响。这些团体的优势在于其支付极低的组织成本,能够有效地排除组织内搭便车者。他们对公共服务产品供给决策影响的办法包括游说官员、广告宣传、在政府部门寻找代理人等。在地方如城市中,公共服务产品的供给数量和布局结构,在很大程度上取决于多个利益团体的力量对比。

第三,政府官员偏好决策的供给。由官员组成的决策通常被认为能够代表地方公众利益,他们作出的选择被假定与公众的偏好是一致的。政府官员是公共供给的直接执行者,共承担的责任是将通过公共选择所决定的政策方案予以细化,并将其付诸实践,由此决定的供给要满足这样的条件:城市政府官员必须是公正的代表社会利益的精英,同时很少受利益集团的操纵和影响,能够收集准确的经济信息,并作出可靠而正确的判断。但是这种模式也被证明存在很大的不确定性。

显然这里的三种决定力量的作用随着管治的类型的变化而变

化。在凯恩斯主义管治中,政府力量最为有力,在自由主义管治中,公众消费偏好有更强烈作用。

四、公共服务产品的供需平衡

对公共服务产品的供需研究许多经济学家都作出了杰出的贡献,他们从实现帕累托最优的目的出发,研究公共服务产品的需求程度、供给水平以及与私人物品相比如何进行最佳配置等。其中最有代表性是庇古(A. C. Pigou)、林达尔(E. Lindahl)、萨缪尔逊(P. A. Samulson)以及马斯格雷夫(Musgrave, R. A.)的均衡模型。但他们有一个共同的假定,即人们对公共服务产品的偏好或评价可以真实地、准确地揭示出来,从而可以真正获得他们对公共服务产品的需求曲线。在此假定下,公共服务产品的供给才是有效率的。但是现实中大量搭便车的行为使这个假定的真实性大大削弱。

之后,又有许多经济学家从均衡和非均衡的角度探讨了公共服务产品的供需关系,凯恩斯(凯恩斯,1988)曾力图把他的经济分析建立在均衡概念基础上,但他更多考察了经济发展的不确定性,以这种不确定的观点来丰富其非均衡思想。20世纪60年代以来,许多经济学家把凯恩斯理论中所包含的非均衡分析方法作为一种基本的理论结构形式加以扩展和延伸,这些学者以及后来的追随者被称之为"非均衡学派"。近年来,许多经济学者又用非均衡的观点来研究公共服务产品的供求状态。非均衡的思想不是不要市场均衡,而是强调存在多个均衡态,公共服务的供需可能稳定在某个均衡态上,而且是动态均衡的。

在城市经济中,总供给与总需求的矛盾运动从本质上说是非均衡的。这一点不仅是由经济增长的常态所决定的,更主要的是由社会经济动态所决定。公共服务产品的供求作为总供求中不可缺少的一部分,其动态非均衡常态同样源于社会经济本身的特征。而公共服务业的供给和需求从非均衡到均衡再到非均衡的动态变化过程正是公共服务管治的最基本原因。

第三节 地理学意义上的城市公共服务产品供需平衡

一、公共服务业城市管治的地理因素

地理空间是社会生活的重要也是必要载体,而城市又是最为复杂的地理空间,集中了最多的人文、经济等因素。在其内部可以从三个层次来影响人们的社会生活(Kearns,1995)。

场所:这是人们生活的重要场所,它由不同的家庭类型和社会经济群体相互混杂在特定的物理环境中,共同构成独特的混合体。在这个混合空间中,包括了不同类型的居住者、建筑物以及公共和私人空间。

邻里:对于不同的个人来说,他们的邻里关系通常是与时间和空间联系在一起的,在这个邻里空间里,他们通常沿着各自的生活方式、出行习惯如路径、时间等而生活着,由于出行时间、路径的汇集,以及共同的利益和爱好或是从属于同一组织,参与同一的项目等,导致了邻里的形成以及发展。

社区:由于在邻里空间中的经常性"偶遇",人们必然会发展出一系列共同的兴趣、利益和价值,这些反过来又加剧了邻里间的社会交

往,甚至进一步培育出集体组织或政治团体的形成基础。

在这三个不同的层次以及层次间的组合里拥有不同的公共服务产品的分布和组合,其中显然存在着个人对公共服务产品偏好的有效裁判机制——人们在城市内部的流动。人们通过迁移流动而显示自己的偏好,选择公共服务产品数量多、结构合理的地区居住。这些地理因素主要表现为以下几个方面:第一,城市内部各地区的门槛成本不同,公共经济规模或是质量存在差异;第二,人口的流动性越来越大,城市内部人口的迁移也越来越普遍;第三,城市内部各个地区的公共物品分布存在差异性,影响人们的区位选择;另外,城市内部的阶层分异使对公共服务产品的需求呈现多样化趋势。

同时,在管治的社会参与性中地理因素起到了重要的作用。地理区位包含了这个地区历史形成的个性和特征。人的个性特征、社会心理、方言都是影响这一特定地区文化特征和社会实践的重要因素,不论这些因素是正面的还是负面的。这些因素根植于地方正式或非正式的规则和规范,从而影响到地区地理的和历史的各种关系。

在任何特定地区,场所、邻里和社区这些物质因素构成了重要的影响管治能力的相关因子。吉登斯(Giddens,1984,1987)认为任何特定行为或是相互作用的时间和空间因素都对人的日常生活能动性和可持续性起到重要影响。在参与集体行动和决策过程中,共同的利益和价值对地区居民的影响非常之大,同样,社会空间结构也是非常重要的影响因素,因为人们必须与他人交往、联系,从而促进这种共同的利益和价值的形成。

社会空间环境对特定地区内部和外部的影响是十分重要的。从内部来讲,如果居民希望参与公共生活,那么他们必须感到所生活的场所安全舒适。而社会空间环境的外部因素则来自于这些特定的地区本身处于更大的社会空间环境内,并且受到这些更大尺度空间更深刻的影响,包括社会、经济和政治(行政管理的)结构等。我们还需要认识到虽然只有特定地区的居民才真正拥有对这一地区的发言权,但是对于这一地区形象的认识和认可则来自于地区之外。虽然地理空间是所在居民身份和社会荣誉感的最主要载体,但是它同样会对居民的相互认同和心理认可带来负面的影响(Bagguley, Mark, Sharpiro, Urry, Walby and Arde, 1990)。它同样会减少和降低居民对社会的责任感荣誉感,甚至使居民的志气削减。因此,地区形象有两种截然不同的类型:一种是那些居民们希望加强、依靠和保持的,一种是居民们力图抛弃的。前一种会成为地方管治的重要推动力,而后一种则会是成为地方管治的重要障碍。

有关研究发现,在某一地区生活时间长的居民比生活时间短的居民参与性更强,志愿行为更多。对地区生活质量持认同的居民比那些批判意见的人更有参与性和志愿性。在社会参与中的先决条件是社会交往,居民的稳定性以及对地区环境的认可(Lynn and Davis-Smith, 1992)。

如果地方管治关系到市民社会的启动和创新,那么它面临的一个主要障碍就是对地区认识的途径越来越个人化。因为对于整个公众生活来说人们的生活方式已越来越私人化,也越来越依赖于电子媒介,并且使我们的社会联系超越了人们的地理空间和位置(Cohen and Taylor, 1992)。例如,人们依赖汽车作为交通工具会改变整个邻里的含义。邻里关系对于人们是否愿意参与公众活动来说是十分关键和重要的。因为个人所获得的利益很大程度依赖于人们对于社会参与的认识。在这种条件下,社会参与也许仅仅是自我意愿的反映,不存在任何其他目的,甚至也可能是另一极端的暴力手段参与,这些都会导致地方管治的参与性。除此之外,个人和集体在不同的区位(邻里)、不同的时空条件会决定市民是否有足够的时间和能力去从事地方管治的目标(Kearns,1995)。

因此,我们不能够假设地方公共生活正逐渐成为人们生活的重心,或者说是利益和身份认同焦点(Gyford,1992),更不能说市民社会越来越重要(Keane,1988)。换句话说,如果地方管治要对市民和地方民主机制具有真正的意义,那么地方公共空间的特征以及地方性政治特征必须适应地方管治系统。地方价值的存在、优缺点等都影响到地方管治(Gyford,1992),邻里、社区等元素正如安纽(Agnew,1987)所说的地方结构都对地方价值起到重要的作用。因此,从以上分析中我们可以发现,公共服务业管治的空间差异从最基本的地理单元入手进行研究最具有实证意义,因而在本文我们将从社区这一空间层次入手来探讨公共服务业管治的空间特征。

二、公共服务产品供需平衡的地理空间因素

(一)空间的开放性

社会经济的本质特征之一是开放,这种开放性不仅表现在经济空间,还表现在实体空间上。公共服务产品供给不仅要为地区内(如城市)常住人口提供服务,而且要满足不断增加的流动人口的需求;从需求方来说,经常更替的流动人口对公共服务产品需求具有很大的流动性。地方公共服务产品的需求在空间上是相对灵活的。这种灵活的不断增长的需求,要求源源不断供给与之相适应。而从供给方来讲,由于财源的限制、生产周期的制约以及技术水平等局限,供

给能力受到很大的约束,形成供给在空间上的相对固定性,表现为供给的不足。近些年来,许多新情况都影响着地方生活的条件和质量、包括由于地区发展引起的社会混乱,与不同生活方式的街坊邻里保持和睦相处,区内交通系统与道路之间的矛盾,公共住房的选址与提供,土地使用的有效控制等,这些公共服务产品的需求都是硬服务,需要及时、有效和灵活地供给。总之,与地方公共服务产品的需求在空间和时间上的相对灵活性相对应,供给在空间上是相对固定的,在时间上是有一定周期的,它很难充分满足地方各个方面对公共服务产品的多样化需求。这将使公共物品在运营过程中经常呈现出供求间的不平衡。

(二) 经济的空间聚集性

近年来,由克鲁格曼代表的新经济地理学,地理强调空间聚集的作用。聚集产生规模经济。公共物品的共享性,决定了公共服务与聚集的根本联系。实际上城市是社会经济活动即生产、交换、分配和消费等相对集中的场所。大规模的经济聚集,是城市区别于农村的重要特征。这种高度集中的经济中心,完善了城市的生产组织形式,缩短了经济、文化等各种联系的时间和空间表现在公共服务产品的供给方面,即显示了集中的规模经济性特征。只有在公共服务产品需求规模积累(集中)到一定程度时,供给才可能被考虑,否则供给将是不经济的。这种供给的"大批量"显示出不可忽视的规模经济性。但是服务产品的消费需求是由广泛分散的经济主体在城市各社区随机显示出的,不同经济主体之间不存在合谋行为,这样就可以简单地判定消费需求是广泛的,分散发生的。相对于复杂多样化和不确定的消费需求方来说,供给方经常由于不能及时满足需求而造成供应不足,或者由于供给"沉淀"而造成过剩供给,出现动态供求非均衡。

(三)系统的复杂性

城市是坐落在有限地域空间内的各种住房、劳动力、土地、运输等交织在一起的网络系统,其系统的各个要素相互制约、相互交织,构成了城市的系统性运动,表现为具有较完善的产业结构形式,显示出系统的综合性和复杂性。城市公共服务产品运营系统是城市大系统构成的重要部分,受公共服务产品自身的性质、城市居民收入水平以及价格弹性等多种因素影响,其系统内部同样具有复杂性,影响其供求均衡,使公共服务产品供给与需求之间经常呈现动态非均衡特征。城市经济增长的趋势表明,居民边际消费倾向将越来越小,各城市恩格尔系数也必然逐渐越小。随着人们收入水平的提高,更多的高水平公共服务产品需求将提上议事日程。随着人们收入的增长,公共服务产品需求量将成倍增长。据统计,城市国民收入每增长一个百分点,公共服务产品需求递增将达到一个百分点以上。同时,公共服务产品与城市居民生活密切相关与企业活动紧密联系在收入和其他条件不变的情况下,一定的价格变动只会引起需求量较小比例的变动。它的需求缺乏价格弹性。与较强的收入需求弹性和较弱的价格需求弹性相比,公共服务产品供给常显示出不适应需求的特征。因为技术的进步,城市国民收入水平的增长,并不必然导致某些公共服务产品供给的相对增强。城市某些公共服务产品供给数量的绝对增加与技术进步和整体收入水平的提高并非绝对成同比例递增,有时很难满足富于弹性的收入需求的要求。同时,在城市劳动力市场上,技术进步带来的工资水平的普遍上涨,带动公共服务产品供应部门工资水平的提高,由此引起公共部门成本提高和公共服务产品价格上涨,但这对公共服务产品需求却很难产生强烈影响。所有这些表明了公共服务的地理背景——城市具有某种复杂性,这种复杂性可能破坏公共物品的共享性和难控制性,从而导致管治的多样化。

(四)空间多样性

影响公共服务与管治的还可能有空间的基本地理特征。不同的地理空间往往具有不同的地理特征,表现在自然环境、经济环境、人文环境等的差异性,这些差异性往往互相交织在一起共同影响着本土居民的生产和生活方式,其各种需求也表现出多样性包括对公共服务产品的需求。因此,空间多样性必然导致需求的多样性。在城市地域内就可从不同的尺度或角度分为不同类型的空间,因而也就具有不同的空间结构,如中心区与边缘区、近郊与远郊、不同的行政区、不同的社区等,就构成了空间多样性基础。关于空间多样性对公共服务产品供给和需求的影响,现在还缺少研究,我们将在后文详细论述它。

第四节 城市公共服务与城市管治的关系

一、城市公共服务供需的现实压力

第一,城市政府通常情况下对城市公共服务供给并没有绝对的权威。有些公共服务本身并非由城市政府所供给。比如电的供给往往由上级政府如省甚至中央政府供给。同时当前的公共服务市场化

第二章 公共服务业供需特点及其与城市管治的关系

改革诸如公共交通等相当部分又是由市场所供给，某些特殊的权力机构或是开发商承担了如住房、电讯、石油等基础设施的供给。因此，完全由城市政府提供的公共服务就相当有限的。关于公共服务的供给就为我们提出一个根本性的问题：什么才是合理恰当的政府、其他公共部门、市场等之间的供给配置机制？他们之间又是如何协调的？显然城市公共服务和公共设施的供给主体是多个的，城市政府只是其中之一，相互间力量的大小很大程度上影响甚至决定了在协商、谈判中的话语权和决策权。

第二，城市的行政区域和经济区域（城市实体区域）往往并不一致。在经济发达的地区城市实体地域往往超越了城市政府管辖区域。比如城市化绵延地区，往往分属于不同的几个城市，因此单单由各个城市政府来解决城市化绵延区域的公共服务、公共设施的供给往往会出现效率低、彼此之间冲突不断的局面。涉及城市化区域的战略规划或是基础设施建设上往往涉及更为复杂的上下级政府、同级政府之间的联系。

第三，城市政府的决策权也是有限的，特别是作为中国这样具有高度中央集权传统的国家城市政府在多大程度上进行决策往往是难以定夺的。比如财政、地方政府官员的任命、地方税收或是财政支付转移等，都会影响城市公共服务供给水平和发展。在地方公共服务供给实践上，中央政府并没有使得供给有效和高效，中国30年的改革经验也证明了中央向地方分权的巨大能动性。但是另一个非常重要的问题值得我们注意：虽然现在城市政府有了很大的自主权，由于我们仍然缺乏有效的反馈机制，所以公共服务供给也难以保障平衡。所以城市公共服务供给迫切需要建设充公的回应体系和对话体系。

第四,城市公共服务供给有一点是我们常常忽略的,就是关于城市内部供给的平衡,比如中国的城市尤其是发达地区的城市都有数量庞大的正式或是非正式外来流动人口。这些外来移民往往处于社会最底层,他们如何获得最基本的城市公共服务通常被忽略掉。这些外来流动人口通常集中于城中村,或是聚居于自建的所谓"浙江村"、"新疆村"。固然这会带来很大的治安隐患,也会威及城市环境建设,但是不能仅仅因此而强行拆迁清除他们。毕竟他们为城市的发展作出了巨大的贡献,可是我们现在仍然没有找到合适的方式解决其公共服务需求的问题,也因此造成这部分人仍然挣扎在社会的边缘,这正是社会治安的真正根源。

二、城市公共服务(业)管治的意义

城市管治的研究起源于对社会公平、社会进步、社会可持续发展等的关注,而这一切的实现都必须以全社会人的发展和进步为前提,而改善人们的生活质量、生存空间必须以社会公共服务业的多样化和高度发达为基础。管治作为能够提高商品和服务供给的一种过程,当它被引入到发展的研究体系时也就变得越来越有意义了。因此,国外城市管治的实证研究几乎都与城市公共服务的生产和供给等方面的研究联系起来。

涉及城市公共服务,则从管治的角度可以导出这样两个问题:其一是公共服务的生产,这个问题从技术的角度提出如何整合资源以供给服务;其二是市民社会中个人和组织的代表性与参与程度,即公共服务的生产和供给是否真实准确地反映了市民社会中个人和组织的需求。戴维(Davey,1999)的解释是公共服务的供给是有关组织或机构对公共服务的数量和质量负责并确保这些服务是有财政支持

第二章 公共服务业供需特点及其与城市管治的关系

并能实际操作。而公共服务的生产则更多的是关注将要供应的服务的数量和质量如何。公共服务的供给和生产都包含了不同层次的管治。虽然公共服务传统上是由政府（公共部门）来供给的，但是现在的发展是在公共服务的生产上包含了大量私人部门以及其他社会组织。管治是保证社会各部门都具有同样的机会参与公共服务的生产和供给的重要杠杆。

但是，现在管治的主要问题是如何在政府和市民社会中寻找这样的一个行动空间。对于中国正处于转型的这样一个社会现状来说，市民社会刚刚萌芽，市民社会中的个人以及各种组织也刚刚认识到其在推进地方事务改革中的重要作用和责任。传统上城市发展也是由政府起绝对主导作用，在转型中尽管政府已逐渐认识到市民社会的力量，但是政府的退出空间仍然有限。不过透明的、回应的、广泛社会参与等管治的思想精髓已在不知不觉中逐渐在社会各个领域里展开。

那么如何理解公共服务业的城市管治？综合前文关于公共物品与公共服务的供需分析，我们认为，公共服务业的城市管治即是在需求基础上不断追求最大程度地实现公共服务与公共物品的有效供给的过程。在这个过程中，不仅包括政府部门的政治决策，还包括市场力量和市民社会的积极参与。正如供需平衡与不平衡是相对的概念一样，公共服务业的城市管治是为实现平衡的动态过程，它追求综合利益的最大化。不同的时期、不同的地点、不同的人群对公共服务有不同的需求，因此其供给也应是多样化的，只有管治模式才能使公共服务的供给不断地满足公众需求的变化。

案 例

南非,亚历山大社区,CIRC(Community Information Resource Centre)社区信息资源中心:

亚历山大社区是一个低收入的贫民社区,如果仅靠这个社区的资源,那么社区居民通常只具有最基本的生存需求资源,其他信息资源也很少。不论是其他社区信息还是来自于政府部门的信息,自从通过建立CIRC这样的社区与社区间信息共享平台,广大草根阶层的社区居民从而获得了信息交流和沟通的有效渠道。

在信息自由化框架体系下,CIRC建立了社区基本信息数据库。这些基础数据来自于家庭调查,社区组织或政府部门的社区调查等,社区居民因而获得了充分的信息资源。同时政府给予这一计划以大力支持,就业信息等因而也能够及时准确地提供给社区居民,从而改善了社区居民闭塞落后的局面。

安哥拉,Luanda-Sul自治型城市基础设施发展计划:

Luanda-Sul是当前社会创新改革极具代表性的一种实践模式,它是以扩大公共财富为目标,通过严格的土地利用管理和规划而推行的城市基础设施自治的发展计划。通过与政府部门的紧密合作,私人部门、社区组织、棚户区居民以及受战争危害的人们都重新行动起来,共同推行这一计划。这一计划于1995~1996年启动,通过自筹资金,完成了一系列社会公共服务设施的建设,其中包括70公里的自来水管线铺设,23公里的排污管线,12公里的电力线路,2 210幢住宅建设等。

这一计划得益于政府绩效管理基金的资助,该基金从三个方面

第二章 公共服务业供需特点及其与城市管治的关系

进行筹集：①用于私人部门发展阶段的公共土地再分配所产生的地租收益；②商品或服务的税收或关税；③来自于私人部门的投资。

政府部门在筹集这些资金的过程中通过发行类似于保险的凭证以鼓励私人投资，从而为这一自治式发展计划提供了启动资金。同时为益于城市发展的土地进行认证，通过国家从私人地主手中获取土地资源，通过土地利用规划和促进私人部门投资等从法律程序上为土地进行确权。从而获得了3千万美元的启动资金和后续追加的1.4千万美元的投资。发展的基础设施还包括社区服务设施、学校、商业服务设施、一个工业企业和一间医院。该计划的成功极大地鼓舞了地方发展的信心，因而一系列相似的发展计划也在该地区复制开来。

第三章　中国公共服务管治的主体结构

第一节　国家经济体制对公共服务业的影响

一、传统计划经济体制对公共服务业的影响

（一）传统计划经济体制的历史局限性

公共服务管治是有结构的，这即是公共服务管治结构，我们现在需要讨论这种结构的主体。

从结构上讲，我国传统的计划经济体制的核心问题是所有权和资源配置方式与机制的错位。政府拥有几乎所有资产的所有权并从中获得收入，它不必在法律上作出所有权照发的规定。政府通过行政分配机制而不是价格这只无形的手来协调经济活动，它凭借某种权威以指令的方式来实现经济资源的配置。同时，上级政府与下级政府之间形成严格的由上至下的等级关系，上级政府的意志和需要决定了产品和资源的流向。计划经济体制的优点是可以在一定时期内集中力量从事某种物品供给，也可以决策集中资源用于维护"社会安全"等活动。这种高度集中的计划经济体制使得政府通过对生产资料的所有权直截了当地征收利润和税款，从而迅速集中财政收入，

第三章 中国公共服务管治的主体结构

并根据自身的意愿将资金、资源指派到各个部门或产业。在新中国成立之初的国民经济恢复时期起到了重要的作用。1953~1978年中,政府财政收入年均增长率为7.3%。到70年代末,政府预算从50年代初占国民收入的30%上升到近40%(李兴耕等,1993)。

研究表明,这种传统的经济体制对社会经济活动的负面影响也十分明显,其缺点主要表现在以下几个方面(厉蟠等,1993)。第一,各级政府的动力不足。中央政府的高度集权使各级政府缺乏对本地域资源配置(包括公共物品和私人物品)的主导权,因而难以产生经济运营的动力机制。第二,各种物品投资的成本——收益约束力弱,缺乏精确的经济核算工具,从而公共物品与公共服务的政府投资项目难以取得相应的收益和经济和社会效果。第三,各种物品包括公共物品、公共服务的供给、投资,其生产和经营的形式单一,缺乏竞争机制,从而形成政府单一生产供给的模式,公共服务等公共产品单一、低效。

(二)传统经济体制对公共服务业的制约

1. 城市产业结构偏态分布,公共服务业落后

传统的行政配置资源的经济体制对于产业结构分布具有决定性影响。在这种体制下,政府集中财力进行经济建设以稳定市场、削减财政赤字,达到政府控制经济命脉的目的。这样政府投资必然偏重于农业和重工业,而忽视第三产业,尤其是公共服务业的发展,从而形成城市产业结构(特有)的失衡格局(孙钰,1999)。表3—1给出了改革开放前我国三次行业的投资情况。从表3—1可以看出这样的情况:工业尤其是重工业一直是政府投资的重点,占据了一半左右的

投资份额,这是"苏联模式"的建设方式,而科教卫生以及其他城市公共事业等公共服务行业则投资少,总共还不足10%。

表3—1 传统体制下中国三次产业投资分布

时期 产业部门	"一五" 1953～ 1957年	"二五" 1958～ 1962年	调整时期 1963～ 1965年	"三五" 1966～ 1970年	"四五" 1971～ 1975年	"五五" 1976～ 1980年
农业	7.1	11.3	17.7	10.7	9.8	10.5
工业	42.5	60.4	49.8	55.5	55.4	52.6
重工业	36.1	54.0	45.9	51.1	49.6	45.9
轻工业	6.4	6.4	3.9	4.4	5.8	6.7
地质勘探	2.4	1.2	0.4	0.5	0.7	1.3
建筑业	3.7	1.3	2.1	1.8	1.6	1.8
交通、邮电电信	15.3	13.5	12.7	15.4	18.0	12.9
商业	3.6	2.0	2.5	2.1	2.9	3.7
科学、教育卫生	7.6	3.8	5.7	2.8	3.1	5.4
城市公共事业	2.5	2.3	2.9	1.8	1.9	4.1
其他	15.3	4.2	6.2	9.4	6.6	7.7

注:包括预算内和预算外,不包括非国有经济组织的集体投资。

发达国家城市公共设施投资在固定资产总投资中所占比例一般在10%左右,日本1960～1970年间约为8%～10%,在1975～1980年间约10%～13%,英美等国家的情形也类似。如表3—2所示,我国除了在国民经济恢复时期(1950～1952年)以外,城市市政公用设施等公共物品的投资在固定资产投资中的比例明显偏低,北京、上海、广州这三个在全国基础设施建设相对最好的城市其公共基础设施总投资大都低于10%的水平。除北京作为首都这样一个具有特殊地位的城市稍高以外,上海、广州都明显偏低。这与当时政府实行重工业优先发展策略,将有限的资金集中于创造价值的重工业中有关。实际上我国1953年开始全面学习"苏联的社会主义建设经验",消灭"消费型城市",开始忽视公共设施建设,导致了产业投资偏向。这种产业投资的偏向形成了产业结构的畸形,也造成了城市公共服务业发展滞后,公共物品供给严重不足的状况。例如,当时的城市几乎都只有一个"少年宫",青少年文体活动缺乏场所以及相应的配套。

表3—2　三城市各时期市政公用设施投资占固定资产投资比例(%)

时期 城市	1950~ 1952年	1953~ 1957年	1958~ 1962年	1963~ 1965年	1966~ 1970年	1971~ 1975年	1976~ 1980年
北京	18.20	7.10	5.90	7.80	23.80	10.60	9.90
上海	28.20	9.70	6.70	6.20	5.80	3.80	6.50
广州	17.30	2.60	7.20	11.60	9.60	5.00	6.70

资料来源:厉蟠等,1993。

2. 产业结构不合理,长期忽视第三产业尤其是公共服务业的发展

在我国传统经济体制下,长期推行"重生产、轻生活,重工业、轻城建;先生产性建设、后非生产性建设"的方针,重视重加工业投资,认为公共物品是非物质产品,不创造直接经济效益,所以将其远远排在其他产业投资之后。以基础设施这一项为例可说明这个问题(表3—3)。

表 3—3 四城市城市基础设施投资占 GNP 的比例(%)

时期 城市	1950~ 1953年	1954~ 1957年	1958~ 1962年	1963~ 1965年	1966~ 1970年	1971~ 1975年	1976~ 1980年	1981~ 1984年	1985~ 1989年
上海	1.10	1.70	2.10	0.09	1.20	2.00	2.26	2.80	5.60
北京	4.60	6.70	6.90	2.60	6.00	4.10	4.20	4.30	5.80
天津		2.22	2.48	1.72	3.00	8.30	5.60	6.57	7.97
广州									6.70

资料来源：厉蟠等,1993。

表 3—3 反映出传统经济体制下各时期四大城市基础设施投资比例，长期以来投资份额各个城市都较低，几乎都低于 8%；只有天津在 20 世纪 70 年代初才达到 8% 的水平；而上海投资比例最低，只到 20 世纪 80 年代中后期公共基础设施投资比例才超过 5%，之前三十多年都不足 3%。这样，原来作为东亚金融中心的上海开始衰落，而原来落后的香港开始发展为新的金融中心。

与之同时，整个公共服务业落后，一般交通、电信等具有较大共享性公共服务产业落后，与私人生活联系紧密的"托老"、家庭服务"小修小补"等几乎为零。畸形的产业结构导致整个产业萎缩，以至于从 60 年代开始为解决城市的就业问题，开始实施"知识青年上山下乡"运动。从 80 年代开始，"知识青年"回城就业问题的解决，实际上就是从发展第三产业开始的。虽然缺乏当时的统计资料及相关研究资料，但是 80 年代的众多影视作品如《夕照街》、《大碗茶》等则反映了当时的情况，为我们对比研究提供了非常鲜活的素材。

3. 生产供给主体单一

由于传统的计划经济体制使公共物品投资主体单一，只有政府对公共物品的生产供给以及运营负责,因此公共物品与公共服务长期由政府垄断经营。但是现实的情况是政府越来越不能满足社会的需求,公共物品与公共服务的单一生产供给对财政资金的过分依赖和软预算约束,缺乏财务风险管理,忽视成本与效益,使用者责任缺位等,造成了公共服务业发展的滞后,社会公共福利难以实现最大化目标。据许多中老年人回忆,当时公共文艺服务设施缺乏,每当电影院开始上映新电影,电影院门口都有许多等退票的人。

另一方面,在政府最终承担公共物品和服务生产企业债务的情况下,政府对其的干预不适当、不公正的可能性比对私人企业的干预更大。但是不断地反对资本主义,导致了私人以任何经营形式参加公共服务都被认为非法。著名戏曲《朝阳沟》是折射这个问题的双面镜。女主角王银环放弃城市就业受到赞扬,银环的妈妈被称为"小资产阶级"。"小资产阶级"的称谓,按当时的条件她不可能从事生产活动,必然或者是工人或者是民族资本家,因此她从事的只可能是自己有小额资本的城市服务业,这样一个人物被否定,她最后自己也到了农村。

在这种条件下也许存在的许多公共企业同时承担多种义务和目标,既有财务目标,又有稳定经济、实现收入再分配等宏观经济目标。多种目标导致企业不得不自己发展公共服务,子弟学校、子弟中学遍地开花,走"五七道路"、"学农学工"自己生产生活物资和公共物品,导致"企业办社会"、"学校办社会"现象,成为企业发展的约束。这种制约更使公共物品生产企业无所适从,因为企业规模得不到市场扩张的支持,追求效率的目标最终无法实现,结果是其他目标也难以实现。

4. 受传统财政体制的约束,发展资金存在巨大缺口

在传统的财政体制下,城市政府的财政权与建设权都很小,其可支配的财政收入即靠与中央政府的计价还价取得,远不能满足城市发展的需求,城市政府即使有万丈雄心也难为"无米之炊"。再加上城市公共物品与公共服务是难以带来直接经济效益的,它的作用往往是通过其外部性表现出来,因而在以产值和利润为衡量城市政府业绩的财政体制约束下,城市政府投资公共物品的积极性是难以保证甚至是微乎其微的(孙钰,1993)。

这方面的一个典型事例是城市地铁的发展。城市地铁一经出现就在西方国家迅速发展,我国直到 20 世纪 70 年代才在北京修建了第一条地铁,而第二个城市的地铁是 20 年后出现在上海的。地铁的落后实际上是公共资金的不足导致的。

二、经济体制转型对公共服务业的影响

(一)我国经济体制转型的作用

1. 从诱致性到强制性经济体制转型

1979 年的中共十届三中全会开始了我国经济体制的改革,中国逐步进入了经济转型期。对于这种经济体制的渐进式改革,孙钰认为它引导公共服务业呈现出诱致性和强制性交叉的体制创新特征。这里的诱致性体制指人们在利益驱动或利益刺激下自觉地对原有体制采取的革新行动,一般表现为从非正式体制选择逐渐走向正式体制选择的发展过程。其转型成本分为两类,即在初始阶段的非正式

体制安排中,产生搜寻方案、机会成本等交易成本,以及在进行正式体制创新时表现为谋求全社会一致同意的谈判成本或契约成本,体制改革涉及的范围越大,人数越多,谈判成本或契约成本就会越高。这些成本主要是宏观层面的社会成本,社会成员可以通过搭便车来坐享体制改革带来的利益。因此,在实施放到性体制的后期,改革的风险大多反映在社会层面上,政府承担着改革的压力。强制性体制是人们在政治、军事及法律的强迫压力下所进行的正式体制改革,它的主要成本有两类,一是实践成本,二是摩擦成本,强制性体制改革的成本主要是由社会承担。因此,这种体制改革方式的实施需要某种强力(法律、政府强制等)或某种信仰(意识形态等)来予以保证。

孙钰认为在改革开放的初期,社会对改革的适应能力和承受能力相当有限,因而我国政府只能采取诱致性体制创新方式,进行带有尝试性的局部改革。由于渐进式体制转型时期较长,过渡期间的实践成本和摩擦成本相应增大,这些都一定程度上加大改革的总体成本。随着转型的逐步深化,社会承受能力逐渐增强,实行全方位的强制性体制改革则有了保证。从90年代中期以来,我国市场经济体制目标模式确定以后,诱致性体制改革逐渐过渡到强制性体制创新阶段。

孙钰关于公共服务业发展的两个阶段划分无疑是正确的,但是我们认为有进一步修改的必要。改革开发之初,政府对公共服务业的分开有被动的一面,被诱导的不是资本而是"政府"当时大量知识青年回城,新的中学毕业生也面临就业,出现了我国特有的"待业"问题,解决"待业青年"的就业问题不得不使政府开放服务业。在当时流行的电影《二子开店》中,待业青年二子开设的旅馆从当初代表政府的街道办事处最初不支持到积极支持,反映了政府的被动性。

1980年初许多报纸还讨论私人开设的城市服务业是否违法，批评的意见之一是他们不生产。1985年开始的城市改革强调在武汉实验，这种实验导致武汉所谓"的士麻木化，经济地摊化"。"麻木"是武汉人对摩托车的俗称，反映了武汉最初出租车的低档。小股只能摆设地摊的私人资本加入出租车为代表的服务业，也逐步发展到了公共服务。在其他城市，特别是广州出现了各种消费层次的学校。这些学校最初也受到了批评，他们以自己解决就业的能力，解决了社会问题，"说服"了政府，诱导了政府。到1991年后，"有一位老人"在南海边再次"画了一个圈"，许多公共服务才正式分开。地方政府主动让出了一些经营公共服务业的特权，虽然以政府办公司的形式成为当时的一种主导形式。总之这个阶段"诱导"是双向的。这个阶段逐步把公共服务产业化了，出现了公共服务业的概念。

在1994年后，政府的主动性加强了。特别有意义的是公共服务业得到了政府的支持，这是我国政府开始推行凯恩斯主义的消费政策，"刺激消费"、"拉动内需"这两句典型的凯恩斯主义口号，导致了政府对可以增加消费、拉动内需的公共服务的私人投资的开放和鼓励。在政府历来控制严密的邮政、电信领域，电信公司出现了，快递公司出现了，网络公司出现了。政府的主动性增强导致我国公共服务业出现了欣欣向荣的局面。这个政策问题也说明经济政策的复杂性，我们不能把公共服务业的放松规制简单归纳为反凯恩斯主义。

总之，我们认为从管治角度看，政府对公共服务业的管理，在1994年前是被动控制阶段，1994年后开始了主动调控阶段。

2. 财政体制的变革

与城市经济体制改革同步的另一重要改革措施是财政体制的改革和创新。在规范中央与地方政府之间的财政关系中起到关键的作用。孙钰总结认为,从 1979 年来,我国的财政体制进行了四次重大的改革。

第一次是 1979～1985 年中央对地方实行的"划分收支、分级包干"(划分中央和地方的财政收支,各自实行承包)的财政分配体制,其基本内容是在收入方面确定中央和地方所固有的收入项目,其他的共同收入在中央与地方之间进行分配。在预算收入中确定归属于中央和地方的固定部分,其余的共同财源分为上缴中央部分和留归地方部分;在"分级包干"条件下,地方收入多就可以多支出,收入少则须自求收支平衡。

第二次是 1985 年实行的"划分税种、核定收支、分级包干"体制,其主要内容是把预算收入划分为中央固定收入、地方固定收入、中央地方共同收入三种,更加明确了中央政府与地方政府间的税收分配。

第三次是 1988 年引进的多种形式承包方法,具体作法有以下几种:收入递增包干、总额分成法、总额分成加增长分成法、上解递增包干法、定额上解法以及定额补助法等。

经过几次财政体制改革,极大地调动了地方政府财政管理的积极性,地方财政收入占国家财政总收入的比率有了极大提高,因此地方政府在处理地方事务上的主动性和积极性有了极大的提高。

第四次是 1994 年实行中央与地方的分税制,即以税种作为中央与地方收入划分的基本依据而建立的财政管理体制,使城市与省和中央财政的财权和事权有了法律保证。总之,在转型时期,市场机制正在逐渐代替传统的计划体制,转变为通过法律规范权利职责的关系,政府间的条块分割行为有了一定改善。

我们这里要强调的是1994年的税制改革对公共服务产业化,公共服务业进入管治阶段有根本的影响。税制的分开,使得地方政府不需要自己以自身参与产业形式经营公共服务就获得财政收入,他们何乐而不为呢?特别是之前他们对公共服务业的经营曾出现许多财政困难、法律困难。

(二)经济体制转型对公共服务业生产供给主体的影响

1. 公共服务业投资增长快

转型时期经济体制改革的实质是弱化行政分配机制,逐步发挥市场在资源供给的基础性作用,尊重市场供求规律,根据市场需求来安排投资,逐步重视第三产业(尤其是公共服务产品)的投资建设。如表3—4所示,1997年,我国第三产业固定资产投资已超过一半以上,而且还保持较大的增长趋势。从1996年56.6%增长到1997年的59.5%,增长了2.9个百分点。其增幅之大,比重之高是前所未有的。特别是交通运输、邮电、通信等基础设施这类公共服务产品其供给增长更为迅速。具体情况可见表3—5。

表3—4 1997年我国国有单位固定资产投资在三次产业的分布

	1997年投资额 (13 091.72亿元)	所占比重(%)	1996年投资额 (12 006.21亿元)	所占比重(%)	比上年投资增减	变化幅度
第一产业	138.92	1.06	107.09	0.9	31.83	+0.16
第二产业	5 158.52	39.4	5 102.86	42.5	55.66	−3.1
第三产业	7 794.28	59.5	6 796.26	56.6	998.02	+2.9

第三章 中国公共服务管治的主体结构

表 3—5　1996 年年底我国城市部分公共物品供给量及增长变化情况

邮电业务总量 962.52 亿元,比上一年增长 25.6%	清扫面积 12.28 亿平方米,比上一年增长 10.6%
自来水综合生产能力 20 802.04 万吨/日,比上一年增长 6.6%	生活垃圾粪便清运量 14 475 万吨,比上一年增长 5.4%
供水管道长度 198 878 公里,比上一年增长 23.2%	实有铺装道路面积 148 870 万平方米,比上一年增加 9 444 万平方米
园林绿地面积 632 878 公顷,比上一年增长 6.8%	集中供热面积 73 433 万平方米,比上一年增长 20.3%
公共绿地面积 103 681 公顷,比上一年增长 10.3%	绿化覆盖面积 804 876 公顷,比上一年增长 3.2%

从 20 世纪 90 年代开始,中国的市场经济逐步发展起来,深刻地改变着城市的方方面面。城市生活随着公共服务业的蓬勃发展,也变得越来越丰富多彩。城市化进程扩大了市场需求,强劲的扩散效应和波及效应使公共物品投资需求和消费需求也大幅上升。同时,城市发展的市场机制使各方面力量的投入都成为可能,采取多种途径进行城市公共物品建设也成为可能。特别是最近几年以城市经营为手段,促进城市发展的思路进一步强化了大力发展公共服务业的可能性和必要性。

2. 公共服务业投资主体多元化发展

稳定多渠道的投资资金供给,是公共物品生产的根本保障。因此,为了提高公共服务水平,为了推进社会发展,公共服务投资除了正常的中央和地方(城市)政府的财政投资外,还逐步开始吸引民间投资,国外投资如某些国际组织投资、港澳投资等采用 BOT 等投资方式进行城市公共物品的建设和运营。如广深高速公路、京通高速公路等均已采用 BOT 模式,同时也开始利用国外政府贷款进城市公共物品的建设。一个重要的案例是佛山市 70 亿元污水处理项目。这个案例反映传统的政府控制的公共设施向政府管治形式转化。有关新闻报道强调"广东类似的招标会已经蔓延开了",公共服务"正走向市场化,产业化"。

佛山市 70 亿元污水处理项目招标①

——佛山公用事业首次向社会资本开放,引来众内外资巨头参与竞标

——广东省副省长许德立表示,未来广东省将投入 440 亿元整治珠江,其中计划投资 252 亿元,新建污水处理厂 163 个,新增污水日处理能力 1 233 万吨;要建设这么多项目,仅靠政府财力是不够的,也是不明智的,必须鼓励通过 BOT 等模式建立多元化、社会化的投融资体制,实现污染治理的企业化、产业化、市场化。

……

现在威立雅的名字赫然出现在佛山污水处理厂的招标会上,竞标者中姓洋的有美国地球工程公司、新加坡新昌亚仕达水务公司等,姓中的则是深圳水务集团、安徽国祯环保公司、北京金州控股、天津泰达等。

佛山市公用事业管理局公用科长陈淑娟告诉记者,佛山总投资 70 亿元的污水项目着实吸引了不少眼光。

---

① 《南方都市报》,2004 年 2 月 20 日,C65 版。

第三章 中国公共服务管治的主体结构

污水处理项目是佛山市公用事业大规模向社会资本开放的第一炮,这一炮能不能打响,要到4月份中标结果出来才能知晓。但可以肯定的是,广东类似的招标会已经蔓延开了,污水治理正走向市场化、产业化。

……

这次招标内容涉及佛山市首批16个污水处理厂及配套管网,分布在佛山市禅城、南海、顺德、高明、三水等五个区,预计工程总处理量将达到每天44亿万立方米,投资额达到17亿元。

陈淑娟对记者表示,如果这次招标顺利,BOT方式运作良好,不排除其他公共基础设施建设也采取向社会招标的方式进行。

3. 公共服务业生产供给主体分离与多样化

公共服务业随市场机制的确立和发展已逐步出现生产、供给、经营主体的分离趋势,从而使公共服务业各主体之间关系呈现多元化。目前,政府在公共服务业的许多领域已采用补贴和管制方式来干预公共物品的生产和经营,某些领域已进行了市场化改革,私人企业代替政府生产公共物品和公共服务。同时政府还采用租赁、托管或公司化等多种方面进行生产和经营方面的改革,从而使公共服务业中除了政府还存在多种供给主体。

这种主体多样化为政府在管治中取得了主动性。在公共服务产业化之初,公共服务往往由政府委托给一家有政府背景的企业经营,造就了某一企业垄断城市市场的局面。随着产业化、城市化的深入带来供应主体的多样化,打破了这种垄断局面,也为政府在实施"放松规制"(deregulation)基础上的"再规制"(re-regulation)创造了可能。广州公交线路经营权可以竞争经营反映了再管制的出现,它是广州城市管治发展到新水平的标志。

公交线路经营权打破终身制[①]

——326条线路经营期限八年,年度考评两次不合格将被收回经营权

今年3月下旬,市交委将开展授予公交线路经营权工作,对未经招投标取得的326条公交线路统一授予八年经营期限,建立量化考核体系,对经营期限内出现两次不合格的线路,市交委将收回该线路经营权。

广州市共有公共汽车电车线路332条,除六条线路(136、137、138、139、旅游1线、旅游2线)为招标路线外,大部分为行政授予线路,没有设定具体经营期限。为规范公共汽车电车线路营运行为,今年3月下旬将开展授予公交线路经营权工作,与企业签订线路经营授权书。对未经招标取得的公交线路统一授予八年经营期限,通过明确被授权人权利与义务,违约与责任等,完善线路进入和退出机制,以进一步激励经营者积极性,创造公平、公正的竞争环境。

4. 市场机制的发育(价格体制改革)使多元化的需求得以实现

市场机制使公共物品和公共服务的价格更贴近社会的实际,在保持一定的收益水平基础上,实现供需平衡。首先总体上上调了公共物品定价水平,如水、电、气费等,这不仅缓解了供求矛盾,保障社会整体福利水平最大化,还减轻了财政负担,使政府的经济压力大幅

---

① 《南方都市报》,2004年3月16日,A37版。

减少。另外,在与城市居民生活密切相关的公共物品价格上,保持合理的基础价格,这对保障居民生活的必需性是十分有意义的。还有,依靠其他价格形式实现公共物品的消费多元化,对超额享受公共物品的人,则可根据浮动价格拉开差别。在保证基本公共物品与服务的基础上,可以根据不同的消费层次、收入水平等实现多样化的需求。

第二节 转型时期中国城市公共服务业管治主体结构

一、公共服务业管治的主体结构的演变和发展

随着社会的市场转型,政府的职能也有了新的解释、新的特点。政府不再是社会发展的唯一责任人,而必须依靠其他部门或主体共同实现这一职责。同时在中国的城市中出现了这样一个现象并且得到共识,即在城市生产生活运行中有相当部分是由政府的正式行为加以解决,但同时还有相当部分是由正式或非正式单位的非正式行为加以解决。城市经济也是由一系列的多样化的正式的和非正式的生产、交换、决策、管治等行为过程共同组成。正式和非正式过程互相交织在一起,共同对社会运行产生重要的影响和安排。公共服务业作为城市生产生活中的极为重要的一部分,它的管治主体同样也呈现这样的特点:多元化主体以及正式和非正式的结合。

在此我们需要解释什么是"正式"与"非正式",对于这两个概念在文献中含义历来是十分广也是各不相同的,并没有一个标准的定义。在本文依据自身需求,认为"正式"是指那些被正式认可或接受

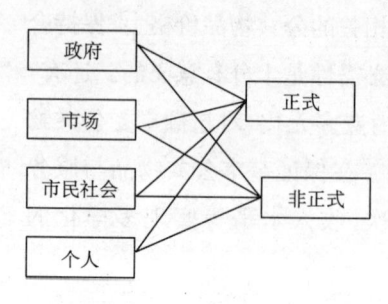

图 3—1 公共服务业管治主体性质类型

或授权的组织或行为者及其所发生的行为，他们的行为或是行动过程是遵循正式的法律法规。而"非正式"则指那些并没有被完全的、正式的认同或是并不完全遵照正式的制度或程序的组织或行为者及其所发生的行为。但是在"正式"和"非正式"两者间的区别并不是完全清晰的，相反，在完全正式与完全非正式之间还有一个很大的过渡空间，这之间的各种行为并不能简单地将其归为正式或是非正式的行为，而是半正式或是半非正式的行为(图3—1)(Devas,1999)。比如，在公共服务领域里就有许多这样的例子：许多小商贩拥有营业执照，也遵守其他所有的规章制度，唯独喜欢偷税漏税；出租屋里的水电皆为市政管网供给，接受全市统一的定价，但是业主却对其房东收取高价水电，尽管这种行为是不允许的，也是和相关法规相违背的。

因此，在当前的城市公共服务业中有这样一系列的介于正式和非正式的关系、行为以及决策(Devas,1999)：①市场化的个人选择和行为；②过"民主"制度为前提的公众集体选择来提供的公共服务；③公共组织的正式的制度化的行为；④通过社区组织、市民社会等途径参与的正式制度化的行动；⑤集体行动，自愿行为等(如民间自组织服务)；⑥非官方的或非正式的行为(某些方面并不完全遵照正式的制度或规则，如非正式的土地利用，或是分配行为)；⑦行贿受贿(从小范围的随意型到大规模的暴力化型)；⑧非法的、犯罪的行为等。在这一系列中表现了从正式到非正式的过渡和渐变过程。

第三章　中国公共服务管治的主体结构

相应地,正式和非正式制度或行为是如何生成,如何进行实际操作,具有什么样的管治结构,还必须明确以下几个问题(Devas,1999):①具体的公共服务业的运营过程;②相关的所有行为者、政治团体、组织以及利益单位,也就是管治的主体;③主体运行的内容及其存在的压力;④个体决策过程及其相互关系;⑤结果或是成效,包括谁受益、谁受损这些问题。

关于正式和非正式行为的实际运作我们从广州楼巴的案例来讨论。

也谈广州楼巴[①]

曾经在广州某报纸上谈到广州的小区巴士,不知第一辆是何时诞生,但它一定诞生于大型居住社区形成之前。以华南板块为例,若干年后随着房地产的不断开发,楼巴也已经承担了一个区域对外交通的主流的责任。在广州发展商纷纷在华南板块圈出一块又一块数千亩土地时,广州的楼巴开始汇流成河。对于居住在郊区的大部分业主来说,每天早上赶楼巴上班和每天晚上等楼巴回家已成为生活中的一部分。对于大多数没有私家车的人来说,直达市区的楼巴是他们选择楼盘的一个必要条件。楼巴对他们而言,是与会所、超市、学校和环境等公共服务一样的配套设施。与现在运营的公交公司运营的公交巴士相比,楼巴更快捷、安全、舒适,价格也较合理。

对于发展商来讲,楼巴的维持需要一笔相当可观的费用,但这笔费用的支出最终还是来自于楼盘的业主们。众所周知,业主买楼,发

---

① 据《南方都市报》(2003年8月29日,C73~74版)部分内容整理而成。

展商才提供方便业主的交通服务；不论发展商采取自办、租赁还是外包的形式运营楼巴，业主都是真正的买单者，发展商与业主之间存在着合情合理的提供服务与购买服务的关系。

政府在楼巴的运营上与发展商也存着微妙的关系。其中最为核心的一点在于楼巴没有营运许可证，不交营运税，因此楼巴的运营一直处于法律许可之外。在关于是否非法运营问题上，发展商是这样同政府有关部门协调的：第一，开发免费或是低偿楼巴的前提是公交配套不完善，楼巴极大地方便了广大业主的出行。同时，楼巴不以营利为目的，而且发展商还给予了极高的补贴，是属于俱乐部产品。从本质上来说它是一种公共产品，重服务轻运营。至于楼巴的收费票价也是根据路程，服务制定并经有关政府部门批准核定的。票价与公交票价相近，甚至更优惠。至于税费在向有关部门购车时已交纳了所有费用。另外，发展商还一直采用其他形式向有关部门交费。但是楼巴确实存在与交通部门管理脱节的问题，甚至是脱缰游离的状态。但是无可否认它不仅是企业的宣传工具，又是便民交通服务的窗口即是政府部门主导的公共交通体系的竞争对手，又是公交运力的有效补充。所以如何看待楼巴的存在是政府与企业间的协商问题，最终目的都是为了实现利益最大化。作为一种公共产品，能否最大程度地满足广大市民的需求是关键。

从这个例子可以看出，楼巴关系到业主、发展商和政府有关部门的利益，三方事实上已经达成了利益关系的平衡。在这一平衡关系中起关键作用的正是非正式的制度安排。最近有消息传有关政府部门（交委）可能打破这样的平衡关系，对楼巴进行收编。所以从中可以看出政府在正式和非正式制度安排中表现出决定性作用，政府最

第三章 中国公共服务管治的主体结构

终会采用什么样的政策来规制发展商对楼巴的经营则决定了未来三方的利益关系,也决定了未来的管治结构。

管治从最基本的来讲不仅是政治权力的运用和实施,而且是管理概念的延伸,它不仅包括政府本身,还包含有其他各种形式的集体选择:各种正式的和非正式的,参与式的和选举式的,分权的和集权的,国家和地方的,等等。在国家和城市管治的关系中包含了许多关于分权的争论,并且主要集中于行政和政治层次上的对市民社会的个人和组织的放权。这两个层次的争论为国家和城市管治关系的研究打下了坚实的基础。但是探讨过程中我们必须认识到当前社会发展中两个主流趋势:其一是市场经济的兴起和蓬勃发展,其二是多元化政治体系的发展。

市场经济推动社会经济发展这一思想仍然在许多国家发展规划中占据主导地位,这一观点认为经济的发展将支持并且一直支持着社会的公正和公平。但是现实是经济的发展并没有带来全社会所有人的共同发展,社会分化越来越严重并且成为社会进一步发展的巨大阻碍。因此,对于发展模式的思考再次成为关注的焦点。相当多的研究表明,越多元化的政治体系越能有效地保证更为广泛的市民社会的参与,从而保证发展的以人为本。这一事实表明各种社会组织也应当赋予一定的职责共同参与社会发展。但是,在这一观点的背后仍然存在另一种声音,有相当多的学者认为管治的主体应该以国家(或政府)为主。他们认为国家或政府作为社会发展过程中最重要的主导者应该更为公正公平地纳入各种部门和组织共同参与社会发展。例如,世界银行作为一个全球性的国际组织在其支助发展项目中始终坚持与政府合作的意愿(World Bank,1994)。目前,有一种新的观点正在出现,即"掌舵型政府",也即是管治思想的应用,许多政府都从原来的社会控制和治理的主角,转为为私人部门和社会各组织提供促进社会经济发展的能动的环境。政府的功能正越来越多地表现为服务型。

国家或政府作为管治主体的意义,已经从原来满足社会各个阶层各种需求的唯一供给者开始转为广泛的社会参与中的一员。私人部门的运行规则或市场规则虽然与公共部门运行完全不同,但是它们却会以不同的方式,不同的程度融入于管治中。通过这种更为弹性的管治结构能够实现社会利益最大化,这是以往由上至下命令式结构完全不能比拟的。对公共服务的供给,则可以成为判断政府如何通过管治在国家和地方等不同层次上更为公正地分配公共服务的重要工具。

尽管存在政府的分权运动以及地方政府争权的努力,城市也仅仅只能从中央的财政中分配到有限的资源来提供城市最基本的服务。虽然中央政府已经把许多提供公共服务的职能转交给地方政府,但是中央和地方政府之间的这种关系并不能保证这些转交出去的服务能够得到充分的供给。因此,地方政府必须借助多方力量,多渠道地实现公共服务的生产和供给,而管治恰恰实现了这一地方的最根本需求。国家和城市管治之间的关系已经包含了新的能力和权力结构:各个层次的地方政府都开始各施其能吸引投资,增加地方收入以保证各自的地位。

涉及公共服务业管治的结果及成效,可以从以下五个角度进行评价(Devas,1999):其一是城市发展的空间模式;其二是可能的收入获得机会和方式;另外对于各种类型的城市公共服务的获得情况也是评价标准之一;而且城市发展的成本以及公共服务运营成本(包括由谁承担、由谁受益,以及为保障充足的公共物品和公共服务风险成本)也是评价的重要方面;还有一个角度就是由于社会差异(地理的、经济的、个人自身条件等)所形成的不同人群或阶层对公共服务管治的差异。图3—2反映了以上所述的有关公共服务业管治过程。

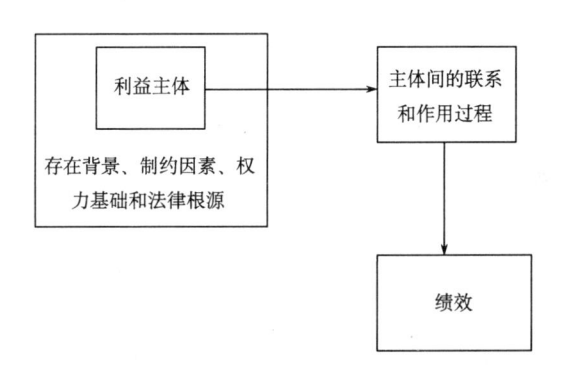

图 3—2 公共服务业管治过程

二、公共服务业管治的主体结构

前文我们已经阐述,传统计划经济体制下政府是唯一的公共服务产品生产供给者,政府提供包括公共服务在内的社会公共基础,因而政府的投入力度和运营水平决定了其运营水平。随着市场经济的发展、市民社会的壮大以及社会改革的整体推进,社会公共基础的生产供给主体也发生了较大的变化,这种变化直接导致新的公共服务业管治主体结构的形成。由政府唯一型发展成为多元型。

根据我国公共服务业发展的情况,参考其他学者的分类,我们认为当前公共服务业管治主体包括以下几类。①政府部门:中央政府、地方政府、政党或下属机构、中央政府的地方派驻机构、相关事业单位、国有公共服务生产供给机构、国际政府间组织。②私人部门(市场化企业或组织):国际的和全国性的正式部门、地方性正式部门、非正式私人部门。③第三部门:国际非政府组织、正式的民间社会组织(如行业协会、教会、宗教协会、慈善会等)、地方性的或社区性的组织。④家庭单位或个人:在绝大多数对管治的研究中通常没有包括家庭或个人这样的主体,因为从定义上讲管治本身意味着集体行动而不是个人行为,但是我们在此将这一主体纳入研究框架中是因为家庭单位或个人在公共服务的决策和运营中事实上起到重要的作用,它不仅是公共服务业管治的目标对象而且是重要的参与者(消费者、决策者、行动者等)。

对于以上管治主体的分类我们还可以进一步细分。例如,家庭单位和个人可以根据收入水平、职业构成、年龄构成、居住区位等细分几个种类;私人部门可以根据正式和非正式程度细分;同时政府部门也不是完全垄断的,在政府部门内部会有不同的部门或机构因为多种因素会导致不同的利益主体的形成,并且会进一步导致竞争或是冲突,当前中国的政府机构职能重叠,地方政府的地方保护主义等都是这种情况的现实反映。我们用图3—3来示意三大主体间的联系。

(一)政府部门

提供公共物品和公共服务是国家和政府的重要职能之一,作为中国经历了从计划经济到市场经济的转型,政府在这一职能上更表现出重要的地位和职责。

在社会发展中,公共物品的运营是市场失灵的典型领域,它需要政府介入,也只有政府的特殊性才能承担这一职能。同时,提供必要的公共物品和公共服务以满足城市发展的需要,保持城市集聚功能的稳定提高以及在社会发展中的竞争力,这些都要求城市政府必须

第三章 中国公共服务管治的主体结构

```
                        政府部门
                        中央政府
                        地方政府
  半官方性质社会              国有公共服务
  组织(如居委会、       中央政府的地方派驻机构    生产供给机构
  共青团等)        民主政党或下属机构
                      相关事业单位

           第三部门              私人部门
         国际非政府组织            国际的和全国性的
         正式的民间社会组织          正式部门
         (如行业协会、教会、        地方性正式部门
          宗教协会、慈善会等)
         地方性的或社区性的
             组织
                                 非正式私
                   家庭单位或个人    人部门
```

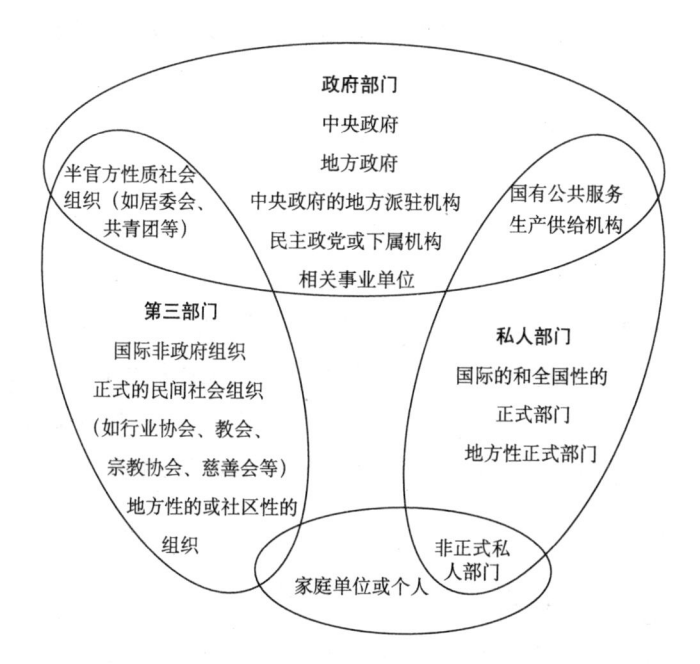

图3—3 公共服务业管治主体类型关系

承担起公共物品和服务的供给任务。除此之外,还有相当部分城市公共物品和服务是由省政府、中央政府直接提供的,甚至在城市政府内部也随行政体制的结构而形成不同层级政府对公共物品和服务的供给,如区和街道一级的政府。因此,在中央政府、省政府和城市政府间形成了政府部门内部的供给结构。

1. 中央和地方城市政府公共服务供给结构

中国由于幅员辽阔,人口众多,地方政府分为省(自治区或直辖市)、市、县、乡(镇)四个级别,但是各级政府之间存在行政隶属关系,中央政府和地方各级政府是一个整体政府,地方政府包括城

市政府从行政上是中央政府的下属政府,是中央在各地域范围的延伸。所以中国的城市政府不是一个独立的处理公共事务的公共主体,这一点与西方国家的城市政府有着很大的差别。但是,中国的城市政府和中央政府之间在决策和管理公共事务上也有分工(江波,2001):第一,城市公共服务主要是准公共服务,而由中央提供的公共服务大多是纯公共服务;第二,从公共财政职能角度来看,中央政府能在资源配置、收入分配和经济稳定方面都起到一定的作用,而城市政府则主要在资源配置方面发挥作用,另外两方面的作用则有限;第三,1994年实行分税制改革,中央和城市政府在公共服务事权和承担公共服务的成本机制(财权)上作了重新划分(表3—6)。

表3—6　公共服务供给结构简介

中央政府供给	国防、外交、中央机关运行、对外经贸制度设置、金融与货币政策、产业管制等
中央、地方城市政府联合供给	全国性的交通网、通信或其他信息网、基础设施网、就业等社会保障服务、环境保护、防灾减灾、教育、农业和科研的支持等
城市政府供给	城市政府运行、地方基础设施建设和运营、城市公用事业、警察服务、地方科教文卫事业、社会福利等

2. 城市公共服务供给本土化趋势日益显著

近20年来随着经济体制市场化的进程,中国的城市政府在公共服务供给中扮演了越来越重要的角色。其最主要的原因在于中央向地方的分权。通过财政改革,城市政府财力有了根本性的变化,在某些发达地区,如中国的沿海城市,地方财力的增长因经济发展速度较快,大大超过了全国平均财力增长速度,从而不仅和其他城市和地区拉开差距,也因为有了中央和地方的分工而使城市在提供公共服务方面的实力甚至超过了中央财力的增长速度。由此可见,城市的发展状况和经济实力直接导致了城市之间公共服务的差异,公共服务的水平也正反映出城市的发展状况。城市政府在城市的发展中起到了关键性的作用,因而如何经营好城市,提高城市的公共服务水平是城市政府的最主要职能。

另一个重要原因就是地方公共产品与服务逐渐成为城市公共经济生活的主体。实行分税制后,地方财政在整个财政中占2/3,中央占1/3,因此城市政府承担的公共服务和公共产品的实力得到了大大的增强。投入比重也大于中央。相应地,一些诸如交通、城市公用事业、教育、医疗等公共服务的供给也理所当然成为城市政府的主要职责。

3.城市内部基层政府组织——街道办事处在公共服务供给中发挥着越来越大的作用

在我国的行政法规文件中,对街道办事处这一最基层政府单位的职能做出明确规定的只有1954年颁布的《街道办事处组织条例》,其中规定了其职能任务为三项,即"办理市、市辖区的人民委员会有关居民工作的交办事项","指导居民委员会的工作","反映居民的意见和要求",也就是说街道的职能是承担与居民事务有关的人民政府交办的事项。

我国的城市历经了五十多年的发展,社会政治经济都发生了很大的变化,而街道办事处的职能也相应地发生了一系列变化,最为突出的就是职责任务越来越多、越来越重。由居民事务的管理扩展到了社会事务的管理,而且分权运动不仅从中央扩展到地方城市。在城市内部也有了越来越多的权力下放,突出了"小政府,大社会"这样的一个发展趋势。事实上,街道办事处已逐渐成为城市综合管理的责任主体。

由此看出,街道办事处与市民基本生活联系最为紧密,也最为了解市民的基本需求,所以在公共服务供给中的作用也越来越重要。

街道办事处的职责和事权(现行)

一、主要职责任务

1. 在区委、区政府领导下,贯彻执行党和国家的各项方针、政策、法律、法规,负责街辖区内的地区性、社会性、群众性工作。

2. 加强基层党组织的建设,充分发挥党组织的战斗堡垒作用和共产党员的先锋模范作用。

3. 加强精神文明建设,积极组织以提高市民素质为目的的活动,树文明新风。

4. 发展街道经济,管理街道自有国有资产和集体资产,为街道经济组织提供信息和各种服务,以经济、法律和必要的行政手段推动街道经济发展。

5. 负责街道执法队伍建设和管理,做好街辖区内市容环境卫生、园林绿化、环境保护、市政、规划、房地产等监督、管理和服务工作。

6. 负责街辖区内社会治安综合治理,依照有关规定管理外来人口,做好民事调解,法律服务工作,维护居民的合法权益。

7. 做好拥军优属、优抚安置、社会救济、社会福利、社区文化、科普、体育、教育等工作,举办社会福利事业,发动和组织社区成员开展各类社区公益事业。

8. 做好计划生育、劳动就业、安全生产管理、初级卫生保健、民兵、兵役、侨务和婚姻管理等工作,尊重少数民族的风俗习惯、保障少数民族的权益。

9. 指导和帮助居民委员会搞好组织建设和制度建设,发挥居委会的群众自治组织作用。

10. 配合有关部门做好防汛、防风、防火、防震、抢险和防灾工作。

11. 及时向市、区人民政府反映居民群众的意见和要求,办理人民群众来信、来访事项。

12. 承办区委、区政府交办的其他工作。

二、主要事权

1. 街道辖区内地段改造和小区开发建设的规划编制,实施拆迁方案、商业网点布局、工程竣工及小区验收,必须听取街道意见。其中小区公共配套设施建设项目的竣工验收,须有所在街道参加。

2. 负责街辖区内小区绿化和道路绿化的规划、建设、保养的监督,对街管道路、内街的绿化实施管理和保养。

3. 负责街辖区内三级以下(含三级)道路、内街、人行道、下水道的使用(包括开挖、接驳)和人行道的临时占用的初审和维护管理。

4. 监督街辖内的建筑工地的施工,对建筑工地的违章施工有权责令停工整顿。

5. 对街辖区内住宅租赁以及逾期未办理租赁登记的住宅房屋进行稽查。

6. 受区职能部门委托,分别对街辖区内违反市容卫生、绿化、环境保护、市政建设等违规行为,行使行政处罚权。

7. 街道、居委会对街辖区内的物业管理公司实施行政管理和监督。

8. 对街辖区内单位计划生育工作、社会治安综合治理工作,行使对街属单位一标否决权,对其他单位有一票否决建议权。

9. 对街辖区内危险房屋有督修权。

10. 对街辖区内车辆乱停放的监督管理。

11. 负责街辖区内按有关规定设置的摩托车、自行车保管站的初审和管理。

12. 对街辖区内社会救济进行审核、报批。

(二)私人部门(企业)

私人部门参与公共服务的生产和运营事实上正是政府新治理模式的核心要素,它和管治理念的兴起息息相关。中国行政体制改革的重要一环就是政府职能向民间的转移,以及政府权力向民间的下放。对政府职能和作用的重新定位推动了这一过程。政府认识到公共物品和公共服务的提供或安排与生产之间的区别是关键。

当前中国城市公共服务业的改革有两个趋势:一是利用民间私人部门高效率、低成本提供必需的公共物品和服务;二是公共部门提供一系列创新方案改善城市公共服务水平满足社会发展的需要。这两种趋势都反映了管治的核心要素——合作与参与、建立伙伴关系。这种伙伴关系包括社区伙伴(普通市民与志愿者)、私营部门伙伴、非营利组织伙伴等。政府已认识到:属于"政府天职"的公共服务,政府应该是一个安排者,决定什么应该通过集体去做,为谁而做,做到

第三章 中国公共服务管治的主体结构

什么程度或水平,怎样付费等,至于服务的生产和提供完全可以通过合同承包、补助、凭单、特许经营等形式由私营部门或社会机构来完成。

1. 私人部门参与公共服务管治的动力

萨瓦斯(E.S.萨瓦斯,2001)在《民营化与公私部门的伙伴关系》中提出私人部门参与公共服务运营的动力有下面几类。

(1) 现实压力——追求更好的政府。社会发展对服务产品质和量的需求都有了显著的提高;另一方面政府活动成本也不断上升,使政府必须追求能缓解财政压力的妙方。而公共服务产品的私人部门生产无疑使成本收益比得到显著地提升。

(2) 意识形态动力——追求更小的政府。它和民主化进程密切相连,民主意识随着改革开放的深入也逐渐在社会生活中生根发芽。通常认为政府规模和权力过大,会对公众生活干预过多,因而违背了民主的发展,而另一方面政府同样存在失灵,并且其危害较市场失灵更甚,因而为了保障公共服务业的发展,并不断满足社会生活的需求,私人部门的参与是最佳的解决途径。

(3) 商业动力——追求更多的商业机会。事实证明,私人部门在准公共物品和服务的生产中拥有很大的优势,如道路、桥梁、机场等,私人部门完全可以投资、建设、运营这些公共基础设施,其中的核心是为这些设施融资,私人部门运作的市场机制,无疑使这些公共基础设施的运营更为有效和高效。另一方面,如果公共服务业不改变原来的政府垄断经营局面,持续的停滞不前,财政局限,效率的低效等都会反过来阻碍私人部门的发展,这在中国的发展过程中已经验证。因此公共服务的私人部门生产运营是政府和私人部门(企业)的双赢。

(4) 经济推动力——减少对政府的依赖,获得更好的服务。改革开放以来,城市社会生活获得了空前的发展,人们的生活水平也有了很大的提高,同时人们也认识到除了政府以外还可以从许多途径获得公共服务,现实的社会环境和管理机制也为其他公、私组织投资公共服务业提供了可能,而事实上人们也从这些非政府部门提供的公共服务中获得了更好的回报。如教育、医疗等的多元化发展。另一方面,市场机制在中国的发育使各种公共服务如住房、社会保障等"公共福利"的供需条件有了许多变化,消费者对教育、医疗、住房、社会保障以及公共物品和服务的支付能力日益提高,而公众对这些公共物品和服务的需求却超出了政府的提供能力,这些都为私人供应商通过市场机制提供这些物品提供了条件。

萨瓦斯的总结和分类是非常客观的,虽然并不全面,但是它的经济学背景正印证了我们的观点,即我们认为在私人部门参与公共服务方面,主要的原因是经济的。例如,佛山项目主要原因是建设成本和经营成本导致招收私人部门参加投标的。实际上在国际范围内,当年积极推进放松规制让公共服务部门由私人资本投资,私人部门参与管治的撒切尔夫人政府,就是为了财政原因。除了经济原因,处于第二位的动力是政府责任原因。广州公共汽车的再管制并不能为政府带来财政收入。让各种资本竞争经营,让私人部门参与主要是因为竞争带来更好服务社会公众的政府效率,尽管垄断经营可能为政府带来更多经济收益。处于第三位的动力是私人部门的经济利益驱动。例如,广州"楼巴"的存在,这是私人部门经营房地产必要的补充,否则其开发房产没有客户购买。私人部门参与管治,是私人部门获得非公共服务经营权的自然衍生。当然政府精简机构、提高效率也是一种动力。

总之,私人部门参与公共服务管治的动力可能有四种类型:政府利益驱动、政府责任驱动、政府效率驱动和资本利益驱动。

2. 私人部门参与公共服业管治的常见形式

E. S. 萨瓦斯在研究民营化中探讨了如何更多地依靠私人部门进行制度安排,并在对国际经验进行系统整理的基础上,列出了一系列私人部门参与公共服务的具体的机制和方式(表3—7)。

表3—7 公共服务私人部门提供的模式

委托授权	合同承包	部分服务
		全部管理
		政府监控代表参与管理
	特许经营	场域特许使用
		租赁
	补助	
	凭单	
	法令委托	
政府撤资	出售	给合资企业
		给私营业主
		给公众
		给雇员
		给使用者或消费者
	无偿赠与	给合资企业
		给公众

续表

委托授权	合同承包	部分服务
		给雇员
		给使用者或消费者
		给原来的拥有者(归还)
		给特定的群体
	清算	
政府淡出	民间补缺	
	撤出(卸载)	
	放松规制	
国际合作	政府规制	

资料来源：E. S. 萨瓦斯，2001。

中国从 1978 年改革开放开始，就已经在社会经济的各个领域逐渐引入民营化机制。最先从农业部门开始，允许实质上的私营农业取代国有和集体农场，从而导致了粮食生产的大幅度提高；从 80 年代开始，又允许私营工商企业的存在，并涉及多种所有制形式，如合资、合伙、外资、独资、乡镇企业、股份制等，都从事实上证实了私人部门在社会经济领域和社会发展中的重要作用，1994 年市场机制在中国的确立使私人部门的地位得到了肯定。相应地，在公共服务领域私人部门(企业)也发挥着越来越重要的作用。

以公共基础设施领域为例，在过去我国的公路、铁路等交通基础设施都由政府部门投资修建，并由政府部门拥有和管理。其主要依据在于基础设施对于国民经济和人民生活十分重要，作为重要的公共物品，它使全社会都受益。但是它所需资金却十分庞大。因此，这种责任只能由国家或政府承担，一般私人部门也无力承担。而当前的事实是，我们的国家和政府在社会发展中面临资金短缺，而所要承担的责任又是如此众多，远远超过了公共资金所能承受的极限；另一方面，随着多种所有制在中国的发展以及市场机制的发育，使私人部门的力量得到了大大的增强，因此我们看到的是越来越多的私人部门参与到基础设施的建设和运营中。通过公私合作的形式投资、设计、建设、管理甚至拥有基础设施，从而使公共服务的管治主体有了进一步的发展，并且使公众对政府的依赖减少，而需求却得到了更大的满足。政府部门也通过管治实现了对社会的治理，对社会生活的丰富创造（表3—8）。

表3—8 中国公共服务业领域公私合作类型连续模式

公共服务业公私合作模式	描述
政府部门	传统公共服务供给模式。
国有企业	在公共服务的重要领域如供水、电力、电信、交通运输等重要基础设施中发挥着极为重要的作用。目前正在进行商业化（实现管理上和财政上的自治）和公司化（所有权和管理权分离）改革。
服务外包	以合同的形式承包给私人部门（如清洁、环卫、治安、基础设施的维护等）。
运营和维护的外包或租赁	与服务承包类似，但私人部门对公共服务或物品的经营和维护承担全部责任，但不承担任何资本上的风险。
合作组织	非营利和志愿性的合作组织也参与到公共服务领域，如农村医疗合作社。

续表

公共服务业公私合作模式	描述
租赁—建设—经营(LBO)	在这种形式下,私人部门被授予一个长期合同,利用自己的资金扩展并经营现有的公共物品或服务,通常见于基础设施领域。它往往享有根据合同条款收回投资并取得合理回报的权利,同时必须向政府缴纳租金。如香港的长江实业就以这样的方式投资了广东汕头的电力设施建设(三长电厂)。
建设—转让—经营(BTO)	私人部门的发展商提供融资并负责建设,建设完毕后就将其所有权转移给有关的政府主管部门。然后政府部门再以长期合约的形式将其外包给发展商。在规定的租期内由发展商经营,并可以通过相关方式(如向用户收费)收回自己的投资并取得合理回报。
建设—经营—转让(BOT)	在政府授予的特许权下,私人部门可以为公共服务和物品的建设速效并建设、拥有和经营,在特定的经营期限内,有权向用户收取费用,等期限结束后,所有权转让给有关政府部门。这种模式是当前最为常见的公共服务公私合作模式。
外围建设	私人部门或企业扩建政府拥有的公共物品或服务,仅对扩建部分享有所有权,但可以在经营整个基础设施,并向用户收取费用。
购买—建设—经营(BBO)	特许权下改造、扩建并经营该项目,它可以根据特许权向用户收费,同时向政府交纳一定的特许费。
建设—拥有—经营(BOO)	私人部门在永久性的特许权下,投资兴建、拥有并经营。

资料来源:E.S.萨瓦斯,2001。

当前中国各个城市根据自身的情况和政策,在公共服务的各个领域都不同程度地引入了多种建设运营模式,尤其在沿海地区的发达城市,如上海、深圳等,几乎全面开放了公共服务领域。从而满足了政府资金不足的缺陷,新的资金来源、新的运营方式、速度更快的建设和投入等都极大地促进了公共服务业的发展。

广东省 29 调整路项目国际招商①

广东省自 1989 年开通第一条高速公路以来，已建成高速公路 1 800 多公里，基本骨架网络已形成，规模效益日益突出。省委省政府根据广东省实现现代化的宏伟目标，制定了全省高速公路发展目标，到 2005 年全省高速公路通车里程达到 3 000 公里，基本形成以珠三角为中心，连接港澳，面向山区和内陆省份辐射高速公路网。为了实现这一目标，根据省委省政府的指示和批准，广东省高速公路加快产权制度改革，并准备进军债券市场和股票市场，多渠道多元化发展广东省的交通事业。

2003 年 8 月 28 日，广东省交通集团调整公路项目招商推介会在广东亚洲国际大酒店举行，标志着我省高速公路项目国际招商工作正式进入实施阶段，此次进行的高速公路招商项目共 29 个，是我国首次大型高速公路招商引资活动。预期目的有三个：一是解决建设资金不足的问题，省交通集团到 2007 年之前的高速公路项目资本金除掉政府补贴外缺口仍然高达 160 多亿元。此次 29 个项目总投资为 650 多亿元。二是实现投资主体多元化。三是取得国际融资经验，探索资本运营的新路子。

这次招商推介会是经省政府批准，由省交通集团有限公司组织策划，是广东省加快利用国际资本市场筹措调整公路建设资金的最新尝试。政府副秘书长徐尚武代表政府欢迎广大投资者投资广东调

---

① 《南方都市报》，2003 年 8 月 29 日，A05 版。

整公路项目,省交通厅厅长张远贻表示,当前省公路建设投融资渠道,从主要靠交通部门筹措资金转向交通部门与国有企业和其他经济组织相结合,形成新的投资主体。从主要靠国有资本金和银行贷款的单一筹措资金转向多种方式筹资。从国有资产单一投资辐射多种经济成分以多种方式参与的多元化投资。

同时,这次29个项目的招商项目交在由省交通集团控股的原则下,向社会全面开放。境外投资者十分关注这次招商会,共有200多家中外客商参加会议,英美等十几个国家的驻穗总领事和香港特别行政区的代表以及境内多家银行和投资机构的代表出席了会议。而国内也有多家实力雄厚的民营企业参与。

BOT 模式化解政府资金难题[1]

东莞市委书记佟星说,现在是东莞加快步伐偿还环境历史欠账的时候了,根据计划,2005年年底前,东莞市将投资50多亿元建成37个污水处理厂,全市污水处理率将达到78%,市区达到100%,这些项目将全部采取BOT模式。

政府总是缺钱,对投资动辄数亿元的基础设施建设,难免不感到压力,而建设投资长期完全依赖政府,也一定程度上导致因事业单位运营而带来运营成本偏高的结果。

民间资本则总是在积蓄着,并为找口子宣泄而发愁。

以往污水处理项目的资金,主要是通过国家拨款、国债资金、地方政府自筹、世界银行贷款等渠道,这为民营资本介入市政公用事业

---

[1] 《南方都市报》,2004年2月20日,C65版。

提供了必要条件。

广东省环保产业协会秘书长胡庆新说,当前社会并不缺资金,去年广东的居民储蓄已达1.1万亿元,缺的只是有效的投资渠道。

更有专家认为,广东特别是珠三角各地财政比较充裕,客观上为BOT模式的实施打下了较好的基础,这也成为投资商看好广东市场的重要原因,而广东人较早形成的市场意识也为按合同办事的BOT模式创造了较好的市场环境。

"按这样的速度,八年内新建163个污水处理厂完全没有问题。"广州市政府一官员说,借着BOT模式正流行之机,广州市也提高了目标,确定到2004年老八区污水处理率要达到70%,2005年达到80%,2007年前达到100%。

(三) 第三部门(社会组织)

1. 第三部门的定义

所谓第三部门,简单地说就是政府和市场以外的部门。这个概念最早由美国学者利维特(Levitt)提出。以前人们通常把社会分为两大部门,即政府部门或市场私人部门,但是在政府和市场之间还存在社会组织,它们从事的大多是政府和私营企业不愿做、做不好或不常做的事(Levitt,1973)。

由于各个国家或地区的历史、文化和法律上不同,因此在界定这一部门的时候各自强调不同的侧面。在英国和印度,人们的注意力放在"志愿组织"上;在法国,则多提"社会经济"这一名词;在东亚,"社团"是最常用的概念;在转型国家,"公民社会组织"最为时髦;在发展中国家,则多提"非政府组织"。总之,这些概念有交叉又有重叠,在本书我们以"第三部门"指代这类组织,它相对中性,含义也较广,同时可以避免由望文生义而产生的误解。它有以下四个特征(王绍光,2000)。①组织性:意味着内部有规章制度,有负责人,有经常性活动。非正式的,临时的,随意性的聚会不能算作第三部门。②民间性:意味着在体制上独立于政府,既不是政府的部门,也不受制于政府。但是并不意味着完全不拿政府工资,不接受政府资助,或完全没有政府官员参与活动,其关键是民间性质的。③非营利性:意味着组织不能将利润分配给所有者和管理者。虽然可能也可以赚取利润,但利润必须服务于组织的基本使命,而不是由所有者和管理者享有利润。不以营利为目的是第三部门与私人组织或企业的最大区别。④自治性:自治性意味着各个组织自己管理自己,既不受制于政府,也不受制于私营企业,还不受制于其他第三部门。⑤志愿性:意味着参与这些组织的活动是以志愿为基础的。但并不是说组织的全部或大部分收入来自志愿捐款,也不等于说工作人员大部分或全部都是志愿者。只要参与者是志愿就符合要求了。

第三部门通常分为以下四类。一是学术性团体,指从事情自然科学、社会科学以及交叉科学研究的团体。二是行业性团体,指由同行业的企业组成的团体。三是专业性团体,指由专业人员组成或依靠专业技术、专门资金从事某种事业而成立的社会团体。四是联合性团体,指人群的联合体或团体的联合体,如工会、妇联等。在1996年的全国性社团中,这四类组织分别为680个(38%)、410个(23%)、520个(29%)和180个(10%)(吴忠泽,1996)。

另外还有一些学者引入主体加功能的分类标准,将中国的全国性社团分为17类:产业部门,如各种行业协会、管理协会;社会服务与社会福利,如基金会、慈善组织;公共事务,如市长协会、交流协会;

第三章 中国公共服务管治的主体结构

信息与技术服务，如咨询组织、消费协会；卫生，如医疗服务组织；体育，如运动协会；教育，如各种教育服务组织；文化艺术，如电影、音乐协会；新闻出版，如广播电视协会；科学技术，如各种科普组织和自然科学研究会；人文社会科学，如人文社会科学的各种学会、研究会；环境能源，如环境协会；特殊性质企业行业组织，如不同所有制企业的行业组织；职业组织，如同业公会；地区组织，如区域性协会；个人联谊，如种种兴趣组织和联谊会；其他组织等（俞可平，2000）。

还有一种分类将第三部门分为九大类：同业组织，即相同行业的专业性学会，它们对本行业的工作或活动已经不具备法定的管理权力，但仍然有指导性的作用，如各级商业、制造业协会、物资供销协会等；行业管理组织，这是社会转轨时期的特殊产物，前身大多数是政府的行政管理机构或权威的行业管理机构，具备准行政机构的性质，如中国轻工协会、中国贸易进出口促进会等；慈善性机构，其主要作用是社会救济，如红十字会、慈善总会、残疾人联合会等；学术团体，即学者的同人组织，如地理协会、化学协会等；社区组织，其主要特征是从事社区性的管理和服务工作，如村民自治组织、居民自治组织、社区治安等；职业性利益团体，如私有企业主协会、教师协会、律师协会等；公民的自治组织，即公民为捍卫自身的利益而自愿组成的互助性组织，如城市和农村中的互助会、救助中心等；兴趣组织，也就是公民和各种爱好组织，如各种俱乐部、话剧社、歌友会等；非营利性咨询服务组织，大量的民办非企业单位基本上都属于这类民间组织（俞可平，2000）。

接下来的研究中，第三部门、民间组织、社会组织、非营利组织和自愿组织等几个名词在不同的场合会分别使用，它们将被当作等价词交替使用。

2. 第三部门在中国兴起的原因(吴锦良,2001)

(1) 计划失灵和集权失灵。1978年之前,中国基本上是"单一部门"治理体制,政府控制着社会的所有领域,市场领域不存在,也不存在明显的"第三部门"(非正式的民间团体一直都存在)。教育、卫生、社会福利等公共物品和公共服务完全由政府提供,大多数情况下是由政府办的事业单位充当供给者。这些事业单位纳入国家机构编制,由财政提供经费,虽然它们不是营利的组织,但也不宜列入第三部门。当时的社会团体也类似,只是少数几个官办的人民团体,与真正意义上的"第三部门"相去甚远。

1978年之后,改革的步伐逐步加大,中国政府也逐渐出台了一系列的松绑、放权式改革,其中最重要的一个方面就是事业单位与政府的关系的改革,事业单位逐渐从政府脱离,大部分单位的经费开始部分或完全自筹,在公共服务的供给上逐渐采用市场化的运作机制,同时也带来了许多由民间兴办的非营利组织为公众提供公共服务和物品。社会团体的民间性也不断强化,同时新兴了一大批"民办非企业单位"及基金会(为公益组织提供资金的非营利性机构),这些都反映了中国第三部门从数量上的增长。

(2) 市场经济的确立。中国是一个社会主义国家,随着改革开放,人们逐步认识以把政府让出的空间转给私人部门(企业)给社会发展带来了巨大的促进作用。改革的前十几年是破除政府神话的过程,随着市场经济的逐步确立,人们也认识到市场不是万能,有些政府做不好的事,私人部门同样做不好,存在政府失灵的同时也存在市场失灵。但是,打破市场神话并不意味着回归过去,在有些领域,政府干预是必需的,只是干预方式要改变。在另外一些领域,即使市场解决不了的问题,也不一定要政府再来干预,这正是第三部门存在和发展的空间。至今,中国已培育出了20万个左右的社会团体和近80万民办非企业单位(民办非企业单位指我国由民间举办的即公民个人、个体和私营企业、社会团体及其他社会组织举办的不以营利为目的的教育、科技、文化、卫生、体育、社会福利等公共服务机构)。比如,行业协会、各种互助性的自愿组织、形形色色的企业家俱乐部等,这些社会组织正是私人部门为了自己的利益、寻求公平的竞争环境、增强市场竞争力的有效途径。

中国民间非政府组织、社团等第三部门的发展[①]

中国的第三部门真正形成是在清末民初,虽然在商业和运输业领域很早就有自主的行会组织,但在20世纪前这些组织还不是现代意义上的民间组织,而是传统的帮会组织。20世纪后受西方文明的影响,相对独立于国家的民间组织才开始活跃起来。有关资料反映20世纪上半叶中国的民间组织大约有1 000多个,而另一些研究则估计有80 000多个。

1949年新中国成立后,在经济上推行社会主义公有制和计划经济,在政治上实行以党的一元化领导为核心内容的高度中央集权体制,之前形成的民间组织几乎全部消失。例子如农村中原来长期存在的庙会、宗亲会、祠堂、同乡会等农民自发成立的民间组织都不复存在。只有少数特殊的团体如"民盟"、"民进"、九三学社等团体作为

---

① 俞可平等:"中国公民社会的兴起及其对治理的意义",http:www.cccpe.com/text/47.html;苏力等,1999。

民主党派被保留了下来。由共产党自己创办的工会、青年团、妇联等团体则作为群众组织发展起来,但其数量和种类也十分有限。50年代初全国性社团只有44个,1965年不到100个,地方性社团也只有6 000个左右。这些社团的类别也十分单调,主要是工会、共青团、妇联、科协和工商联等九类群众组织。

80年代后,由于实行了改革开放,中国的社会发生了根本性巨变。改革开放的重要成果之一就是使中国的公民意识开始觉醒,市民社会开始形成,民间组织等第三部门赖以存在和发展的经济、政治、法律和文化等环境发生了根本性变化,从而第三部门得到了大规模的发展。1989年,全国性社团增至1 600个,地方性社团达到20多万个,虽然1989年的政治风波对社会组织、民间组织等第三部门团体的发展有所影响,短期内数量有所减少。1992年全国性的社团为1 200个,地方性社团约18万个。但不久后民间组织等第三部门组织数量即重新回升,至1997年,全国县级以上的社团组织即达到18万多个,其中省级社团组织21 404个,全国性社团组织1 848个,县以下的各类民间组织至今没有正式的统计数据,但保守的估计至少在300万个以上。除了社会组织外,改革开放后中国还发展了另一类比较特殊的组织,即民办非企业单位,它们也属于第三部门。民办非企业单位是指民间的服务性事业单位,它们不享有国家的经费资助,通过向社会提供有偿性服务维持运转,并不以盈利为目的。据初步统计,到1998年这类组织达到了70多万个。

同时,还有相当多的没有或基本没有政治色彩的地方性或社区性社团组织形成。它们往往没有遵循有关法律规定到有关部门登记,也没有什么系统的成文规则,或是在另一种意义上可以称为非法社团(或非正式组织)。但是它往往是一些分享了某种共同爱好、志趣的人们自发地并在无意中组成的,并且在此过程中也逐渐形成了一些实际遵循的规则。就其社会功能而言,它们实际上是社会组织,并且在社会生活中已经获得了人们的认可。这些都是中国第三部门的重要组织部分,它们在解决中国公共服务需求方面起到重要的作用。

(3) 政府职能的转变。中国改革一个重要方面就是政府职能的转变,而它又涉及两个方面的内容,第一是还权于市场外,第二是还权于民。调整政府和社会的关系,把政府不该管、干不了、干不好的职能转移给各种社会组织来承担。当前,越来越多的原来由政府承担的社会管理事务已经由各种社会组织接管。而第三部门的发展正是得益于这种越来越宽松的政治环境,从法制和法治的改革,到行政体制、领导体制、选举制度、监督制度、党政关系、中央与地方的关系等,这些变革都直接或间接地促成了第三部门的形成和发展。只有将政府的职能转移到社团、民办非企业、转移到社区居委会、农村的村民委员会,让他们依法行使政府赋予他们的权力,这样才能降低政府成本,增加社会效益。而且,政府权力下放到广大的性质多样化的第三部门(包括非营利组织,非政府组织,社区自愿团体等),权力不仅不会乱用,还会得到广泛的监督。

(4) 物质生活水平的提高。改革开放所带来的巨大经济效益,为各种民间组织的确立和活动创造了必要的经济条件,绝大多数民间组织必须自筹资金,在经济匮乏或缺少经济自由支配权的情况下,民间组织的经费若没有政府拨款就很难筹措。物质生活水平的提高为整个社会不论是企业还是个人都带来了巨大的可支配收入,这些都成为包括民间组织在内的第三部门发展的主要经费来源。

另一方面,中国公民的生活水平在二十多年间得到迅速提高,生产率的提高增加了公民的休闲时间,使公民有时间从事各种兴趣活动,收入水平的提高使公民有能力从事这些活动。因此,大量的自发性的民间兴趣活动组织蓬勃发展,如各种俱乐部、运动协会、私人联谊会、旅游团体、环保团体等。

(5) 公民意识的觉醒。改革开放二十多年是中国公民从单位走向社会的过程,也是公民意识觉醒的过程。随着中国市民社会不断的形成和发展,公民意识也在不断强化。公民意识是公民社会或称为市民社会的灵魂,它强调了作为公民对社会的责任和义务,强调了互助和合作,强调了自我规范,处理社会冲突的基本价值和基本技术等。这些都反映了社会的发展趋势,要想拥有更多权利,让国家更少地介入公民的私人领域,首先就要求我们每个公民要像公民那样,对自我负责,成为自治的公民。只有这样,公众才会对公共服务供给拥有更大的选择权,有权界定并处理共同的需求,而不是对国家或是私人部门的过分依赖。他们在更大程度上依靠邻居、社区组织、宗教团体、协会或其他志愿团体。第三部门的引入无疑扩大了选择权,提供了强化传统民间组织和社区精神、增强社区意识的机会。

3. 第三部门发展对中国城市管治的影响

(1) 促进公民社会的形成和发展。第三部门的发展增进了人与人的相互合作、相互信任,促进了社会诚信的发展,同时它们又反过来促进了第三部门的发展。这正是公民社会(也称为市民社会)的基础。

(2) 承担了大量微观的社会服务和管理职能。中国政府改革的重要的一个环节就是分权,将权力下放。这种放权并不仅仅是在政府内部各层级间的权力转移,还包括相当部分权力向市场、向社会的转移。这不仅是第三部门发展的重要契机,同时也使第三部门在承担大量社会公共服务过程中不断壮大。

(3) 提高公共服务的运营效率。第三部门本身就带有灵活、高效的特征,这是因为它建立在相互信任、认同的基础上,组织内部的摩擦成本可以减少到最低。因此,在习惯上由政府提供公共服务产品的领域第三部门往往有更高的运营效率。第三部门的效率既得益于政府职能的重新定位,还得益于市场竞争机制的引入。

(4) 满足社会多元化需求。城市作为人口最为密集的地域,必然存在各种各样的兴趣、价值观念、经济利益,进而分化为众多的阶层以及各种各样的利益集团,因此,在社会需求上必然表现出多元化的特征。而当前的政府并没有这样的能力来完全满足各方需求,必然借助外力来实现公共服务的供给。第三部门正是在这样的条件下发展起来,它也是社会多元化的结果。于是多种主体参与到社会的运作中,从而在各主体的相互冲突协作中形成各种各样的管治结构。以需求的多元化为基础的供给多元化也随之形成(吴锦良,2001)。

(5) 使城市管治的结构更为稳定,力量更为均衡。管治的核心之一就是公众的参与,广大市民以集体参与的形式组成各种各样的第三部门组织,从而也使公民社会更加壮大,在国家—市场—市民社会(或称为政府部门—私人部门—第三部门)的管治结构中占据重要的一极。也是避免政府失灵和市场失灵的最佳途径。

(四) 公民自身(家庭)

在当前中国的公共服务管治结构中,把独立于组织之外的公民个人(或家庭)当成管治主体之一是因为在公共服务的供给中,公民自身事实上起到重要的作用。在某些方面往往通过个人及家庭单位就能够解决公共服务的需求问题。这样的例子在中国的转型过程中尤其显著，这是因为以前的公共服务供给体制是政府单一制，但是现在是政府逐渐将公共服务的生产和供给职能转移给社会，并逐渐向多元化发展。而转型时期社会力量还不够强大，同时社会运行机制以及社会规范都还不完善，因而必然造成在公共服务供需上的不对称，不平衡。这正好促进了公民自身力量的发展，以自我供给的方式实现供需平衡。比如，在广州的许多城中村地区居民往往在自家配备简易消防器材，以备不时之需。又如在粤北山区不少地方，由于公共卫生体系的萎缩，使保健、防疫等公共卫生服务往往只能依靠群众自身力量。请看以下案例（E. S. 萨瓦斯，2001）。

自我服务

作为一个自我服务单位，家庭是人们在住房、健康、教育、福利和人力资源等方面最古老也最有效率的服务部门，它为其成员提供了广泛而重要的服务。由于对传统学校不满，一些家庭勇敢地抵抗难以克服的官僚阻力，把小孩留在家中接受教育。从上幼儿园到12岁的儿童中，大约有2%在家里接受教育。

在美国，每八个就业人员中大约有一个直接照顾老年父母，这个比例预计到2002年将增至三倍。在日本，60岁以上的老人中有70%的人和年青的亲属住在一起；在美国，这一数字仅为6.3%，因此，由政府支持的疗养院落和敬老院在日本需求较少。

另外，社会习俗和传统也会影响公共服务的供给，如养老等属于典型的社会福利服务,但是中国历来具有家庭养老的传统。因此,即使为老年人提供养老院等福利设施,仍然未能得到社会的青睐。整个社会的主流仍然以家庭为单位提供着现代社会本应提供的社会养老服务。以我们2005年7月在深圳市宝安区所作的社会福利等公共设施调查为例(表3—9)。

表3—9 2005年深圳市宝安区社会福利设施(敬老院)基本情况

机构名称	占地面积(平方米)	建筑面积(平方米)	容量(床)	入住人数(人)	入住率(%)
宝安区福利中心宝馨颐养院	19 000	20 069	180	9	5
宝安区西乡敬老院	9 724.8	6 568	98	52	53.06
宝安区福永敬老院	8 000	4 560	32	29	90.62
宝安区沙井敬老院	12 127	12 700	146	29	19.86
宝安区松岗敬老院	22 000	7 600	60	44	73.33
宝安区公明敬老院	10 000	2 000	48	27	56.25
宝安区石岩敬老院	20 000	42 000	27	8	29.63
宝安区龙华敬老院	6 570	4 397	60	17	28.33
宝安区观澜敬老院	50 000	6 000	52	30	57.69

从现状来看,当前宝安区各福利设施入住率偏低,一个达到50%以上,一个达到40%以上,大部分都在30%以下。如宝馨颐养院现状180人的床位容量只有9人入住。社会福利设施的投入资金来源大部分来自市、区、街道政府,少部分是捐款和社区自筹。说明了社会福利服务在当前的中国城市仍然以家庭为主,在有关设施的建设投入上仍然以政府为主,还没有形成社会共建的风尚。同时也反映出公共服务产品供给不应一概而论,也说明影响公共产品供给

的因素多种多样,具体采用何种供给模式除应考虑公共服务产品的性质外,还必须结合地方的社会生活习俗、经济发展状况等来安排。

(五) 管治主体间联系

各管治主体政府、私人部门、第三部门(社会组织)等(包括内部各行为主体或利益主体)之间的关系归纳起来表现在以下几个方面。

1. 权力关系

这种关系可以说是公共服务业管治主体间联系中最主要的方面,也是决定管治结构和管治模式最重要的因素。它包括各个主体之间权力的分配,还有政府对公共服务业运营的规制:不仅包括对相关运营主体的规制,还包括对整个运营过程的规制。另外还有非常重要的一点就是财政税收体系,中央和地方政府税收结构,政府对私人部门的财税政策等都会直接影响到管治主体的行为能力。在权力关系中政府常常拥有绝对主导的地位,随着社会的发展,其他主体的力量在逐渐增强。但是到目前为止,这种权力关系的变化主要还在于不同层级政府之间,私人部门以及第三部门等还不能成为在权力上和政府抗衡的重要一极。

2. 市场联系

由于对市场资源的占有程度不同,因而在市场化的公共服务产品的生产供给过程中必然会造成各个主体间力量的不同。私人部门成为市场运营中最强势者,因而在市场化的公共服务产品的生产供给中,私人部门自然最有优势。也最有可能成为这类产品生产供给的主体。

第三章 中国公共服务管治的主体结构

3. 政治关系

各个管治主体间的政治关系主要表现为各种正式和非正式的委托关系、赞助或支助关系、选举关系等,这种关系往往使主体间的关系更为复杂。这不仅因为在正式和非正式关系中存在变化序列,而且这种复杂的正式和非正式关系还存在各主体内部和不同主体之间。

4. 控制能力关系

通常控制能力代表了管治主体参与管治的能力和水平,它不仅可以影响权力关系,也影响到政治关系。如果行为主体的控制能力足够强,则可以通过各种方式(一般的影响、游说、暴力甚至威胁等途径)去影响权力的分配,还可以通过正式或非正式的途径去影响政治关系,这些都直接影响到主体参与管治,从而最终决定了管治结构中各主体间的关系。

通过对管治主体关系的简要分析,我们可以看出,这些关系事实上是互相制约也是互相影响的,而且直接决定了管治结构和管治模式。比如,私人部门在市场上的绝对优势使其对政府的影响越来越大,他们可以通过各种正式和非正式的途径,影响权力关系和政治关系,那么政府则可以通过授权、委托等途径使公共服务业的生产供给市场化,从而形成市场主导型管治模式。同样,第三部门也可以发挥自身的优势和独特的补充作用,通过改变权力关系、政治关系等形成民间主导型管治模式。

第四章 中国公共服务业管治模式及其形成机制

从原则上讲,公共服务业管治包含以下两方面重要的内容。第一是代表性和参与性,即在行为决策的过程中包含了哪些行为主体?这些主体之间的关系如何?是否体现了各主体的利益等(Devas,1999)。第二是结构性与适应性,即在采用何种管治方式运行,或者说什么条件下什么模式合适。在明确了中国公共服务的主体结构后,我们可以研究中国公共服务业的管治模式。

需要强调的是,我们对中国公共服务业管治的探讨是基于全球化、市场化和快速城市化这样复杂的经济和社会转型的宏观背景上的。这里的社会转型无疑包括了社会结构的调整、经济上的放松规制、国有资产改革以及政治的民主化进程,而这些都与分权运动、中央向地方的放权以及大力推进民主参与分不开。在这一社会转型过程中,管治的思想逐渐在社会中确立,为了实现社会的持续发展,各种措施和方法都纳入到社会管治中。不论是哪种模式都与具体社会背景相协调,在不同的城市和地区,因为生产和生活方式以及社会文化、习俗的差异,在不同的治理内容上就会有不同的模式,因此多样化是管治的一个十分重要的特点,它本身就意味着没有一种单一和普适的结构。

我们识别管治模式的基础是由公共服务业管治的主体类型及其各自的特征而展开。我们总结了广州基本的公共服务管治情况,认为城市公共服务业管治模式包括:政府主导模式、市场主导模式、第三部门主导模式、草根模式(以各个独立的个人为主体的模式)以及混合模式。我们还讨论了城市的何种管治模式适应何种具体情况;在特殊条件下,最能解决具体问题的模式,也是最有效率的模式是什么。为简便起见,我们以下称城市的公共服务业管治为城市管治,除非特别说明。

第一节 公共服务业管治模式

城市管治为市民社会和私人部门提供了参与决策和增强自身能力的活动空间,并且增强了他们在多元化的决策体系中,影响集体决策和战略以及公共服务制度安排中的影响力。同时,政府部门也认识到传统社会治理模式的缺陷,积极地进行自身的改革。中国当前的改革开放包含了政府改革,对未来政府治理模式的探索也在积极地进行中。总的来看,当前的城市治理体系中有以下几种趋势。

第一,市场化趋势。这是因为传统的社会治理模式存在越来越僵化的官僚性,从而无法提供充分的激励机制以鼓励社会运行更有效率。而市场机制是分配社会资源的最有效率的机制。

第二,弹性化趋势。当前的社会治理问题越来越复杂,普适的或是稳定的治理模式愈发不能适应社会的需求,弹性化治理表明了适应这种复杂性的趋势。在不同的领域,针对不同的问题有不同的治理方式,既可以是集中,也可能是分散。例如,有些政策的执行需要不同部门的协调和配合,因而需要组织一个综合性权威对既有的组织和政策进行控制与协调。而小的机构或组织相对于大的机构和组织更有效率，因而在相当多的场合是权力的分散。

第三，精英化趋势。管治中的民间力量主要来自中上阶层以及专业人士阶层。他们不仅在政府部门起到重要作用，而且在非政府组织中也起到重要甚至是决定性作用。这些参与者本身就已经拥有了管理的能力和丰富的实践经验，因此在新社会治理模式形成过程中必然发挥重要作用。

第四，广泛的参与趋势。参与是20世纪90年代的主要政治议题之一。克林顿和布莱尔都曾公开表示过在这样一个时代，如果没有公众的参与，政府很难将其行动合法化。它从政府层面反映出政府正致力于寻求一个政治性更强、更民主、更集体性的机制来向政府传达信号。另一方面，从非政府领域来看，越来越多的市民也认识到自身的重要性，不断将其个人财富捐助给社会，将其个人技能、个人时间以及各种个人的努力服务于他人、服务于社会。义工、志愿者队伍的壮大就是例子。如广州提出在2004年义工队伍达到60万，也就是全市总人口的10%，反映出了普通大众参与社会治理的积极性的增长。

第五，离政治化趋势。当前政府正致力于有活力的市民社会的建设。对市民的教育和创造有活力的市民社会并不是为了使市民社会更加具有政治性，而是为了充分调动广大市民的参与性，使政府和民间能够实现信息的充分流动。

根据城市治理出现的新趋势，不难看出在公共服务领域的城市管治模式相应地也具有许多新的特点，政府、市场与市民社会的特点以及相互间的关系都影响着公共服务管治的特点以及模式。

第四章 中国公共服务业管治模式及其形成机制

一、政府主导模式

政府主导型模式是中国城市管治的传统模式。这种模式的权力导向从社会主体关系来讲是由上至下型,它以政府为主,强调绩效、效率和能动性,它主要是从技术层次上改良政府的管理水平,引进市场机制,加强绩效评估。在公共服务的运营中加强社会参与,合理调整中央和地方的关系。这是一种理论化、模型化的管治模式,是一种政府管理—供给模式,它的特点是更关注应该做什么而非事实上发生了什么。它与当前风靡全球的"公共管理运动"目标相一致,即通过政府行政管理方式的改革实现社会效益的最大化,是绩效(目标)导向型模式。在公共服务的供给中,政府通过制度安排和制度变革,包括规制或是放松规制以及再规制等手段来实现最佳的供给水平,同时实现利益机制的调整,包括私人利益公众利益和政治家利益三大利益集团之间利益冲突、调整和平衡。在中国尽管正在大力进行全方位社会改革,但是长久的计划经济体制传统以及社会文化等因素使这种模式仍然处于主导和核心地位。

我们认为,在这种模式里又可根据政府的垂直和水平关系或是上下级政府间的权力关系分为两种类型:强中心—弱水平型和弱中心—强水平型。在广东城市内部,这一模式主要表现在市—区(县)—街道(镇)这三级政府之间的权力关系上:在某些情况下是以市一级政府组织为主导的强中心—弱水平模式,某些情况下则是以区、街等基层政府间紧密合作为主、市级政府宏观调控为辅的弱中心—强水平模式。

(一)强中心—弱水平政府主导型(集权模式)

在这种模式中有一个居于核心位置的上级政府,若干下级政府则居于从属地位,或者说在决策过程中起到辅助的作用。中国的政府层级由上至下基本上分为五级:中央、省、市、区(县)、街道(镇),上级政府对下级政府的领导作用使在许多公共服务的生产供给中上级政府居于核心位置,下级政府则是接指令、完成上级政府安排的任务。这种模式在相当长的时期对整个国民经济和社会公共生活的建立和发展起到至关重要的作用。大大降低了摩擦和试验成本,节约了社会资源,因而在特定时期、特定项目的安排上采用这种模式是最佳途径。但是这种模式的缺点也是显而易见的,即容易滋生官僚腐败,缺乏灵活应对机制。随着中国市场经济体制的建立和发展,这种模式会逐渐减少适用范围,往往只是在关系到全局性的,具有战略意义的公共服务体系中起作用。当前在国防、铁路运输、通信、电力输送等公共服务普遍采用这种管治模式。

(二)弱中心—强水平政府主导型(分权模式)

这种模式是随着中国的改革开放逐渐发展起来的。随着越来越多的政府职能由上至下逐级下放,地方政府的主动性和权力不断加强,地方政府在各种制度安排中也就发挥了越来越重要的作用。尤其是在公共服务领域,地方政府能力的大小直接反映出来的就是公共服务水平、社会公共利益的保障程度和发展程度。

另一方面,同级地方政府之间在具体项目的安排中不断地协商谈判,最终达成一致的过程往往也导致各个利益集团间的利益最大化。既包括同级不同地方政府间的利益,也包括具有层级之分的同

第四章　中国公共服务业管治模式及其形成机制

属于低层级政府的利益。当前这种模式最多地表现在公共基础设施的建设中。如涉及跨地区的基础设施建设,如公路交通选线、垃圾处理站场的选址和建设、供水管网的铺装等公共服务项目,都面临着多个地方政府主体间的利益的平衡,只有充分考虑到各主体间利益最大化,并且建立在对话基础上的管治才能导致最佳效益。

二、市场主导模式

市场供应模式在我国改革开放过程中引起相当大的争论,这种模式的核心是市场机制在生产供给安排中起主导作用,它以私人部门(或称为市场化企业)为公共服务的主体,以市场机制为运行手段。一些人所谓新自由主义的学者认为,公共物品的优效物品具有拥挤性,具有公共部门提供的私人产品性质,如教育、预防保健、医疗卫生、住房、文化娱乐等,它们都可以通过私人生产甚至供给以实现效益最大化。以市场机制为运行手段,至少可以保证这些物品的公共服务。在我国城市居民的医疗、住房在过去采用的基本上是政府供模式,住房业成为了政府供应的公共产品,而医疗成为了城市居民的公共福利。住房制度改革使住房成为私有物品,医疗制度改革使公共福利退出医疗业。几乎同时,许多公共服务在最近几年被"放松规制",最近几年然而这种做法、想法与公共部门提供公共产品经常冲突,医疗制度改革的困难就暴露了这种冲突。实际上,在私人物品的生产供给中市场机制无疑是最佳的运行方式,但是涉及公共服务业中的各个项目,市场机制的作用则有很大的区别。特别是公共服务业便是个完整的体系,如果没有社会保障服务业,医疗服务的市场供应主导就会陷入困境。

市场主导模式并不是否定政府的作用,恰恰相反,政府在其中起到的是掌舵的功能,通过制定相关政策也就是通过各种规制或是放松规制来安排指导市场的运行。如签订合同或协议、进行公开招标,将公共服务项目承包给私人企业,或是授予经营权、参股等手段。这种情况在广州交通的发展中特别突出。明确这种管治模式越来越成为发展主流。

关于广州华南板块的对外交通问题①

目前,在广州房地产界最为红火的地区要属位于番禺区北部的华南板块了,其原因不仅在于相对较低的房价和较好的居住环境,还有一个重要的原因就是相对其他郊区楼盘更为方便的对外交通。公交线路也相对较密。这些直达小区的公交线路都是发展商与公交部门协商的结果,发展商给公交公司一定的补贴,同时公交公司在车辆档次、到站时间、站点选择等相关服务方面给予一定的优惠和保证。

以 129 路为例,原来该线只通到广地花园,后来南国奥园提出要求并与公交公司达成协议给予一定的补贴,129 路于是延长到南国奥林匹克花园。又如到达广州雅居乐花园的 278 路公交线路,该线也是雅居乐的开发商与公交公司交涉协商建立的。根据协议,该线走华南快速干道,且在华南板块里不停留。

从华南板块案例我们可以看出,公共交通服务的生产和供给已经不再是政府单方面的职责了,市场机制使私人部门也加入到这一公共服务运营的行列。政府和企业的协商带来的是政府和企业以及

---

① 《南方都市报》,2003 年 8 月 29 日,C73 版。

广大市民三方的受益。政府减轻了公交服务生产供给的负担,加速了城市的开发,企业通过与政府的协商也促进了所开发物业的市场需求度,带来了巨大的利润,同时广大市民也从中实现了公交需求。所以华南板块的对外交通服务管治模式是市场主导模式,它是企业主动与政府部门协商的结果。关于这方面的合作治理模式同样出现在公共服务的其他领域,比如教育服务。

三、民间主导模式(草根模式)

这种模式的权力导向是由下至上,它以市民社会的内部治理为主,市民的参与性和能动性最高。尽管在这种模式里会有精英化趋势,但是却代表了一种截然不同的社会治理方向,即来自于主流权力——政府(国家)以外的另一种力量。虽然在中国它还处于刚刚起步的状态,但是在越来越多的场合它表现出了旺盛的生命力。这种创新的力量既来自社会也来自国家。随着改革开放,中国的政府组织不断进行改革,尤其在领先发展地区,政府的职能和行为方式已经有了很大的变化,政府组织本身有一种创新的冲动。政府职能与行为方式的转变内含着政府(国家政权)与社会关系变化的内容。社会力量日益增强,各类社会团体都在寻找自己更大的发展空间,它们不愿坐失良机,从而成为这种模式形成和不断创新的动力。它是一种需求——进入模式,强调事实上发生了什么,并且实际的对策是什么。也即是一种问题导向型的管治模式。从严格意义上讲,它更代表了新的管治发展方向,随着社会民主的继续推进,市民意识的强化,这种模式会越来越成为主流,并成为最高效的模式。它也可以分为两种类型,即以第三部门(社会、民间组织)为主体的社会组织主导模式和以各个独立的家庭单位或是群众、个人为主体的个人主导模式。

草根模式的典型发生在城中村。城中村是20多年来中国城市快速发展新出现的城市现象,尤其是在特大城市以及沿海城市,城中村的问题更是突出。对于城中村出现的各种问题和矛盾历来都是十分尖锐的,也是城市政府十分棘手的问题。但是就在最近这一年里,对城中村的认识有了新改观。如在广州、深圳,政府已经认识到城中村在给城市发展带来障碍的同时也给城市发展作出了巨大的贡献,因为它为新进城农民提供必要的公共服务,而政府由于种种原因没有或缺乏相关措施为这些新"市民"提供相关服务。

作为一种社区形式,几乎是所有到广州、深圳来闯天下的外来人进入城市的第一站都是城中村。因为一般城市社区的门槛太高,只能让新进城者望而却步,所以新进城市者选择城中村作为第一站。正是因为城中村大量的非正规经济和民间公共服务的存在才留住了如此众多的外地人,并且造就了越来越多的新城市精英。在城中村管治中既有半官方(村委会、居委会等)的作用,还有同乡会等正式或非正式的社会组织在起作用。

城 中 村[①]

"握手楼"是城中村十分典型的特征,在弹丸之地修建了密度如此之大的住宅群,很显然这些住宅肯定有相当部分是不符合建设标准或是违反许多相关规章制度的,但是容积率的提高必然降低成本,从而使租金低廉。同一地段同样大小的房屋在"城中村"的租金就可以低一半以上。因此,城中村成为新移民可能生活下去的地方。

---

① 经笔者实地考察调研整理而得。

城中村通常有许多游医,相当部分游医虽然技术水平不高,但是事实上还是具备一定的医疗技能,他们没有正式的行医执照或是资格,因而只能为熟悉的人或是通过亲戚朋友介绍或是就近服务。通常具有低廉的收费和较好的服务,社会关系和社会交际网络在其服务中十分重要。

城中村里还有许多没有正式营业执照的以个体经营为主的小店,如发廊、小型饮食档口、小士多店等,这些摊档往往避开了工商税务公安部门的管理,同时也成为外来流动人口临时就业的场所。

城中村的治安问题通常依靠地缘关系或是亲缘关系来维持。这种关系在解决社会纠纷中起到十分重要的作用,一般情况下城中村的本土村民和外来人口发生矛盾,或是来自不同地方的外来人口之间发生冲突时不到万不得已不会采取法律手段,而是采取成本低很多的社会关系(如老乡、亲戚、朋友关系)的说情、赔偿礼物来解决,在正式组织形式上同乡会往往是主要的。

尽管城中村有太多太多不尽人意的缺陷,但是我们不能否认它也蕴藏了无穷的智慧和力量。我们总能在这里发现各种游走于正式和非正式社会规范之间的行为和事件,一个被主流社会所边缘化的地带能够容纳如此多样化的人生存,并且能够解决同样多样化的公共需求不能不让我们去反思,去客观地评价它。我们更应该做的是解决问题、改进城中村。

(一) 社会组织主导模式

这种模式的主要特点是各种社会组织、民间组织、非营利部门等(包括正式的和非正式的)在公共服务的生产供给中处于主导地位,尤其是在资金的筹集上绝大部分都来自于民间,而非政府。广州一年逾七旬的老人谢岳创办了尊老康乐协会,这个协会以社会组织形式为老年人和儿童提供了本来为政府提供的公共服务。

广州一年逾七旬的老人谢岳创办了尊老康乐协会被市民评选为尊老爱幼[①]之星

广州老人谢岳于1994年创办了尊老康乐协会,为协会的老人们创造了优惠福利,开展讲座、游园、旅游等文体活动,至今该协会已吸纳了6万多名老人,每名老人享受市内1 000多家单位提供的优惠,每年免费体检。这1 000多家单位中,光各类大中型医院就超过了100家,且分布在各个区。不少老人感叹,这些优惠每年下来能省下1 000多元。

老人的经济问题是一件大事,谢岳从1994年开始,就向各个行业的主管部门联系,请求他们给老人提供帮助,得到了很大的支持,包括市卫生局、老龄委等12个部门的领导都给予了亲笔批示。在和实业单位打交道时,由于牵涉到实际利益,谢岳则不辞辛苦,一而再、再而三地登门求助,直到对方理解。直到现在,他跑遍了1 000多家单位,为老人争取到了数百项优惠。

2000年,谢岳组织了2 500位老人游北京支持申奥,引起极大的轰动。之后,谢岳又组织了近20万名老人到市内、港澳、东南亚、欧美等地旅游,使这些老人们的生活圈子扩大了许多,不仅缓解了老人

---

① 《南方都市报》,2003年3月1日,A11版。

们的寂寞,丰富了老人们的生活,同时成为老人们最美好的回忆。

谢岳这样说道:"我就是老人,我清楚老人们要什么。"他说自己走上为老人服务这条道路是必然的。自从离休后一直在思索如何为社会多做点事情,直到1993年,他从报纸上得知了江泽民主席指示要重视老人工作,发展老人事业,给了他很大的启示。像他这样的离休后还想生活得充实的老人还有很多,应该为老人们贡献力量,服务他们,也充实自己。2003年谢岳被评为羊城公德公益百星,他的事迹得到了社会的认可和称赞。

谢岳所创办的尊老康乐协会这一社会公益组织,不花政府一分钱就满足了老人们在许多公共服务上的需求,依靠民间的力量而带来了巨大的社会效益。它反映出了民间力量的成长,公民意识正在社会生根发芽。市民社会已经开始与政府以及市场发生互动联系。

(二) 个人或群众主导模式

当公共服务的政府或是市场供给不能满足市民的需求,或是提供的服务与市民的需求相去甚远时,个人就会通过自身的力量去实现这些服务需求。他们不依赖于任何组织,也不依赖于政府,而是依靠自身的力量去实现需求。这种模式往往与非正式制度有密切关系。这种方式目前还只是极少数,但是它却是客观存在的,尤其在社会多元化过程中,这种模式无疑是前几种模式的必要补充。在靠近农村的城市社区这种形式有所发生,清新县三坑镇发生的私人卫生站就是一例。在这个案例中,温志强同时告诉记者:"如果不配合政府的工作,卫生局一句话就可以关掉卫生站。"县卫生局评价:"对卫生站来说,配合我们的工作是公益性的,也是强制性的。""这套办法行之有效。"反映了政府这种公共服务管治中的社会契约关系。

清新私人卫生站[①]

温志强是清新县三坑镇安庆村第一卫生站的"医生"。他的卫生站是清新县三级公共卫生防疫体系末端的一个细胞。目前清新县像这样的村卫生站(所)有 400 多个,全部是个体,完全由私人承包,承担着最为具体的治疗和防控疾病的职能。

自负盈亏的村卫生站——必须无偿承担公共卫生责任

清新县 313 个行政村拥有 420 个村卫生站,卫生站是农民们最常接触的医疗机构,也是卫生系统获取下面信息的主要途径。清新县村卫生所在 20 世纪 80 年代初完成了改制,公办卫生所停办,取而代之的是自负盈亏的私办卫生站。

温志强从 1976 年起在村卫生所帮忙,1980 年从军队复员回老家。在服役期间,他在军队中继续学习了一些卫生知识,所以复员后又被分配到了村卫生所当大夫。后来他通过行业考试拿到了相当于中专的文凭,1984 年他筹资 4 万元开了这个经营至今的卫生站,现在他每月能盈利 1 000 多元。在温志强看来,现在的卫生站与原村卫生所最大的不同是不仅没有了固定的工资,而且每月还要向卫生局交 100 多元的管理费,这笔收费叫做"处方提成"。

他的卫生站所要承担的公益责任主要是每月督促新生婴儿的父母带孩子到乡镇卫生所接种各种疫苗,除此之外还要在发生突发事件时向乡镇卫生所汇报情况。这些工作不会花他过多的精力和时

---

① 《南方都市报》,2004 年 2 月 12 日,A10 版。

第四章　中国公共服务业管治模式及其形成机制

间,他也没有这方面的经济负担。

据卫生局副局长梁利初介绍,卫生站的硬件设施由开办人自行解决,收入来源就是治疗收费。卫生站由各乡镇卫生院直接管理,承担两大功能,一是给周围的农民提供医疗服务,二是配合上级部门开展工作。

梁利初强调,虽然卫生站都是私办,而且以盈利为生存之本,但也要承担公共卫生的公益责任,即无偿配合政府工作。

约束力下的运转——村卫生站的无偿劳动仍在继续

去年"非典"疫情暴发后,温志强感到公共卫生防疫压力增大了。

首先,他不得不自己掏钱来做这些事情,县卫生局规定,各村卫生站每天必须按时向乡镇卫生所汇报自己诊区范围内的疫情。即使没有疫情,也要每天给镇卫生院打个电话,这些电话费算下来一年也不少钱,全是自己掏的。

按照规定,卫生站还必须每天两次用紫外线和消毒水对注射室消毒,消毒费也是自己掏的。

其次,温志强每天要向来看病的人询问是否出现与"非典"或其他传染病类似的病症,还要到自己所负责的三个自然村里询问哪家出现异常情况,然后把得到的情况向上汇报。现在温志强每天要到养殖户家中询问疫情。

清新县疾病控制中心主任黄德厚证实,全县420多个卫生站汇报的信息是政府了解疫情的重要渠道之一,但没有给予他们任何补贴。而现在需要卫生站例行汇报的情况越来越多,去年下半年增加了乙脑,今年又增加了禽流感。

温志强并不反对他所承担的这些责任,卫生所或卫生站收集突发事件信息并上报,已经成了不成文的行业规定,"这是当医生的责任"。

温志强同时告诉记者:"如果不配合政府的工作,卫生局一句话就可以关掉卫生站。"

如果卫生站不履行相关工作安排,卫生局有权吊销其执照。"对卫生站来说,配合我们的工作是公益性的,也是强制性的。"清新县卫生局副局长梁利初说。

"这套办法行之有效。"县卫生局及下级卫生部门对这个信息收集体制作出了正面的评价。

四、混合模式

在分析混合模式之前,我们首先了解以下案例。

重庆陶家镇政府与村民的护河行动[①]

流域污染催生"协作式环保"

摄像机握在手中,镜头对着黢黑发臭的河水。

摄像机是从重庆陶家镇政府借出的摄像机;拍摄河水的人,是收集污染证据的当地村民——这样的摄像机"友情"支持,已经持续了三年。

这部没有主人公的DV作品的片外结局是:今年7月底,镜头中被污染的大溪河河水上游的六家排污酒厂终于停业整顿,陶家镇政府和居民的联合护河行动取得胜利。

8月底,大溪河在雨中无声地淌过陶家镇,江水依然浑浊,站在记者身边的当地人双手抱肩自信地说:"它会和以前一样清澈。"

[①] 《世纪经济报道》第7版,http://finance.sina.com.cn,2005年9月7日18:29。

污染降临

养鱼致富的小康梦破碎得很突然。那一天,承包大溪河河段养鱼的张宗荣发现他的鱼全死了。张是陶家镇九龙村村民,2000年12月,他与镇水保站签订为期十年的养鱼承包合同;2001年下半年,他发现鱼一条条地浮在肮脏的河面上。

大溪河被当地1.9万居民都称为"母亲河"。它是流经陶家镇的唯一河流,全长120公里,注入长江,陶家镇位于上段。镇政府办公室主任张万富在镇上居住已达21年,他说:"以前河水清澈见底。"

2000年起,流经镇内的河水开始变黑,河面上漂着油腻的白色泡沫,两岸臭气弥漫,沿河两岸的居民成为受害者。据当地人介绍,如果用河水浇灌庄稼,麦苗马上蔫掉,人接触过河水,浑身长红疙瘩。

镇里本来有一个自来水厂,将大溪河的水抽起来净化后供应给居民。"河水就像粪水一样,谁还敢喝?"为解决生活用水,居民不得不钻井取水,"一口井深60多米,要花700多元"。据当地媒体报道,近五年,沿河两岸钻井取水的大约有5万人,估计挖了上千座水井。九龙坡区环保局2004年的监测报告显示,大溪河陶家镇断面的水质级别为劣五类,综合污染指数高达到2.67,属于污染最严重的程度。2005年6月,重庆卫视"天天630"节目到当地采访,眼睁睁看见一只小鸭在河中饮水后死去。

污染从何而来?张宗荣最早进行了调查。他沿江上溯约5公里,找到了污染源。"一股恶臭迎面扑来,河水颜色呈绿,飞满苍蝇,肮脏不堪。"张向记者描绘当时情景。在大溪河上游的江津市双福镇滴水村,四家(2004年增加到六家)酒厂所产废水,源源不断地注入江中。

江津市环保局在今年8月8日出台的"关于环境污染信访纠纷

查处情况报告(津环文 2005 35号文)"中称:六家酒厂生产规模总计11排桶,日产废水25吨左右,其废水均为直排环境。

张宗荣找遍了那六家酒厂,"酒厂的老板态度好的不理睬,态度不好的骂'该遭'"。

个人势单力薄,他找到了镇政府。

2002年,张宗荣与部分村民一起对污染进行正式调查。镇里出人出"机器":副镇长张光选、水保站站长雷时习等人同行,镇文化广播中心的刘家渝、付瑜拿着摄像机,两人沿河摄像收取证据。

"路不好走,还要爬坡上坎,一趟下来,差不多要花一个小时。"张宗荣说,五年下来,他们走了无数次。

调查让他们了解到,这些酒厂都未通过环评审查。

"护河行动"

根据2002年搜集到的证据,镇政府立即向九龙坡区和重庆市环保局通报了情况,区环保局进行了环境检测,报告显示,河水中的总磷、pH等均大大超标。

陶家镇书记邹勇称,由于污染企业不在本辖区内,区环保局只能"建议"。虽然镇政府也多次派人协调,双福镇方面也同意处理,但实际上酒厂排污并没停止,只是从白天转到了夜间。

于是大溪河周而复始地"夏天雨季,河水上涨,稀释污染成分,状况好转,雨季一过,又恢复原状"。

镇政府决定走"群众路线"。

2004年6月,在镇政府鼓励下,居民迸发出从未有过的维权意识。他们选出四位热心公益的监督员,负责搜集证据,递交材料反映民意。居民赵元模退休后搬到陶家镇居住,被选为监督员,成为护河事件主要人物之一。

第四章　中国公共服务业管治模式及其形成机制

一年多,赵元模拍摄了近百张照片。这些照片,有张宗荣死去的鱼、黑漆漆的河水、排污企业、排污水泥管道等等。赵元模称,其中酒厂排污的照片,是他和张宗荣在夜间"偷偷摸到酒厂,蹲点守候近一个晚上才拍摄到的"。

张宗荣说赵很敬业:"60多岁的人,常常顶着大太阳,到大溪河调查。由于从未走过农村的田坎路,有一天夜里,他整个人摔到水田里,爬起来又继续走。"

监督员各有分工。其中三人按值班表监控记录水质变化,另外两人负责调查污染企业的排污情况,而他们使用的照相机和摄像机均借自镇政府。

另一方面,居民还邀请媒体到受灾最重的九龙村采访,通过舆论向污染企业施加压力,督促江津方面加快对污染厂家的治理。所有的费用均由镇政府报销。"光是洗照片就要好多钱,个人怎么掏得起。没有镇政府的支持,是不可能成功的。"赵元模说。

搜集到的证据,经过整理,被四处递送。

群众的监督终于有了回应。2005年3月,江津、九龙坡环保部门相关负责人组成联合调查组,对大溪河上游沿岸的污染状况进行现场调查取证。"当天大溪河沿岸站满了人。调查组一路走过,听到的都是人们的投诉声。"赵元模说。

调查组很快向这六家酒厂下达了限期整改通知书,要求于7月17日前完成整改并达标排放。获知此消息的张宗荣又撒下了鱼苗,然而鱼还是不断地死。监督员们暗中调查发现,有的酒厂继续在夜间排放污水。

居民们决定继续"斗争"。7月4日,在市环局的局长信访接待日,赵元模坐着镇政府特派的车,再次向市环局投诉。

这次投诉很快有了回音。7月7日,江津市环保局执法检查发现,仅有两家酒厂停产治理。7月15日,该局再次同有关单位召开现场办公会,督促其余四家酒厂依法治理污染。该局称,7月18日,执法人员再次现场检查时,发现已全部自行停产治理。

这样,大溪河五年的污染事件终于告一段落。

环境参与意识

"环保本是政府的责任,我们采取这种方式也是不得已。"陶家镇书记邹勇说。

陶家镇是重庆九龙坡区下辖九镇之一。2003年,市规划局将其纳入"主城西进500平方公里"的版图。近几年来,区政府更是不遗余力投入周边基础设施建设,目的是将辖区打造成"都市后花园"。

而大溪河的污染,已经严重影响到陶家镇的投资环境。镇政府办公室主任张万富透露,原来规划的临江房地产开发,因污染一直搁浅。

"政府告政府国内还没有先例,我们也不想去开这个先例。关系搞僵了,对双方都不好。"陶家镇政府一位官员说:"在护河的过程中,我们用一些手段来鼓励群众的维权热情,但也考虑到个人表达的可能极端性,因此注意对'协作伙伴'的行为进行引导。"

九龙坡区环保局对陶家镇的行为表示肯定。该局监测大队一位负责人说:"根据法律,我国现行的执法体系是以行政区域划分的,基层环保局只对辖区内的环境违法事件有管辖权。遇到跨区域的污染事件,我们的执法手段有限。同样,政府也有他们的难处。"

"另一方面,环保部门有限的人力、技术手段和财力,面临的是众多的污染源,以及排污单位越来越隐蔽的排污手段,在执法上难免力不从心。"上述负责人称,"群众的参与,对我们的工作是很大的促进,

第四章　中国公共服务业管治模式及其形成机制

而且往往影响力更大"。

重庆市社科院社会学所主任蒲奇军认为:"随着经济发展,跨区域的环境污染会呈增加趋势,在现行体制下,陶家镇的做法提供了一个很好的解决模式。"

蒲表示,环境权既是公共的权利,也是个人的权利。在一些发达国家,环境保护除了政府部门,民间的 NGO 组织也起着重要作用。但是由于种种原因,在我国阶段政府仍包揽环保责任,公众参与制度未能很好地开展。正是因为未建立起广泛的公众监督制度和公共管理体制,使现在的环境执法显得艰难。

因此,蒲认为,"陶家镇的做法,很重要的一点是培养了公民的环境参与意识。越来越多的公民具有强烈的环境参与意识,对环保的意义是不言而喻的"。

张宗荣又准备重新采购大量鱼苗投放。让陶家镇居民高兴的是,大溪河的全面整治已经纳入了九龙坡区的"十一五"环保规划当中。

从以上案例我们不难发现,这一环保维权事件的发起者为公民自身,为了保护自身的权益与肇事企业进行博弈,在整个事件中不仅将环保维权扩展到全体居民,自发推选出监督员,并联合当地有关政府部门共同向企业和企业所属地方政府进行抗争。这一事件最终获得了上级政府的支持,并取得了胜利。这一事件涉及的主体包括公民自身、社区居民团体、不同地区地方政府、有关政府部门、企业等等,在不断的利益冲突和调整过程中,最终取得了多赢局面。这一模式就是典型的混合管治模式。

我们总结这种模式的特点是在生产供给主体里,没有谁具有绝对的主导性,是政府、企业和民间的联合,互通有无,共同参与供给。三者之间的力量是互相制约的,也是互通有无的。这种模式目前还不多见,但已有明显的发展趋势。这是政府、市场和民间社会最紧密合作共同解决社会问题的最典型代表,也是政府、市场和市民三方力量互相博弈,最后达成三方平衡的最佳模式。

广州一小区试点街道业主物管联合管理[①]

近年来,消费者对物业管理的投诉急速升温。据统计,现在广州每年都有500多宗涉及物业管理的各类投诉。与此同时,发生在各地的物业暴力事件也屡屡让业主们噩梦惊魂,只能在无奈中一次次更换物业管理公司。

物业管理的出路究竟在哪里?有没有一种有效机制可以监管物业管理公司?在今年探讨物业管理新模式的热潮中,出现在太阳广场的一种由"街道居委会、业主委员会和物管公司联合管理"的新模式引起了业界的广泛关注。广州市国土房管局有关负责人表示,尽管目前这种模式还有待完善,但这肯定是物业管理发展的方向。

这种新模式的试点,就是广州比较有名的问题楼盘——太阳广场。该楼盘地处天河北繁华路段,1995年曾创下了每平方米售价9 000元的楼价之最。

问题楼盘换物管勤过换保姆

令人惊讶的是,在随后的七年多,该楼盘仍然保持着"高知名

[①] 经 http://news.21cn.com/dushi/hotline/2004/03/01/1462641.shtml 整理而成。

度",并创下了两最。

一是脏乱差远近闻名。从1996年楼盘交付使用到2003年初,该楼盘一直没有建垃圾房,生活垃圾露天堆放,一到夏天苍蝇蚊子满天飞;七年来楼盘外墙从没有清洗过,白色的外墙变成黑色的;楼盘的电话线、宽带线、电线等横七竖八,消防隐患严重……

二是该楼盘物管换得最勤。七年来该盘换了六任物管,有业主说"换物管勤过换保姆"。遗留问题未解决,积累问题却越来越多。据介绍,到2003年初,该盘按照规定留存的维修基金基本没有,七栋楼中有三栋业主未领到房产证,40%业主欠交管理费。

太阳广场业主曾多次去相关部门反映,但问题一直未能得到解决。2001年,愤怒的业主们购买了两条30多米长的横幅,白底黑字写满抗议,从20层楼的楼顶悬挂下来,成为当时天河北一道独特"景观"。

矛盾激化业主"炒了旧物管的鱿鱼"

2003年初,业主和发展商以及发展商旗下的物管公司矛盾终于激化。据介绍,2002年发展商和物管将业主共有的2 600多平方米的防火夹层盖上房子私自出售,激起了业主的极大愤怒,引出了法律纠纷,最后98%的业主坚决要求炒掉旧物管,公开招标引进新物管。最后,广州市展富物业管理有限公司中标,并于2003年6月1日正式进驻太阳广场。

为什么这家新物管能获得业主信任?太阳广场业主委员会主任韩树臣表示,最吸引他们的是该公司提出的新的管理模式——联合管理模式,即由街道居委会、业主委员会和物管公司联合管理小区,新物管还表示,不仅不要业主多交一分钱,甚至自己垫资30万改善小区环境,并承诺"半年一小变、一年一中变、二年一大变、三年达到国家物业规范小区",否则自动离开。

全新模式小区的变化翻天覆地

九个月过去了。在连续三天的采访中,业主们一致告诉记者"小区的面貌发生了翻天覆地的变化"。九个月来,业主们和以前一样每个月交1.28元/平方米的管理费,然而不同的是,小区有了停车场,有了垃圾房,有了儿童游乐场,有了洁白的外墙,有了漂亮的绿化带,逢年过节时竟还能收到物业管理公司送上门来的新鲜水果!这种变化让业主们感到吃惊。

展富物业管理公司总经理吴金湘坦白地告诉记者:"钱,取之于民,用之于民。"据介绍,新物管进驻后,收回了以前被私自卖出的业主共有的2 600平方米房铺,现在每月的租金有2万元,新建停车场每月的收入有5万元,再加上469户业主上缴的管理费,完全足够维持小区的各项开支。也就是说,以前的物业管理公司每个月也有这么多收入。但为什么他们什么也不为业主做呢?

三方制约防止物管私吞利润

据介绍,以前的物业管理公司实行的都是"物业管理收费佣金制",由于物管本身是营利机构,加上缺乏有效的监督机制,因此,大多数业主面对的都是物业公司填不满的窟窿,无法避免包干制所带来的物业公司节约归己的问题。但是现在的这种新管理模式,则完全处于业主和街道的监督之下,街道、业主、物管三方互相监督、互相制约,基本上没有任何空子可钻。

据介绍,新模式分三个层次。第一层是决策层,由业主委员会的主任、副主任,街道居委会的主任、副主任,物业管理公司的总经理和副总经理三方组成,主要任务是审核上一季度任务的完成情况,制订下一阶段的发展计划,任何决定都要求集体讨论一致通过。第二个层次是执行层,三方各有分工。业主委员会负责业主自律,同时监管物业管理公司;街道负责政策的上传下达,管理计划生育、消防等,以及处理一些疑难问题;物业公司则负责小区的日常维护以及综合创收等。第三个层次是具体的职能部门,包括保安部、绿化部、保洁部等,负责具体工作。

街道出面协调业主和物管间矛盾

在这三个层次中,处于决策层中的街道在缓解业主和物管之间的矛盾方面发挥了很大的协调作用。石牌街华标社区居委会主任李淑贞向记者介绍,在去年的小区电线电网改造过程中,由于一些线路要穿过业主私自占用的天台,业主死活不同意改造,甚至和业主委员会、物业管理公司发生了冲突,一名工人被打伤住院。最后居委会和街道派出所出面给业主做思想工作,派出所干警在充分讲明消防隐患可能带来的后果及业主必须配合的政策后,业主最终同意改造。在小区饭堂的改造过程中,也有不少业主极力反对,认为物业管理公司乱花钱,最终也是由街道出面才搞掂。事实证明,饭堂改造后非常受业主欢迎,不少业主不想做饭时都乐意到饭堂进餐。小区建儿童游乐场时,也是由街道出面向天河区体育局申请,才拉回来一批免费的儿童游乐健身器材。

九个月的实践证明,这样的管理架构非常合理。最有力的证明就是,以前小区业主的交费率不到60%,现在已上升到92%。

未来物管发展方向

天河石牌街华标社区居委会主任李淑贞:一直以来,太阳广场都是我们社区"拖后腿"的地方。经过大半年的改造,去年9月,我们社区被评为天河区安全文明社区,这充分说明,这种新的管理模式非常有用。

如果没有物管的配合，街道工作很难做好。比如计划生育，以前我们发现有超生的，物业管理公司总是帮忙打掩护，可是现在情况有了明显变化，有超生的物管会第一时间通知我们，我们开展工作容易多了。

住户黄老伯：现在的物业跟以前最明显的不同就是业主清楚自己交的每一分钱是怎么花的。物业管理公司每一季度都会主动公布财政，业主也可以随时查账。

广州市国土房管局副局长刘仲国：国家鼓励物业管理采用新技术、新方法，依靠科技进步提高管理和服务水平。应该说，展富公司采用的这种新管理模式是物业管理今后发展的一个方向。在前两天刚刚召开的广州市社区管理工作会议上，张广宁市长再次提出"属地管理"，指出"街道对辖区内物业管理公司有日常监督管理权"。国土局也正在做调研，准备将物业管理权下放给街道。应该说，新的管理模式正在紧锣密鼓的筹划之中。

广州市物业管理协会常务副会长、秘书长江瑞敏：太阳广场展富公司的尝试值得借鉴。这种联合管理模式的好处是权责分明，减轻了物业管理公司的负担，使其能够专职于"服务"这一块。同时又因为决策层互相制约，有利于保护业主的合法权益，缓解业主和物管公司的矛盾。

在太阳广场新的物业管理模式中，处于权力核心层的是由五人组成的决策层，包括广场业主委员会的主任、副主任，广场所属的街道居委会主任，以及物业管理公司的总经理和副总经理。

在上述五人中间，物管公司总经理和副总经理是专职的，他们的报酬由物业管理公司从收取上来的物业管理费用中支付，具体标准根据其各自的业绩大小而确定；业主委员会主任和副主任也是专职的,他们的报酬也是由物业管理公司支付的,标准分别是主任每月1 000元、副主任每月800元;而街道居委会主任虽然是兼职的,但物业管理公司总经理在接受记者采访时表示,公司也会向他们支付一定的报酬,"论功行赏"。

展富物管公司的总经理吴金湘以前就是业主委员会的秘书长,因为有切肤之痛所以决定辞去业主委员会秘书长职务,自己搞物业管理。正因如此,这家物业管理公司特别能为业主考虑。

在太阳广场的这个案例中,我们看到当各种管治主体发挥作用时,法律起到重要的协调或者说外在控制作用。表明制度因素在管治结构中起到关键作用,这也是协调主体间复杂关系的权威。因此,要发挥混合管治模式的优势重要的一点就是建设健全的制度机制。

第二节 公共服务业管治模式的形成机制

一、正式制度的调整

作为拥有高度中央集权传统的中国,政府要实现对社会的全方位的管理,必然要通过正式的规制来实现,这也是国家强制权力的最直接最有效地运用。在市场机制发展初期,政府通过许多行政机构,以治理市场失灵为己任,以法律为根据,大量颁布各种法律、法规、规章、命令等来规范市场失灵或是存在市场失灵预期的行为。对于公共服务历来被认为是市场做不好,或是不愿做的事情,而政府则是责无旁贷的承担者。因此,政府必然通过各种规制来规范和约束公共服务领域,在这一阶段往往是政府拥有对公共服务运营的绝对主导权,因而在这一阶段政府主导模式最为有效,也是最适应社会需求的模式。但是政府也同样存在失灵和许多问题,随着社会的发展,市场机制越来越完善,这一矛盾越来越阻碍经济和社会的进一步发展。为了缓解政府直接生产供给公共物品和服务中的各种矛盾,政府又通过放松规制来提高公共服务运营的效率和效益,中国的改革开放正是政府不断放权的过程,也是政府规制和放松规制的过程所以在公共服务项目中,越来越多的非政府部门加入到公共物品和公共服务的生产和供给中,市场甚至非市场部门或是个人成为了公共服务生产和供给的主体,管治模式也随之不断地发生变化和调整。广州市计委有关材料显示了正式制度如何让步调整,使公共服务业得到发展,新的管治形式创生。

政府对公共服务业领域的规制已逐渐放松[①]

公共服务业的发展和政府的政策导向有着密不可分的关系。随着改革开放和社会的转型,计划经济体制向市场经济的过渡,政府部门在对公共服务业的各种规制中已发生了明显的转变。

如国家计委早在 2001 年 12 月 3 日的"关于'十五'期间加快发展服务业若干政策措施的意见"中就明确指出了以市场为取向,以企业为主体,以技术进步为支撑,大力调整和优化服务业行业结构,提高服务业的整体素质和国际竞争力。强化对交通运输、商贸流通、餐

---

① 资料来源于广州市计委有关材料。

饮、公用事业、农业服务等行业的改组改造,推进连锁经营、特许经营、物流配送、代理制、多式联运、电子商务等组织形式和服务方式的发展,提高服务质量和经营效益。积极发展房地产、物业管理、旅游、社区服务、教育培训、文化、体育等需求潜力大的行业,形成新的经济增长点。大力发展信息、金融、保险以及会计、咨询、法律服务、科技服务等中介服务行业,提高服务水平和技术含量,促进服务业行业结构及经济结构的优化。同时明确规定了要放宽服务业的市场准入,改变服务业部分行业垄断经营严重、市场准入限制过严和透明度低的状况,另外还明确指出要积极鼓励非国有经济在更广泛的领域参与服务业发展,在市场准入、土地使用、信贷、税收、上市融资等方面,对非国有经济实行与国有经济同等的待遇。其中还特别指出了在公共服务业领域各级政府要做好有关领域的基本公共服务,基本公共服务以外的领域都要实行产业化经营。要加快铁路、民航、通信、公用事业等行业管理体制的改革,放宽外贸、教育、文化、中介服务等行业市场准入的资质条件。凡鼓励和允许外资进入的领域,均鼓励和允许国内投资者以独资、合资、合作、联营、参股、特许经营等方式进入,鼓励和允许上市公司以资产重组或增发新股方式进入服务业。国有经济比重较高的许多领域也要逐步放宽对非国有经济的准入限制和扩大对外开放。

二、政府职能的转变

中国的改革开放使政府职能发生巨大转变,逐渐从投资型的经济发展型政府走向公共服务型的经济促进型政府,政府的主要工作不是通过直接投资来发展经济,而是通过提供公共服务、改善公共管理、解决公共问题、制定公共政策来为市场经济发展提供服务。这种转变主要表现在以下几个方面。其一是政府的权力开始逐步下放，条条的力量依然很强，但块块的力量越来越得到了强化。政府公共服务越来越强调公民参与，强调公民和公共服务消费者对政府活动的评价。全国各地很多地方政府开始实行让公民评价政府绩效的活动，取得了较好的效果。其二是政府在公共服务领域里引入竞争机制等新的创新理念，并越来越重视政府的管理质量、效益与效率。其三是政府运作日益法制化，使政府在社会运行中的掌舵职能越来越强。以管理理念的转变为先导，以职能转变为动力，公共服务业的管治模式也发生相应的转变。新的管治模式随着政府与市场、民间关系的转变也不断地形成。新模式的核心是在公共服务项目里的供需关系是平衡的，是利益最大化的。

三、城市管理模式的转变

全球经济一体化理念带来各国城市管理模式的变革。而全球竞争又使各国政府面临最为艰巨的挑战。对政府来说，维护国家、地区以及城市的经济的竞争优势则是当前的主要责任，如何使各个国家和地区、各个城市在竞争中保持优势成为全社会所有成员的关注的焦点。有关的决策者、领导者和企业家以及广大市民阶层已提出各种各样的建议以增强城市——区域的国际竞争力，这是因为城市的竞争力依赖于整个相关要素系统，包括采取的城市管理过程、社会和经济的基础设施、人力资本素质、自然环境、商业环境质量以及金融部门的实力等。而选择合适的城市管理、城市运行模式即城市管治模式至关重要。当前在全世界包括中国最为流行的城市发展模式是"企业家化城市治理模式"，这种模式的实质就是政府以企业家的角色来管理城市、治理城市，把整个城市作为资产进行有效整合，以达到国有资产保值增值并发挥最大效用的目的,这种管理模式从某种意义上说是涵盖了城市经营的理念和本质。

政府在城市建设和管理中充当主导,是城市经营的主体,而城市的各种资产都是城市经营的客体,也是城市经营的主要对象。要经营好城市首先要经营好政府。政府经营城市,在方式上要从计划经济时期的行政指令性分配,转向以法律法规为基础的经营和管理;在对象上要从过去对企事业单位的微观管理,转向对城市整体资源的发掘、利用、经营和对城市生活、生态环境的整体优化。其次是经营主体的多元化,即政府单元型向社会多元型转变。除了要突出政府在城市发展中的主导作用外,还要充分发挥民间组织、民营企业、私人经济在经营城市中的多元作用。城市经营的任何一个动作都必须找到政府、私人部门与市民社会的利益均衡点,做到市场与社会的全方位良性循环。所以城市管理模式的转变事实上意味着新的城市管治模式的形成,在三大部门间不同的平衡点就会形成不同的管治模式。一个城市或地区有效地而且高效地管理自身的能力是其经济竞争力可持续发展的基本条件。

四、市场机制促使权力关系的改变

市场机制在中国的确立导致了政府(国家)、市场(私人部门)和市民社会(第三部门)间权力关系的改变。不仅仅促进了私人部门的发展,而且使私人部门对权力关系的影响越来越大,甚至是至关重要的一极。政府逐渐放弃了物资分配权、物价控制权、企业经营管理权,国有企业逐步萎缩,并且基本实现了股份化、市场化经营,民营企业不断发展壮大,成为国家经济发展的主力。到现在为止,市场经济的雏形基本形成,尤其是在沿海发达地区,市场机制对整个地区的影响已越来越大。从而也意味着非政府部门对社会的影响也越来越大。市民和市民组织也不再仅仅充当一个旁观者,而是要求重新赋权给他们,增强对社会的参与和实践。权力关系的重新建构必然导致新的社会治理模式的形成,适应社会发展趋势和潮流的城市管治模式正是这种变化的产物。

五、建立在信任基础上的社会规范、非正式制度促进非政府部门的成长

推动社会前进的因素中有三个重要的资本,除了经济资本和人力资本以外还有至关重要的社会资本。社会资本是从社会或社区中流行的信任中产生的能力,而信任是从一个规矩、诚实、合作的行为组成的社区中产生的一种期待,它不像人力资本一样是从更改的投资决策中获得,而是从宗教、传统、习俗中产生的(弗朗西斯·福山,2001)。韦伯曾说过,社会品德是个人品德发展的前提,而自发性社会交往能力对经济生活至关重要,因为实际上一切经济活动都是经由组织而非个人完成的。社会交往程度无疑受到社会信任程度影响。中国传统上是一个建立在血亲关系基础上的低信任度的社会,新中国的建立尤其是改革开放促使整个社会向高信任度发展,也即意味着超越血亲关系的社会日益形成。这一变化促进了社会中间组织、非政府部门——教会、商会、工会、俱乐部、民间慈善团体、民间教育组织以及其他自愿团体的形成。而这些正是市民社会的基础,它同时又促进了建立在非血亲、高信任基础上的私人部门的发展。当前关于诚信建设越来越成为社会的焦点,它直接关系到中国市场体系与市民社会的发育以及进一步发展。虽然它不是正式的制度,也不具备任何正式的法律效力,但是

却对改变政府、市场与市民社会三方关系以及重新建构三者的平衡有重要的意义。现实中我们不难发现,在信任度高的地区其民间组织(正式的和非正式的)通常对参与这一地区的管理最为积极,也最为积极地与政府和企业对话。和政府与市场抗衡的力量也越来越强。

六、政治权力向地方层次的下放以及公民意识的培育

改革开放后,中国的政治权力导向发生了巨大的变化,政治权力由中央向地方不断地下放,地方的自治权得到了极大的增强,公民的意识和自治性也得到了巨大的增加。这是适应社会发展的需要,也是适应社会竞争的必然。地方自治性的增加意味着地方政府能更加灵活主动地进行城市经营,因为信息最为充分和即时,因而也能提供最为实效的公共服务,最为迅速地满足地方的需求。

公民意识的增强有很大因素在于政府的放权以及对公共意识的主动培育。通过公共行政改革,重新对公民进行赋权。公民社会是市场经济、法制社会的产物,也是民主政治的根基。公民评估自己的代理者的绩效时,关注的不是投入而是结果,关注的目标不仅仅是公共服务的提供,还包括激励所有的部门和公民,为解决他们社群中存在的问题采取行动。

以培育公民意识和公民文化为目标的中国社会改革事实上增强了中国市民社会的主动性,也意味着广大市民对社会发展、社会公共事务的关注和主动参与。因此这种变化无疑改变了社会关系,使社会由一元化向多元化发展,一种新的适应社会变化需求的管治模式也就成为必然。

七、公共服务业内部类型、行业差异促使不同管治模式的形成

公共服务是涉及十分广的领域,不仅关系到人的基本生活质量和水平,同时还密切影响到人的发展。并由此关系到整个社会的发展水平。除了整个社会运作机制要促进和协调整个公共服务(业)的发展外,公共服务内部不同行业(类型)的属性和特点必然需要不同的组织模式来管理和协调其运作,任何一个行业或是服务类型的发展水平都会直接或间接地影响到整个社会的发展。关于这点将在下一章就具体的行业(类型)探讨管治模式。

八、地域空间结构的差异

在公共服务管治模式形成因素里除了社会正式与非正式制度的影响外,还有一个最基本也是最关键的影响因素,即地理差异,这正是各种社会制度形成和作用的物质载体。不同的地域空间所生活的市民具有不同的行为特点和生活方式,因而在公共服务方面就具有不同的需求,加上各个地域不同的社会制度模式和特点,共同作用促进了管治模式的形成。

第三节 公共服务业管治模式的相互关系

第一,正如前文所述,政府最大的职能就是为社会提供公共服务和公共物品,促进社会的全面发展。因此,在公共服务的管治模式中政府主导型无疑是最主要也是最基本的模式。例如,国防、社会秩

序、基础教育、公共卫生、防疫计划、道路桥梁等基础设施、环境保护以及其他大型公共服务设施的直接投资等。对于当前处于转型时期的中国来讲,由政府集中财力进行公共服务设施的重点建设是十分必要的。政府直接进行公共服务产品的生产和供给,比如建医院或直接为穷人或老年人支付医疗保险费用等,都是政府主导模式的重要体现。政府的公共代表性是这一模式存在的最根本原因。

第二,不同层级政府间的权力分配结构具有不同的组合模式,分权或是集权安排对于政府主导型的管治模式具有关键性影响。财税体系和法律体系对各级政府公共服务产品的生产和供给能力具有决定性影响。也直接决定了强中心—弱水平型和弱中心—强水平型管治模式的形成。

第三,公共服务产品生产和供给的分离是市场主导管治模式存在和发展的最主要原因。政府与市场通过多种形式的协议和制度安排,包括财政补贴、减免税收、提供激励机制间接管理等手段,使公共服务产品的生产效率和经济效益得到提高。另一方面,市场机制特有的融资效率和手段对转型时期中国公共服务业的发展具有极大的促进作用。它有效地弥补了当前政府财政缺陷。比如对高于全国社会服务平均水平以上的公共服务如非义务教育以上的职业教育、高等教育、非基本的医疗保健等,完全可以通过市场的力量来丰富和完善公共服务业整体水平,满足社会多样化的需求。在这一模式里政府和市场的作用是互为补充、相互协调。

第四,在政府与市场之外存在另一权力空间即市民社会,它的存在和发展越来越表现出在社会治理上的优势。民间主导型管治模式正是在市民社会这一权力空间中发展起来的。因此,这种模式与市民社会的发育程度有着极为密切的关系。不论是社会组织,还是群众自身都具有极强的社会适应能力,在不同的社会环境下(无论是先进还是落后)都发挥着重要的补充或主导作用。

第五,除此之外还存在政府、市场和市民社会三者混合的社会治理方式,它同样表现在公共服务管治模式上,也就是混合型的公共服务管治模式。在当前的中国,我们政府为了实现某些社会目标,促进公益的发展,往往联合社会各个部门,即借助市场的力量,也发挥市民社会自治能力。

总之,政府、市场和市民社会三者的关系最终决定了公共服务的管治模式。图4—1给出了这里提出的结构关系。这个结构关系中,政府处于左肩的顶层单位,它通过政策、公共财产的使用甚至是人权的认可程度来实现对公共服务业的管治,但是市场作为经济基础,制约着公共服务,这里市场的价值规律是一双看不见的手。市民社会,不能简单说市民,通过它的价值观念、组织形态、消费倾向构成了公共服务业工资的社会基础。

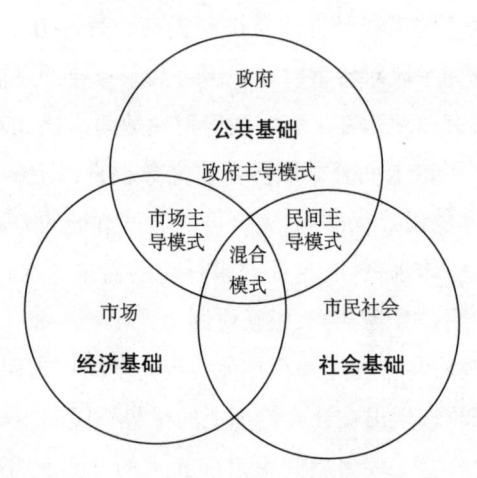

图 4—1 公共服务管治模式的关系

第五章 公共服务业的发展与管治特征——广州案例

在讨论了中国的公共服务管治的一般特征后,我们需要深入分析城市的个性特征。为此我们选择广州作为典型案例区。所以在本章我们将广州市作为实证研究对象,力图通过分析广州的公共服务业管治来寻找出有关城市管治的有效途径。

广州是一座具有两千年历史的文化名城,位于广东省中部,濒临南海,毗邻港澳,它不仅是广东省的省会城市,同是也是中国南方最大的城市。广州的行政范围包括现十个辖区和两个县级市,总面积7434.4平方公里,总人口达700.69万,加上外来人口,广州的常住人口至2001年已达1 015万。广州是全省的政治经济中心,内生产总值占全省的25%以上,是全国仅次于北京、上海的第三大城市。广州是中国南方最重要的门户和通向世界的主要口岸之一,从新中国成立以来一直持续至今的出口商品交易会使广州在国际交往中相对其他城市具有极大的优势,并使广州在全球化进程中更具发展后劲。

广州的发展并非一帆风顺。改革开放以后,广州相对于珠三角其他地区和城市,在发展氛围、观念意识、经济效益、社会节奏等均形成强烈反差,发展明显滞后,以至人们对广州感到失落和压抑。1997年和1998年两次民意调查中人民群众对广州城市环境的满意度只有27%和34.6%,降到了历史最低。面对这种形势,广州如何保持应有的地位成为全市人民(不仅仅是政府方面)最为焦虑的问题。但是对广州一次又一次的误诊却没能使广州走出困境反而几乎陷于绝境。而城市间的竞争已越来越激烈，广州已到了危机的地步。

发展必须吸引投资和技术创新，这又以城市环境的改善为前提，城市政府的管理水平以及管理体系也直接关系到城市的发展前途和竞争实力。为了彻底改变广州的面貌，从20世纪90年代后期，以城市公共服务管理模式的改革为先导，以城市的三年一小变、五年一中变、十年一大变为目标，广州市政府联合广大市民阶层，共同为广州出谋划策，积极进行城市形象建设，大力推行城市营销（city-marketing），为广州的重生而奋斗，短短几年时间使广州再次站在了竞争前沿，新型的城市管治挽救了广州。它强调了政府经营城市的企业家精神和与公众参与的互动过程，城市发展不再只是政府的责任，政府、社会各个阶层、各种社会组织、各种利益集团通过网络化的联系（垂直的和水平的）和合作，在城市发展中都发挥了重要作用。这种模式在增加城市竞争力方面起到了至关重要的作用，使广州逐步走向善治。

本章首先介绍广州市公共服务业的发展情况，然后分析广州市公共服务业的管治特点，并选取公共服务业里的医疗卫生事业和教育业为例进行实证研究，力图从公共服务业内部行业的角度来探讨管治的特征以及区别联系。最后总结广州市公共服务产品供给模式。

需要指出的是，医疗卫生事业和教育业是公共服务业里的两个重要的行业，也是关系到社会发展持续性的重要环节。而且这两个行业近年来改革力度较大，受市场化影响最早也最大，因此选取这两个行业进行实证研究更有利于了解整个公共服务业的管治特点。

第一节 公共服务业的发展特征

一、公共服务业的地位

伴随城市经营的观念在广州的开展，广州市政府把如何经营好城市，如何改善人民的生活作为首要目标，力图通过生产和生活环境的改善来吸引更多的投资和各种"流"（包括资金流、技术流、信息流等）。从政府至整个城市都开始了全方位的管理机制改革。从而大大地提高了社会服务水平和效率。社会整体实力得到了大大的增强。以国内生产总值为例，近几年来增长最为迅速，同时产业结构也不断地优化，服务业发展最为迅速。整个城市逐渐向服务型城市发展，如图5—1所示，从1997年至今，第三产业的GDP总量增长最为迅速，第一产业稳定在一定水平，增长变化不大。从三大产业GDP构成来看，第三产业所占比重最大，而且所占份额越来越重，而第二产业所占比重则处于下降趋势。公共服务业作为第三产业里最为重要的一个组成部分，其发展相应的也是十分显著的。

二、公共服务(业)的投入

从1998年开始，也就是市政府决心重塑广州形象，全面深入城市管理体制改革以来，市政府在公共支出上有了大幅度的增长。除了大规模进行城市建设以外，城市公共服务体系包括教育、医疗、卫生事业等的投入也有显著的提高。如表5—1所示，从1996年至2001年五年间，地方财政支出增长了一倍以上，其中我们列

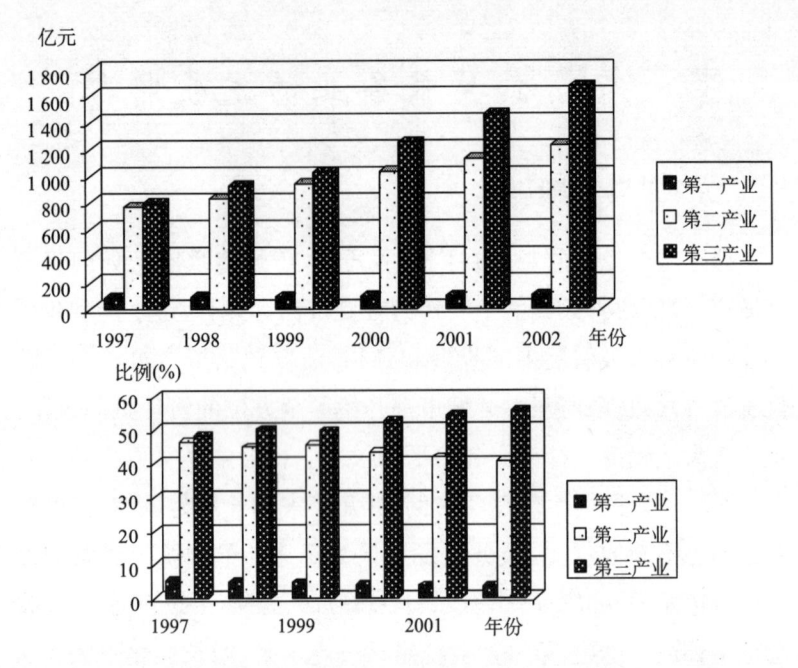

图 5—1 "九五"时期广州市国内生产总值构成

出了地方财政支出中最重要的几项——教育事业、卫生事业、城市维护以及科学事业费。这几项的财政支出增长也十分显著,教育事业费增长了一倍多,卫生事业费增长最快,近四倍。同时从图 5—2 中可以看出,教育事业、卫生事业等行业的财政支出比重都有下降趋势,直接原因是财政支出总量的增长快于教育、卫生、城市维护、科研等的财政支出的增长。根本原因是政府对这些公共行业的投入和建设力度不能跟上现实需求,要发展这些行业则必须多渠道进行资金筹集。

表 5—1　地方财政支出部分构成(万元)

项目	1996 年	1997 年	1998 年	1999 年	2000 年	2001 年
地方财政支出合计	1 127 780	1 251 225	1 469 219	1 796 146	2 310 900	2 585 965
教育事业费	12 5833	145 938	144 254	178 485	210 785	251 923
卫生事业费	31 488	78 343	79 570	84 607	100 103	121 814
城市维护费	102 584	110 417	117 010	137 147	151 567	160 062
科学事业费	7 926	9 507	10 030	12 092	14 995	15 293

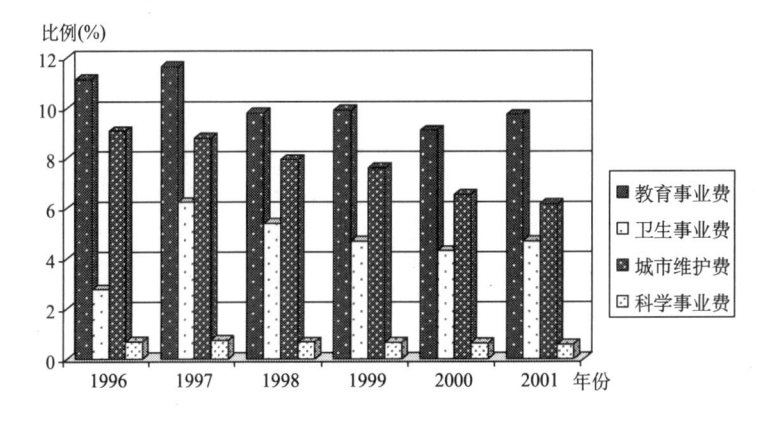

图 5—2　地方财政支出部分构成

从 2002 年开始,广州市政府进一步加强了城市公共服务体系的建设,尤其是基本公共服务领域。我们可以从下面列出的广州市 2003 年政府财政预算报告中看出这一现象,如社会保障和劳动就业继续加强。基本构建起企业职工最低工资、下岗职工基本生活费、失业人员的失业保险金、退休人员的最低养老金和城乡居(村)民最低生活保障等具有广州特色的"五道防线"保障体系。医疗保险改革取得重要进展,全市参加医保人员新增 67.2 万人。广州市慈善医院建成使用。全市社会保险综合参保率达到88%,比上年提高8.8个百分点。城镇登记失业率为3.56%。2003年广州市财政拟安排的各项目中社会保障投入大幅增加,其中社会保障补助支出6.04亿元,比2002年增加1.12亿元,增长22.8%。政府增加社保投入,把它作为工作重点,符合社会更好保障低收入阶层和建立良好的社会保障体制的要求。

今年广州怎样花钱(2003年)[①]

主要支出项目拟安排如下(部分):

• 增加社会保障投入。计划安排抚恤和社会福利救济支出2.59亿元、社会保障补助支出6.04亿元,分别增加0.19亿元和1.12亿元,增长7.8%和22.8%。

• 增加科教投入。计划安排科技三项费用4.01亿元,增加0.15亿元,增长3.9%;科学支出0.94亿元,增加0.06亿元,增长6.8%。计划安排教育支出4.18亿元,增加0.2亿元,增长5%;教育费附加支出2.39亿元,增加0.12亿元。"麻雀学校"改造及示范性高中建设专项资金5亿元。

• 增加文体广播、计划体育投入。计划安排文体广播事业费2.57亿元,增加0.12亿元,增长4.9%。

• 计划安排行政管理费支出4.85亿元,减少0.29亿元,下降5.7%。

• 支持"到2010年一大变"工作。计划安排城市维护费5.86亿

---

① 资料来源于"广州市2002年预算执行情况和2003年预算案的报告"。

元,增加 0.34 亿元,增长 6.2%。

• 落实调整收入分配政策。计划安排机关事业单位人员工资调整和岗位津贴 24.76 亿元,增加 0.68 亿元,增长 2.8%;行政事业单位离退休支出 8 亿元,增加 0.41 亿元,增长 5.4%。

• 计划安排基本建设支出 11.06 亿元,与上年持平。

三、公共服务和公共物品的供给

"九五"期间,也就是广州市政府开始大力进行城市管理体制改革时期,公共服务业得到了快速的发展。我们可以从部分公共服务和公共物品供给情况来反映这一变化(表 5—2)。以公共绿地、城市园林绿化覆盖率这两项指标为例,从 1996~2000 年增长近一倍。可以看出在关系到所有市民生活质量的基本公共服务产品的供给中政府投入相当大,一定程度体现出政府在治理城市的发展观念上已开始由经济发展过渡到全社会整体的可持续发展观上。

表 5—2 "九五"时期部分公共服务供给情况

项目	1996 年	1997 年	1998 年	1999 年	2000 年
气化率(%)	88.7	90.63	91.89	92.94	93.55
年末营运公共汽车数(辆)	4 198	4 611	5 163	5 375	5 645
市区出租汽车(辆)	15 143	15 571	15 142	15 443	15 622
小汽车(辆)	14 902	15 320	15 038	15 366	15 530
城市道路总长度(千米)	1 847	1 886	1 908	1 963	2 053
城市道路总面积(平方万米)	2 030	2 229	2 302	2 553	2 805

续表

项目	1996年	1997年	1998年	1999年	2000年
桥梁(座)	550	604	619	642	685
立交桥(座)	53	60	67	78	100
人行天桥(座)	77	87	89	91	106
下水道总长度(千米)	1 584	1 652	1 680	1 738	1 952
城市园林覆盖面积(公顷)	27 248	32 148	32 340	32 961	45 473
公共绿地(公顷)	1 519	1 855	2 105	2 488	2 705
建城区绿化覆盖面积(公顷)	6 676	6 758	7 710	8 350	9 400
建城区绿化覆盖率(%)	36	28	28.08	29.34	31.6
公园个数(个)	40	54	62	68	72
公园面积(公顷)	1 260	1 527	1 727	1 824	1 883
风景区个数(个)	1	1	1	1	1
风景区面积(公顷)	1 681	1 681	1 681	1 730	1 730
建成区面积(平方千米)	262	267	274.6	284.6	297.5
公共厕所(座)	577	581	588	562	579

资料来源：历年广州市统计年鉴。

四、市民物质文化生活水平

由于公共服务业的投入大幅提高,广大市民的物质生活水平都有了显著的改善。表5—3和图5—3列举了部分密切关系到市民日常生活状况的指标,从需求方反映出了公共服务产品的供给变化情况。如公共车辆的万人拥有量、电话普及率、液化气、煤气普及率、人均日生活用水量等指标从改革开放以来有了显著的增长。

表5—3 主要年份人民物质文化生活水平

项 目	1978年	1980年	1985年	1990年	1995年	2000年	2001年
每万人拥有公共车辆(辆)	4.4	4.77	7.15	6.53	10.11	16.76	16.86
公共车辆平均每日乘客人数(万人次)	185.36	230.41	247.59	191.8	222.23	441.68	505.7
每万人拥有出租汽车(辆)	1.57	2.55	24.46	34.33	45.82	45.44	39.6
出租车平均每日乘客人数(万人次)	0.76	2	17.73	55.45	78.28	92.29	101.02
城市电话普及率(含移动电话)(部/百人)	1.31	1.41	3	9.7	41	117.22	131.29
每人每年函件交寄(件)	12	15	23	26	45	30	49
居民液化气、煤气普及率(%)	1.13	1.96	8.4	40.9	86.6	93.55	93.54
人均日生活用水量(升)	64	222	358	460	541	555	475
批发、零售贸易业、餐饮业每万人拥有网点数							
批发、零售贸易业(个)	11	26	113	153	274	250	245
餐饮业(个)	2	9	18	17	25	42	41
每万人拥有的服务人员							
批发、零售贸易业(个)	224	277	510	674	932	862	787
餐饮业(个)	80	70	132	142	295	287	281

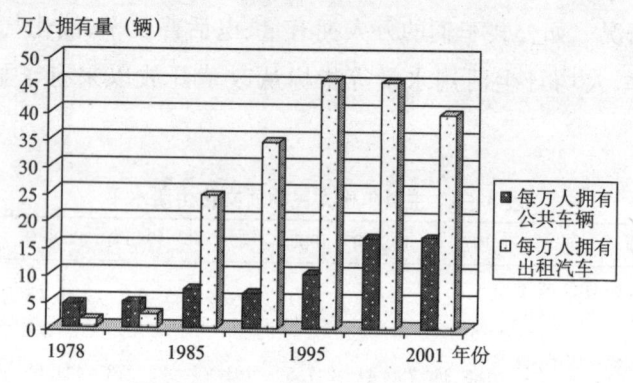

图 5—3(A) 主要年份公共交通情况

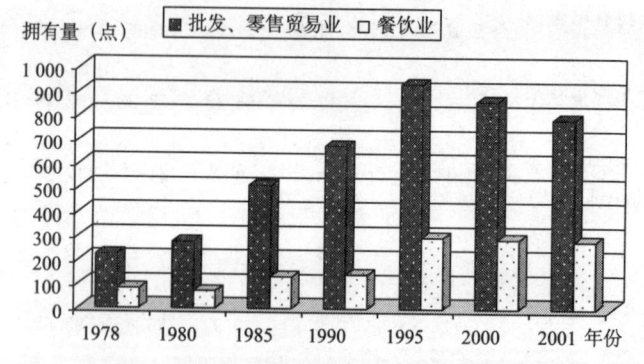

图 5—3(B) 主要年份每万人拥有网点数

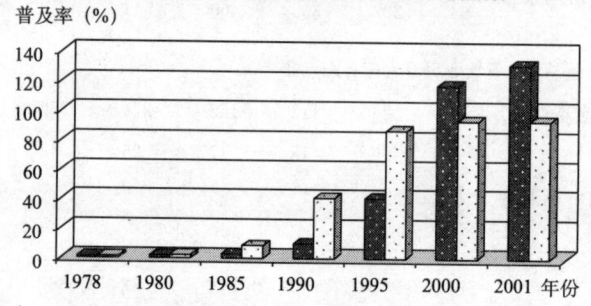

图 5—3(C) 主要年份人民物质文化生活水平主要指标普及率

需要指出的是,在批发、零售贸易业、餐饮业每万人拥有网点数从90年代后半期开始有所下降是因为大型商业机构的兴建以及产业的规模化发展所造成的。总体上网点的规模和结构是向着合理化发展。

五、公共服务业就业

(一) 公共服务业就业人口数量和比重

从就业人数来看,公共服务业逐渐成为就业重点。这表明广州市正在向服务型社会转型。城市由生产型向生活型转变。如表5—4所示,四普和五普的人口资料统计反映了广州市公共服务业就业人口占总就业人口已从四普(1990年)的31.33%增长到五普(2000年)的39.05%,而且城市中心区的公共服务就业发展更为迅速。如原广州市八区公共服务就业人口至2000年已超过40%,其中城市中心区超过一半以上。图5—4可以直观地看出,十年来,广州市公共服务业就业人口在总体比重上升的情况下,内部分布结构基本保持不变。

表5—4 广州市公共服务业就业人口占总就业人口比重(%)

	四普	五普	比重增长
广州	31.33	39.05	7.72
东山	59.55	73.38	13.83
荔湾	44.32	68.77	24.45
越秀	54.65	70.31	15.66
海珠	41.58	52.33	10.75
天河	45.89	59.10	13.21
芳村	31.15	43.69	12.54

续表

	四普	五普	比重增长
白云	23.22	36.50	13.28
黄埔	34.45	40.13	5.68
番禺	16.67	23.87	7.20
花都	14.61	25.76	11.15
增城	11.53	18.52	6.99
从化	12.07	18.90	6.83

注:资料来源于四普和五普资料。这里所指公共服务业与本文所界定的公共服务业一致。考虑到资料的可获取性,我们在四普里的公共服务业人口只包含了交通运输邮电通讯、商饮物仓、居民服务、卫生体育、社会福利、教育科学文化广播、科研技术服务、国政社团等行业就业人口,五普里包括电力燃气水的产供、交通运输仓储邮电通信、批发零售贸易餐饮、社会服务、卫生体育社会福利、教育文化艺术广播电影电视、科研技术综合服务、党政机关社团等。因此四普和五普的行业就业人口比较只能反映一种趋势和大致比例。

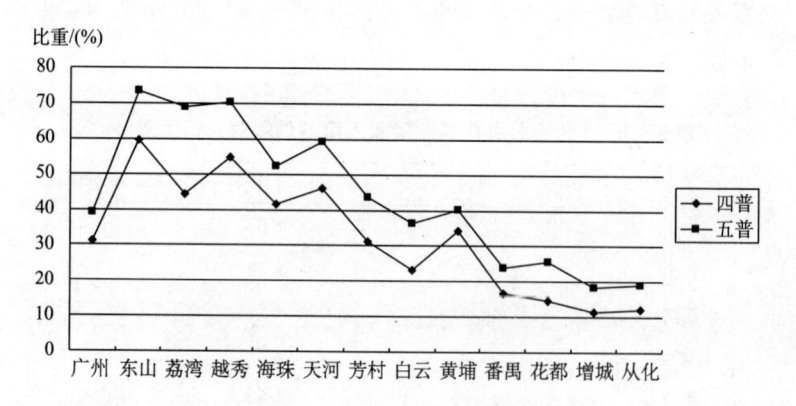

图 5—4 公共服务业就业人口比重变化

(二) 公共服务业内部就业结构

1990年至2000年广州市公共服务业就业人口数量发生了显著的增长。从行业结构来看,就业增长最为迅速的是具有商业、服务业性质的生活服务行业,如贸易餐饮业、居民服务业(五普里的社会服务业)等。其他如卫生体育、教育文化广播等具有社会事业性质的服务行业的就业绝对数量增加,但比例变化不大,说明公共服务业发展层次还较低,基本是还处于满足人民最低公共需求层次——生理需求层次(图5—5)。

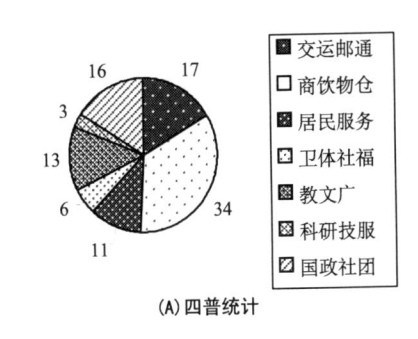

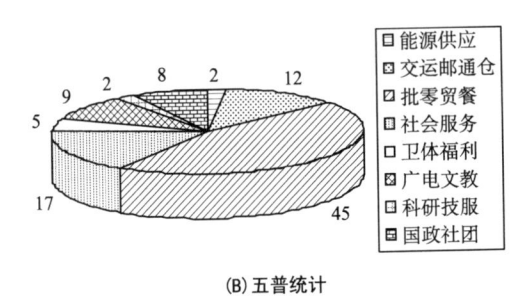

(A) 四普统计

(B) 五普统计

图5—5 广州市公共服务业就业人口占总公共服务业就业人口比重(%)

不同行业各个区的发展力度和水平不同,但公共服务业的就业人口数量增长基本与城市发展一致,即城市发展的空间变化与就业人口变化幅度相一致。图 5—6 列举了部分行业分地区就业人口变化曲线图。

从图 5—6(a)可以看出,四普期间城市各区公共居民服务业就业人口数量普遍较低,而且老城区就业数量高于郊区和所辖县(县级市),反映出城乡差异还较大。五普期间各区居民服务业就业人口数

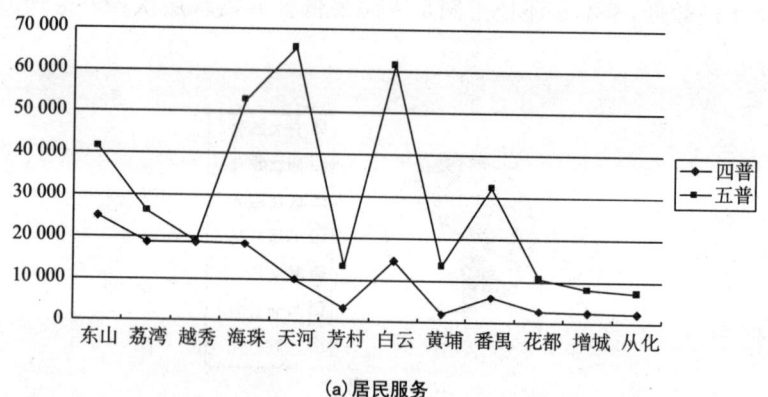

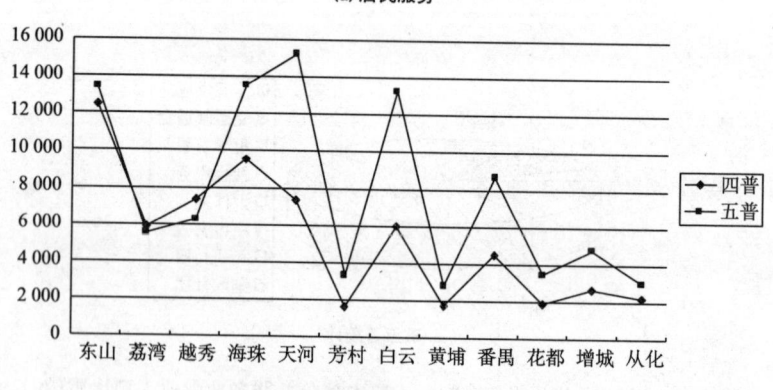

(a) 居民服务

(b) 卫生体育福利

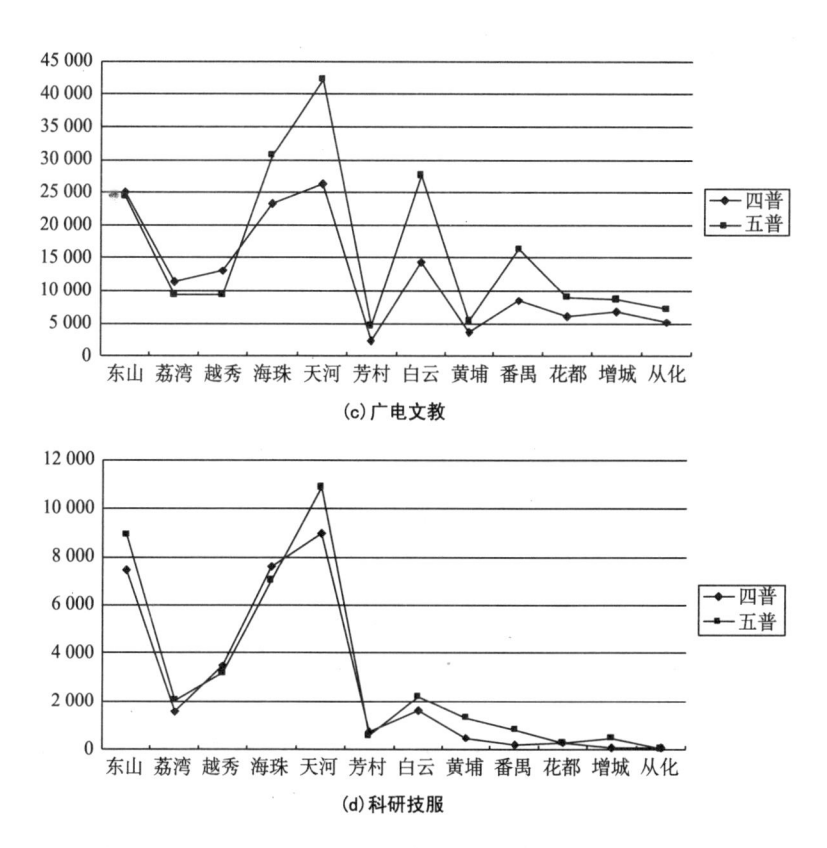

第五章 公共服务业的发展与管治特征——广州案例

(c) 广电文教

(d) 科研技服

图 5—6 部分行业分地区就业人口变化

量都有显著的增长,尤其是城市郊区化发展的主要地区天河、海珠、白云和番禺增长幅度最大。所以从一个侧面反映出了居民服务业的发展与城市经济发展是密不可分的。

图 5—6(b)所示,卫生体育行业就业人口数量五普期间也有较大的增长,尤其是海珠、天河、白云和番禺四区增长最快,与城市社会整体发展方向一致。东山区仍然保持较高的卫生体育行业就业,但

是增幅不大。这与城市整体产业分布传统和发展变化有关。

图5—6(c)所示的广电文教业就业人口分布特征与卫生体育业相似,五普期间行业就业人口增长也集中于城市新发展地区天河、白云、海珠以及番禺。城市郊区如芳村、黄埔、花都、从化、增城等地区也有一定的增长。相反,老城区东山、荔湾、越秀等地区则就业人口有所下降。

图5—6(d)所示的科研技术服务行业就业人口的增长则相对平稳,这表明了城市整体发展还处于低层次阶段,还没有真正进入到后工业阶段。

总体来看,居民服务业、卫生体育福利、广电文教等行业各个区的变化差异较大,天河、白云、番禺以及海珠这四个区的增幅最大。这种变化与这几个区的快速发展和政府的大力投入以及对产业结构调整等因素不无关系。

第二节 公共服务业的管治特征

一、政府改革力度加大,权力逐级下移,社会治理方式也发生较大转变

从1997年起,广州市政府开始实行城市管理体制改革(下文列出了广州市城市管理改革三原则以及广州市深化城市管理体制改革的步骤和计划)。按"管理重心下移,立足基层"的思路,"两级政府、三级管理、四级网络"的总体要求将原先归属于市级的城市规划、环卫等15项事权下放给区、街等基层部门,使广州市的城市管理重心向下挪了一大步。不仅精简了原有市级的政府职能和权力,而且激活了基层组织的活力。如城市综合管理的执行,由七个单位精简为

一个单位,并且所有的权力和执行队伍都下放到各个街区,从而大大提高了管理效率以及管理效果。同时,理顺关系,建立起责、权、利相一致的运作机制。如市政道路管理,过去实行的是一路多制的管理模式,存在不少矛盾。这次改革在重新界定市、区管理道路的基础上,原则性上按"一路一制"实施管理,相应的经费、设施设备、管理力量按"随转"原则一并转移。

另一方面,整个基层管理从创收向服务转变。广州市配合居委会干部的直选,街区居委会正式改为社区居委会,其专职人员的办公费也由市、区、街道三级承担,工资和补贴由市财政承担,从而使直选的干部在最贴近群众的情况下能够更好地为群众服务,改变了原有的以创收为主要职能的不合理局面。正是因为这种体制上的改革,调动了广大基层政府和组织的积极性和能力的发挥,并且更好地促进了基层政府和市民社会的合作。正因为如此才顺利构成了广州的"小变"和"中变"的全局。

广州市城市管理改革三原则

辖区原则:除少数关系全市的全局需要中央或省特别规定事权外,基本以辖区管理为主进行划分(根据职责分工,该下放的事权逐级下移,有的是市下放给区,有的是区下放给街,有的是街下放给居委会)。

下移原则:按照"三抓三放"(抓大项目,放一般项目,抓监督权、否决权,放审批权,抓帮助权、指导权,放一般事务权)的基本要求,城市管理重心下移到区、街,市有关职能部门主要抓好政策、法规的制定和监督执行以及全市性的规划、协调、指导工作和重点工程、项目

（区承担起城市管理的主要工作，并有相应的管理权和审批权，街道和居委会主要负责社区管理和服务）。

转移原则：根据区、街职责和事权的增加，财随事转，费随事转，相应调整、增加区、街的财力，真正做到责、权、利相一致。

广州市深化城市管理体制改革的步骤和计划(部分)

1997年上半年市委、市政府决定开展深化城市管理体制改革，先在东山、海珠两个区试点。

1997年下半年开始，东山、海珠开始实行，并分两步执行。

第一步：开展规划、国土房产、市政园林、工商、公安、街道、财税七个方面的管理体制改革试点。已于1998年10月基本完成改革方案和实施细则并正式实施。

第二步：开展工业、商业、投资、国资、教育、卫生、环卫七个方面的改革试点。

1999年在全市全面推开。城市规划、国土房地产、市政园林、工商、公安、街道、财税、工业、商业、投资、国资、教育、卫生、环卫等14个方面的管理体制改革，从1999年1月1日开始在全市各区全面实施。原则上在上半年交接完成。其中工业、商业企业下放，1999年第二季度完成交接，第三季度起，下放的企业由区全面履行管理职能。财政、国税、地税上半年完成分设，7月份开始地税实行区属地征收。财政体制改革将按税种划分为市本级固定收入、市与区共享收入和区级固定收入，第三季度确定市、区共享收入人成比例，2000年全面实施新的税收体制，1999年过渡期实行增量分成，定额补助法作为过渡。中学下放，2000年9月起下放的中学由区全面履行管理。

二、企业家式的管理模式是政府主导型管治模式的主要特点

长期以来,广州的公共服务业发展都是保守和解困式的,但是从20世纪90年代后期以来,广州的公共服务正在向"发展"和"效益"转变。其中最为关键的就是大借贷搞城市基础设施建设,力图通过城市环境的改善以及城市形象的建设来销售城市,以在国内外市场中获取尽可能多的投资和收益。1997~2001年的五年间,市政府共投入600多亿元用于城市建设,这还不包括国家级或省级项目的投入以及各个分区自己的投入。而之前的47年间广州总共投入城市建设的资金加起来还不到250亿元。前后如此悬殊,"钱如何生成"?对这个问题,政府的回答是"城市本身就是一个宝贵的资源",如何发挥这些资源的最大效益,则必然涉及"经营城市",而这正是管治思想的核心所在。

广州市政府在组织资金上通过多种渠道。①现有财力的倾斜,年底财政超额部分大部分用来搞道路等基础设施建设。②依靠良性循环,以交通设施的改善来带动经济的发展,增加的财政再用于交通的改善,广州1997~1999年三年财政收入翻了一番,因而基建投入也更大。③进入资本市场,多渠道融资。以公交改革为例,广州早在1997年就开始引入外资和民间资本,目前广州有11家公交企业,国有企业只有4家,其余的都是港澳独资或合资。为了进一步改善公交服务水平,广州正准备成立公交集团公司,采用现代企业制度,引入更多的私人资本,打破政府独家经营格局。事实上自从公交服务多元化以来,92%的广州市民认为小区公共交通方便,七成广州人认为公交线路比以前增长许多,通过改革,广州的公交成本大幅下降,政府投入也大大减少,改善了公交行业亏损、质量低下的局面,从而

带来政府、市场和市民的三赢。④清理闲置土地,全面启动土地投标拍卖有形市场,以地生财。仅此一项,市政府每年有近 10 亿元的土地收益增长,如 2001 年,修建地铁批地收益达 40 亿元,全部用于地铁建设,充足的资金使地铁竣工日提前一年,这一年时间无形中又大大缩减了成本,而把收益返还于广大市民。⑤广泛的社会筹集。包括向国家申请政策支持和世界银行等国际组织的资金支持,如广州市内环路是得到世界银行资金支持的特一号项目;向国内外大财团包括港、澳、台等地区寻求支持和合作,如南沙开发区几乎是由香港实业家霍英东先生一手促成,他在这一地区的投入已达到 27 亿元;寻求广大市民的支持,如今年 3 月白云区政府为解决绿化款项中的缺口资金,带头主办义演筹款。

三、以市场为主导的民营企业在公共服务的管治主体中实力越来越强

作为改革开放的最前沿,广州的市场机制发育远远超过了中国内地其他地区和城市,加上悠久的商业文化传统,广州市的市场化运作也越来越完善,民营企业的实力也越来越强。以城市居住区的开发为例,广州市新住宅区的开发主要是由市场为主导,由民营大发展商来开发,而并没有像其他地区包括北京在内的城市那样主要以政府为主导国有地产公司来操作。像广州的华南板块已成长为中国大盘样板田,中国房地产业的一面旗帜。发展商为业主提供的不仅仅是优美的居住环境,更包括一种生活理念和全新的生活方式。在公共服务的配套上,发展商不惜血本,甚至完成了本该由政府承担的公共服务的生产和供给。如占地 7 500 亩的祈福新村无论是超市还是菜市场,无论是学校还是医院,有关的城市公共配套这里都有。同时

它还是华南板块里唯一建设了污水处理厂的楼盘。其第一个污水处理厂投资了3 000多万元,而第二个污水处理厂将要投入1亿元人民币。而其社区医院也是目前广州唯一一家由房地产商兴建的医院,投入超过了10亿。不仅如此,它还为当地居民提供了7 000多个就业岗位。纵观广州的快速城市化,市场的力量往往超过了政府的力量,开发商们越来越扮演了政府的角色。开发商为郊区的开发大规模地投资,大规模建设公路和其他公共设施,甚至牵头引进了广州甚至北京的数家名校在此办学。

总之,在广州的城市发展过程中,企业越来越表现出强劲的实力,政府这只有形的手和市场机制无形的手事实上已经握在了一起,以一种弹性的管治方式共同推动广州向前发展。

四、市民参与力度逐渐增强

在城市的公共管理中,市民参与起到巨大作用,政府也为公众参与提供各种有效途径。如市民对城市建设项目的看法和建议可以直接通过多渠道完成,如市长、区长接待日、信访办、政府公开电话、热线。同时还专门成立电子政府,通过电子邮件、留言板等,市民可以将想法直接向市最高权力者表达。另外,市民可以随时拨打110,将有关城市管理的意见转给有关部门,有关部门的回应解答必须在有限时间内完成。又如,为整治城市环境,全市范围内成立了11 988个服务组、496个志愿者组织、26万多名志愿服务人员参与了城市环境的整治和交通秩序的维护。可以说为每个市民都自觉地参与到重塑广州形象的行动中。同时政府对市民的意见也积极的给予反馈,以珠江新城的建设和发展为例,市政府有关部门则专门面向广大市民给予深刻的反思和检讨。

再以广州市抗击"非典"为例。抗击"非典"期间,广州市各级政府做了大量积极有效的工作,受到人民的肯定。中山大学在2003年6月完成的"广州市抗'非典'的社区动员和市民参与"调查显示,有9.8%的广州市居民参与了社区外其他机构组织的自愿性活动。其中由单位的党政部门(48.4%)、所在单位共青团、学生会组织(32.3%)的活动最多,其余为社区/街道组织(19.4%)和工会、共青团、妇联等团体(6.5%),由其他民间团体组织的志愿活动为6.5%。

此外,市民参与的力度和广度正在不断深化,许多方面也正在以法律的形式得以确认。从2001年年底开始,广州市政府就开始致力于落实这一程序,如今年2月9日市人大常委会第79次主任会议提出了"广州市人大常委会立法听证办法(草案)",并且这一法规已通过颁布实施,它昭示了普通的广州市民都可以参与广州市人大的立法过程。从此可以看出民主、透明管治理念正在形成,以善治为基础的社会治理模式正在促使社会的可持续发展。

五、慈善事业不断发展并促进了政府、市场与市民社会的合作

广州的慈善事业相对于国内其他城市和地区发展更为迅速,发展基础相对来说也更好。这不仅与其特殊的历史背景和地理环境有关,还有很重要的一面就是政府对慈善事业的扶持以及民间各种社会力量的共同促进。以广州市东山区慈善超市为例,它是东山区政府为了更好地援助困难人士牵头成立的。自2003年7月成立以来,得到了社会捐助50多万元。为东山区、越秀区以及海珠区数千名困难人士提供各种生活必需品,这些困难人士凭票到超市免费领取生活用品。另外来自广州的许多企业包括海印集

团、城启集团等给予该慈善超市热心的捐助。类似这样的事例还有很多很多,各种以慈善为目的的公益活动越来越受到全社会的关注和支持。

六、志愿者队伍不断壮大,市民社会蓬勃发展

改革开放后,广州是全国最早恢复志愿服务的城市,1986年出现了全国第一条志愿服务热线电话。同时,由于与港澳一衣带水的亲密关系,其志愿服务观念、经验和实践都对广州志愿服务的发展起到重要的影响。当前中国正处于社会转型的关键时期。社会转型、职能转变的最主要特点是将过去由政府包揽的社会福利、社会保障、社会服务等公共服务交回给社会,从而减轻政府的经济负担、社会负担。但是政府式福利减少的同时,许多社会成员尤其是有困难的成员仍然需要得到多方面的帮助,这时志愿服务成为主要选择形式。所以,不论是政府机构还是民间组织,都将发展志愿组织作为新的重点。志愿者行动在广州正成为社会新风尚,广州市的口号就是在五年内志愿者队伍将发展到全市总人口的1/10。越来越多的市民积极加入各种志愿服务、义工服务。这些志愿者、义工或是志愿(义工)服务团体倡扬爱心奉献、助人自助、热情活力、真诚友善、和睦共处、珍惜生命、维护自尊、神圣高尚等人文精神要素,在社会公共服务供给中发挥着越来越大的作用。他们在支持社会发展的同时,也支持人文精神的重建和振兴。这正是市民社会发展壮大的前提条件,也是社会基础设施建设的重要部分。

广州市番禺区志愿服务的发展状况[①]

广州市番禺区,在港澳同胞和社会力量的支持下成立义务工作者联合会(志愿者),为农村城市化过程的社区环境改善和群众生活服务。同时建立直属的"心声热线服务组"、"信箱服务组"、"助残服务组"、"长者服务组"、"青少年成长辅导服务组"、"环保宣传服务组"等队伍,通过开展具体、实际的服务活动,引起社会的关注与重视。1994~1998年,主要是区义工联的各类服务队伍深入镇开展活动,激发广大群众的兴趣。我们在南沙、潭州、新造等镇村调查时,一些老人、残疾人、贫困人士谈起区里来的义务工作者仍记忆犹新、大为夸奖。在奠定社会良好影响的基础上,番禺区在市桥镇、大石镇、钟村镇、沙湾镇等建立义务工作指导中心或义务工作服务中心,并挑选热情较高的村庄建立义务工作服务队、服务组,就近、方便地为群众提供帮助。如今,经过多年的努力,所有镇都建立了义务工作者联合会,或者义务工作服务中心,数十个村庄成立了义务工作队伍(占全区村庄总数的15%)。这样一来,广大群众在城镇、农村社区都有机会得到青年志愿者的热情服务。

从1999年开始,他们适应农村居民文化生活需求增长的情况,推出"305"工程,即在全区18个镇的305个村,每个村建设一个"共青团公园",作为村民闲暇休息、文化娱乐的场所。这项活动由共青团和志愿者团体发起和实施,发动村落资源、机关企事业单位资源、港澳同胞资源捐资建设,如今基本在所有农村建成了公园,由志愿者

---

① 资料来源于番禺区义工联合会提供的资料。

管理服务和组织文化娱乐活动。当农村村民具有新的精神需求时，党政部门虽然重视这种趋势，但有时难以直接开展工作。如果党政安排大规模的农村公园建设，一是涉及"乱摊派"、"增加农民负担"的问题；二是难免工作过程中有些人员官僚作风、腐败行为，把好事变成坏事。志愿者发起、共青团牵头，社会力量合作建设"305"工程，既满足农村群众的需求，又实现党政领导的心愿，产生良好的政治反响。目前，各地志愿者在服务过程中，了解到服务对象、社会成员对党政工作的意见、建议，通过团体反馈到党政领导机关，对科学决策、调整政策有积极的参考作用。

广州 37 名大学生昨日赴港学当社工[①]

2004 年 2 月 29 日，广州中山大学 34 名本科生及 3 名研究生作为该校社会工作系第一批学生踏上了前往香港实践"社工"之路，内地社工本科生到香港这样社会工作发展成熟并与国际接轨的地区进行参观实习，这在内地高校尚属首次，对促进内地"社工"事业的发展具有深远意义。

据了解，此次赴港的 37 名学生均是中山大学今年刚刚成立的社会工作系的学生，他们所学的"社会工作专业"是 2001 年面向社会招生的。此次香港之行由香港的四家综合性社会工作服务机构承担接待任务。除了免费为学生提供食宿，还要为他们寻找实习导师。而此四家机构在香港都是受政府资助的社会福利服务事业的佼佼者。

学生们到港后，将深入香港的青少年服务机构、老人服务机构、

---

① http://news.21cn.com/dushi/hotline/2004/03/01/1462683.shtml。

残疾人服务机构、妇女服务机构等进行专业知识的社工服务,对香港社会福利事业状况进行全方位的"扫描"。他们此行将为如何推动广州的福利事业,福利机构应怎样为广大市民提供服务,内地社工与国际社工之间存在怎样的差距等问题的探寻起到一定的作用。

第三节 医疗卫生事业和教育产业的发展和管治

为了更好地说明广州市公共服务的发展和管治特点,我们选取医疗卫生事业和教育业以进一步分析和阐述。

一、医疗卫生事业的发展和管治

(一) 发展水平及特点

1. 卫生资源成分多样化,中央、省、市一级卫生资源占主导地位

广州市是省会城市,同时也是中国南方地区的中心城市,历来在中国就具有举足轻重的位置。因此,一直以来卫生事业的发展都得到了国家、省等上级政府的重视,卫生资源成分具有多样化特点。以医疗机构为例,有中央部属、省、市、区(县级市)各级的卫生机构,还有大量的社会医疗机构。2000年,全市有卫生机构1 703个、医院252间、预防保健机构55个。按户籍人口702万人计算,每千人拥有医院病床4.81张(如按广州市普查常住人口数994.3万人计算,每千人拥有医院病床3.39张)。其中,市属15家医院拥有病床

8 401张,占全市的24.31%;总诊疗量870.39万人次,占全市的21.65%;卫生工作人员12 937人,占17.71%。中央、省属卫生资源在我市处于举足轻重的地位,共有14家医院,病床7 593张,占全市医院床位的21.97%;总诊疗量1 218.6万人次,占全市的30.31%;卫生工作人员12 107人,占全市的16.58%(表5—5)。总体上讲,中央、省属卫生资源和市属卫生资源在全市所占比例大体相当,而且在全市都占据相当份额。反映出了政府在公共卫生服务事业上的主导地位。

表5—5 广州市卫生资源所属情况

	医院(间)	占全市比重(%)	病床位(张)	占全市比重(%)	卫生工作人员	占全市比重(%)	总诊量(万次)	占全市比重(%)
中央、省属	14	5.56	7 593	21.97	12 107	16.58	1 218.6	30.31
市属	15	5.95	8 401	24.31	12 937	17.71	870.39	21.65

资料来源:2000~2003年《广州年鉴》。

2. 资金投入多元化

近年来,整个医疗卫生事业都有了长足的发展,各级政府投入都比以往有了大幅增长。中央部属和省属医疗卫生资源具有带动作用。如省政府于2000年重点投入省人民医院和省中医院两间省属医院,分别投入了5.2亿元和2.5亿元,使两所医院条件大大改善,基本达到了现代化医院的建设标准,成为广州市医疗行业的领头羊。

近十年来,在市政府的大力支持下,市属卫生机构的建设取得了一定进展。据统计,市卫生局局属单位从1991年到2000年,共投入资金4.77亿元。其中市财政投入2.35亿元,单位自筹2.42亿元,用于卫生机构业务用房建设和改造的项目共42个,总建筑面积达

21.65万平方米。医院的业务用房面积现在达到 355 502 平方米,床均面积提高至 52.62 平方米,在一定程度上改善了病人的就医条件。尤其是最近几年,市政府的投入力度有了进一步的加强。仅从 2003 年到 2005 年,市政府将投入 6 亿多元的资金改造市级医院。其中市财政和医院各解决一半的投入。

同时各级政府在发展医疗事业上出台相关政策,积极吸引民间资金以发展医疗卫生事业。根据"中共中央、国务院关于卫生改革与发展的决定",政府举办的各类卫生机构的基本建设及大型设备的购置、维修,由政府按区域卫生规划的要求给予安排的精神,并根据我市的实际情况,市政府已考虑采用政府投入与医院自筹资金相结合的办法解决医院资金问题。尤其是在市的重点发展地区如新机场所在地花都和南沙港新建的医院投资方式提出采用民间投资或引进外资办医疗事业的方式投入,使医院的建设与投资逐步向社会化的方向发展。

3. 卫生事业的管理权下放力度加大

随着广州市政府对城市公共管理体制的大幅度改革,卫生事业的改革也日益深化,其中最重要的一个方面就是市政府将管理权下移,由市级下放到区、街各级,基层政府在卫生事业的发展中的主动性大大增强。因而也导致了区街级基层政府在卫生事业的投入加大。从 1998 年开始,也就是广州市政府决定深化城市管理体制改革以来,各个区一级政府在卫生事业上的投入都呈增长趋势,尤其是卫生资源相对落后的几个区如天河、番禺、芳村、黄埔等城市新区和郊区,区级政府的投入力度显著增大,如图 5—7 所示,从而使卫生资源的地区差异开始逐渐缩小。

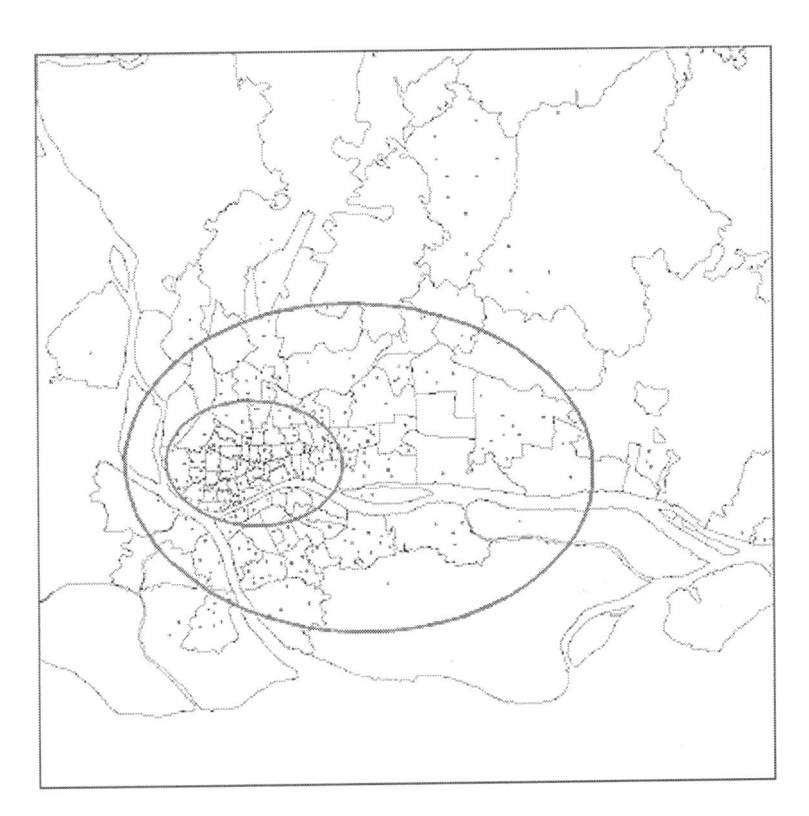

图 5—7　主要医疗卫生机构空间分布

注：内圈表示老城区大致边界，外圈表示新城区大致边界。

广州市深化城市管理体制改革(卫生事业改革)的具体内容 (下放给区级卫生部门的管理权限)

区卫生局根据市卫生事业发展规划和市区域卫生规划，负责辖区内社会医疗机构中除涉外医疗机构外的10人以下的门诊部(诊所)和20张病床以下的医院设置审批、执业登记和管理,负责经营药品零售业务的企业、个体零售药店《药品经营企业许可证》的审批;负责辖区内由区工商行政管理部门发放的营业执照的单位的卫生许可证的审批和居住区配套卫生院的建设。

4. 卫生机构分布不均衡状态正在改变

从广州市的卫生资源分布上看,现有卫生资源绝大多数集中在老城区,新城区相对较少,而位于郊区尤其是远郊更少(图5—7)。卫生资源的分布极不平衡。如东山区东山口一带,就有中山医一院、省人民医院、铁路医院、东山区人民医院等医院,而新城区如天河、番禺、花都、白云、芳村等地,医院相对较少。整个布局呈现出旧城区卫生机构比较集中,新城区卫生机构较少的状况,尤其是天河作为新的城市中心区,产业结构最优,人口素质最高,医疗卫生事业的相对滞后的缺陷已显示出来,并引起了各级政府的重视。市政府已决定近期在天河一带,建设一间占地12.5万平方米,400床规模的、环境一流的广州市儿童医疗中心,计划2004年动工,2005年建成。使新、老城区的两个儿童医疗中心在布局上东西呼应,共同为市内外儿童患者服务。并与正在准备兴建的广州市妇幼保健中心结合,建设一间在国内或东南亚具有领先水平的现代化妇女儿童医疗中心,集妇幼儿童疾病的预防和治疗为一体,共享卫生资源,把各区、县的妇幼保健机构联合起来,成为广州地区妇幼儿童保健治疗网络的龙头,服务全市。各级政府尤其是各区一级政府都积极投入医疗卫生事业的建设,卫生资源相对薄弱的区则投入更大。番禺、芳村、黄埔、天河、白云等区近几年投入都有较大的提升。

广东省财政和广州市财政对公共卫生的投入规模全国少有(图

5—8)。在"非典"危机中广州市民的反应和广州市政府的努力以及社会各界的支持都为全国树立了极佳的榜样,在全世界获得了认同。

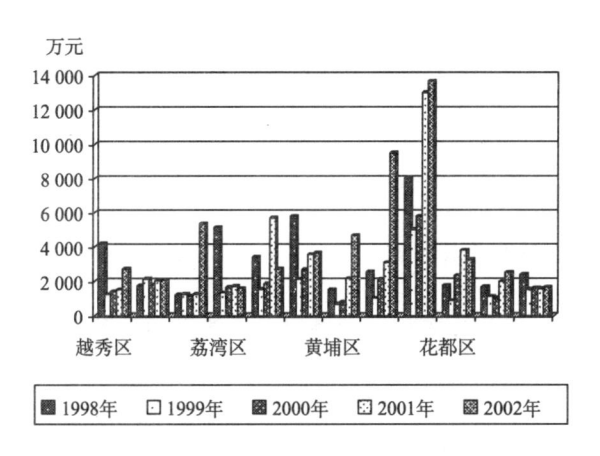

图5—8 广州市历年各区卫生事业投入

资料来源:2000～2003年《广州年鉴》。

公共卫生保健体系建设成为医疗卫生事业发展重点[①]

全面实施初级卫生保健工作,是实现世界卫生组织提出的2000年人人享有卫生保健的全球战略目标的基本途径。我国政府在1983年对此作出了承诺。初级卫生保健服务旨在公平地分配和使用有限的卫生资源,把卫生资源的投入转向解决大多数人的基本卫生问题。

广州市农村初级卫生保健工作自1991年在全市范围内全面实施以来,各职能部门和广大人民群众有计划有步骤地推进此项工作。

---

① 据1997年、1998年、2001年《广州年鉴》整理。

1997年重点推进镇、村为单位的农村基层卫生保健达标工作,农村基层卫生机构基本实现了"一无三配套"(无危房,人员、房屋、设备配套),农村合作医疗覆盖面达到51%,比上年增长4%。

2001年,广州市大力发展社区卫生服务,逐步调整卫生资源配置。至2001年年底,全市社区卫生服务机构达190间,基本建立起社区卫生服务体系。

(二)空间差异及特征

为了分析广州市医疗卫生事业发展的空间特征及差异,统计整理了以下图表(表5—6,图5—9)。

表5—6 2002年广州市分区医疗卫生事业发展情况

	越秀区	东山区	海珠区	荔湾区	天河区	白云区
医疗机构数	39	220	79	51	328	549
卫生技术人员数	7 173	8 331	5 837	3 932	6 640	4 910
平均每间医疗机构卫生技术人员数	184	37.8	73.9	77.1	20.2	8.9
卫生事业财政投入(万元)	2 722	2 077	5 350	1 588	2 725	3 645
	黄埔区	芳村区	番禺区	花都区	从化市	增城市
医疗机构数	112	113	203	124	100	85
卫生技术人员数	1 557	1 749	4 104	2 523	1 962	2 557
平均每间医疗机构卫生技术人员数	13.9	15.5	20.2	20.3	19.6	30.1
卫生事业财政投入(万元)	4 671	9 500	13 667	3 262	2 015	

资料来源:据2003年《广州年鉴》整理。

从表5—6可以总结出以下特征。首先从总体来看,医疗卫生机构数量新城区多于老城区,郊区多于市中心区。其中白云区医疗机

第五章 公共服务业的发展与管治特征——广州案例　　213

构数最多,其次是天河区(图5—9)。

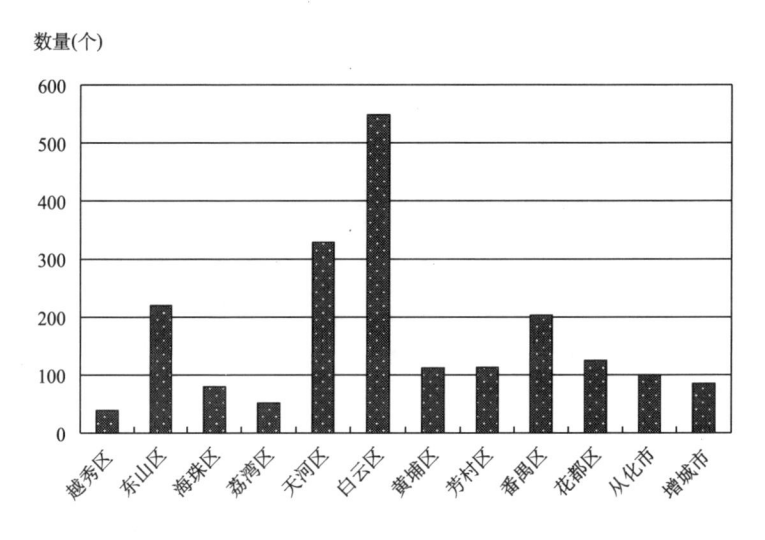

图5—9　2002年广州市各区卫生医疗机构统计

其次,医疗卫生资源老城区优于新城区,市中心区优于郊区。从图5—10(a)可看出,医疗卫生技术人员数量市中心区明显高于郊区,尤其是老城区越秀、东山,医疗卫生技术人员的分布密度最大。天河、白云总量较高,但是由于这两个区的区域面积大得多,相对来讲,其卫生技术人员的分布密度并不高。图5—10(b)所示为平均每间医疗机构卫生技术人员数,很明显,这一平均指标所示的地区差异更大,更清楚地说明了老城区的医疗卫生资源的集中度。并且进一步反映出大型医疗卫生机构在老城区的集中。而新城区及郊区则相对医疗机构较小且分散。

再者,财政投入力度郊区大于市中心区,城市新区大于老城区(图5—11)。这一特征与前面图5—7所反映的情况一致。表明区

(a) 广州市2002年各区卫生技术人员

(b) 广州市2002年各区平均每个医疗机构卫生技术人员

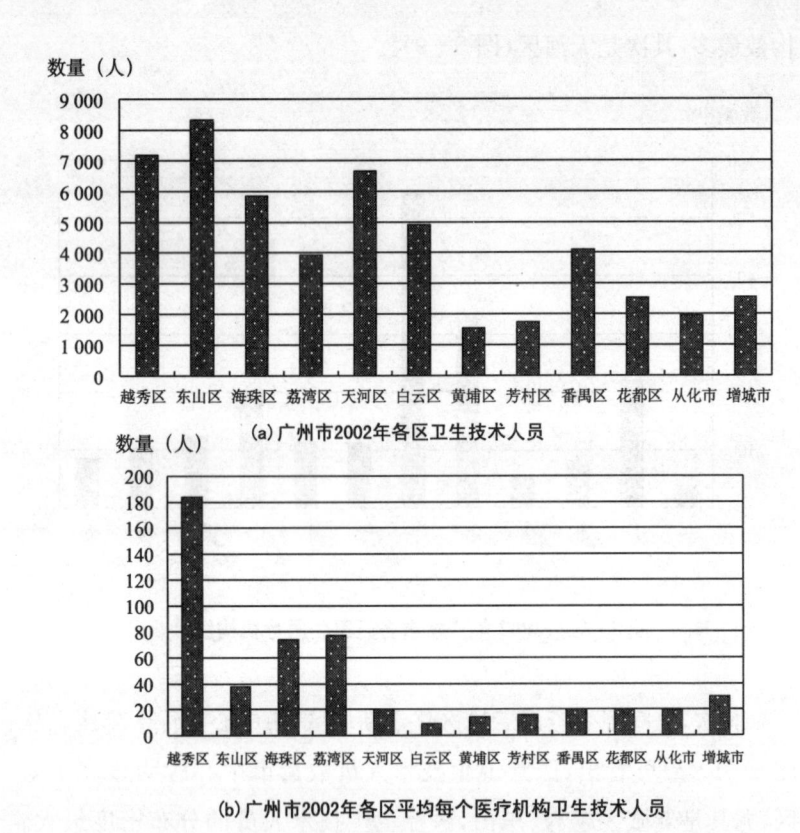

图 5—10　广州市分区医疗机构卫生技术人员

一级的基层政府在医疗卫生事业的发展上越来越主动。

(三) 管治模式与特点

广州市的医疗卫生事业的管治结构随着政府的政策调整和广大市民需求的变化也在发生不断地变化。强中心—弱水平的政府主导模式一直以来都居于主导地位,但是近年来随着地方政府自主性的

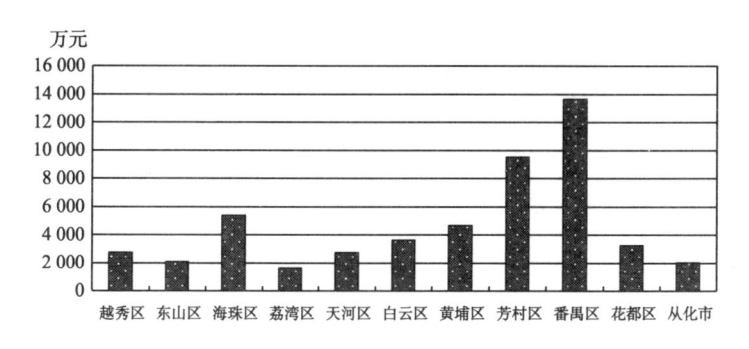

图 5—11　2002 年广州市分区卫生事业财政投入

增强,市及区级基层政府在医疗卫生服务上的生产和供给有了极大的提高,弱中心—强水平的政府主导模式将成为发展方向。同时随着市场机制的发展,民间资本不断地涌入这一领域,并发挥着越来越大的作用。不仅有以营利为目的以市场机制为动力的满足高需求阶层的高档医疗机构和场所,同时还有以慈善为主的为普通群众服务的福利半福利,主要依靠民间投入的慈善医疗机构,去年广州市慈善医院也已建成投入使用。由于政府对医疗卫生事业的管制的逐渐放松,越来越多的私人诊疗机构出现,既有为社区服务的,也有服务全市的。同时在广州的医疗卫生服务中还存在许多非正式诊疗机构或场所或是个人,也就是所谓的游医,他们通常没有正式的营业执照甚至执业资质,相当部分虽然技术水平不高,但是事实上还是具备一定的医疗技能,因而主要是为熟悉的人或是通过亲戚朋友介绍或是就近为所在社区服务。通常具有低廉的收费和较好的服务,社会关系和社会交际网络在其服务中十分重要。对社会低收入阶层来说这样的医疗卫生服务更符合其需求。在广州的城中村,这样的非正式的医疗卫生服务十分普遍。其管治具有典型的非正式制度下的草根模式特点。总结起来,医疗卫生事业的管治模式主要有以下特点。

1. 基本公共卫生服务上仍然保持和强化政府主导型管治模式

20世纪90年代以后,医疗卫生事业逐渐被推向市场,医院和整个公共卫生体系被简单地推向了市场。过分的市场化导致整个社会重医疗收益,轻长期保健和公共卫生体系建设。但是广州市政府及时认识到这一问题的严重性,改变发展观念,调整发展政策,公共卫生保健防疫体系的建设成为医疗卫生事业发展重点。这是基本医疗卫生服务的公共物品性和公益性特征所决定的。而政府必须向全体公民提供这样的医疗卫生服务和保障。这正是政府的职能体现。因此,在基本公共卫生服务上政府主导型管治模式必须强化。也只有如此才能真正提高人民的生活水平。比如,广州市医疗卫生事业的发展中农村基层卫生机构基本实现了"一无三配套",从2001年又开始大力进行社区公共医疗卫生服务的建设,基本建立了社区医疗卫生服务体系。

2. 建立在医疗卫生需求多元化基础上的市场主导管治模式发展迅速

转型时期中国城市的阶层分化已是不争的事实,各个阶层所拥有的社会资源和物质资源都各不相同,在此基础上对医疗卫生服务的需求存在着巨大的差异。因而为市场提供了巨大的私人医疗卫生服务消费领域。这一领域随着社会经济的发展将进一步扩大。表5—7反映出了私人、个体办的卫生诊所在近几年内得到了较大幅度的增长。从1997年至2001年增长率为16%,高于整体医疗卫生机构的增长率13.5%。这说明建立在需求基础上的市场供给型管治模式已经存在并发展起来。这样的例子已越来越多地出现在社会生活中。如番禺祈福新村的祈福医院是由私人部门提供的公共服务设施,它不以盈利为最终目的,而是以服务社区居民为职责。它的存在表明了在医疗卫生服务中市场主导型的管治模式已经开始形成。虽然这只是极为个别的现象,但是它表明了整个医疗卫生事业的管治结构已经开始发生改变。

表5—7 医疗卫生机构变化情况(个)

	卫生机构总数	医院数	门诊部、所
1997年	1 989	224	1 620
2001年	2 257	253	1 880
增长率(%)	13.5	12.9	16

注:门诊部、所主要指私人、个体办诊所。
资料来源:1998年、2002年《广州统计年鉴》。

祈福新村的社区医院——祈福医院[①]

祈福医院是位于祈福新村的社区医院,它是由广州房地产界享有极高知名度和优良品牌的祈福新村房地产公司投资新建的一家中西医和自然疗法结合的三甲医院,有500多张床位,设施远远超出了社区居民的需求。这家医院并不侧重于盈利,更重要的是为社区居民提供更为便捷和优质的医疗服务。为了提高服务质量,公司专门在祈福医院内聘任了三位访问员,专职听取居民意见。同时在小区内安置意见箱,直接送到总经理手中。

---

① 据《南方都市报》(2003年6月4日,D75版)相关内容整理。

3. 草根型社会主导管治模式是医疗卫生服务体系的重要补充

对于这一类型的管治模式虽然从全社会来看只是极少数,但是在医疗卫生资源相对落后特别生活水平较低的地区则发展较快。比如广州市郊区的偏远地区农村由于公共卫生保健体系的缺乏,而这些地区的居民日常生活又必需相关的医疗服务,因而民间力量在这种两难情况下发挥出巨大的能动性。前文所举的清新县私人卫生站的例子就很好地体现了这种民间草根主导型管治模式。

4. 医疗卫生服务业发展水平的空间差异导致管治模式的空间差异

前面一节分析了广州市医疗卫生事业发展的空间差异,从中不难推导出这样一个事实,即在政府投入为主、卫生资源丰富的老城区私人医疗卫生机构则相对较少;由于郊区化的作用,较富裕的阶层大都居住于城市新区以及居住环境优越的郊区,因而在这些地区对医疗卫生服务的需求存在多样化的发展趋势,建立在需求基础上医疗卫生服务的供给必然会以多样化的形式存在。因而在城市新区和郊区化地区如天河区、白云区、番禺区则市场主导型的医疗卫生服务管治模式较多。而在相对偏远的县级市如从化、增城、花都这些地区偏远地区则草根型管治模式较多。对于这部分内容的研究是对管治更为深入的研究,在此笔者将此问题作为进一步的后续研究,就不花过多笔墨来展开。

二、教育产业的发展和管治

(一) 教育产业发展特点

近几年来,广州市的教育服务获得了长足的进步。2002年年底,市属普通高等教育在校学生人数达4.6万人,高考学生录取率为87.2%,全市适龄青年高等教育在校学生比重提高到49.6%。职业教育"281工程"进展顺利,又有5所学校通过了省级重点职业学校评估。教育综合改造工程和24所示范性高中建设进度加快。全市新增省、市一级中小学39所,新移交给教育部门使用住宅开发小区配套学校51所。越秀、东山、天河三区成为省级教育强区,番禺区沙湾镇被评为省级教育强镇。各级财政投入2.8亿元加快教育信息化建设,全市学生总数与电脑总数的比例达15.6∶1,高于全国120∶1的水平。

至2005年广州净增优质高中学生4万,投资22亿多元的广州市24所示范高中将全部建成,60%初中毕业生可上普高。将大大缓解目前"上高中难"的局面。这同时是广州市重点建设项目。

教育产业化趋势明显,这也正是广州市产业创新的一大趋势,并正在逐步发展成为新兴的支柱产业。这主要是因为现代社会教育的规模增长十分迅速,而广大市民对教育的需求大大超过了政府的供给水平,因而促使教育发展更为多元化。以GDP结构为例,包括教育在内的第三产业占GDP的比重,近几年来已超过了一半以上,而教育对第三产业的贡献,近几年已逐渐接近并超过10%。若加上相关的科研技术服务,则这一比例更高(表5—8)。

表 5—8　科研、教育对第三产业贡献率变化(%)

年份	1998	1999	2000	2001	2002
科研对第三产业的贡献率	2.08	2.46	3.35	2.47	1.92
教育对第三产业的贡献率	6.42	8.81	6.38	10	8.40

注:"科研"包括科学研究和综合技术服务;"教育"包括教育及文化艺术广播电视电影业部分。

总之,教育服务水平的提高在促进广州市的城市发展中起到了巨大的作用。教育事业的发展不仅与政府的投入加大有关,还有许多其他因素共同促进教育的发展,包括政府对教育事业管制的调整,社会力量对教育的投入不断加大等,从而在教育服务上形成了全社会共同发展教育事业的局面,因此也使广州的教育服务水平发生了变化。

1. 教育服务投入力度大大增强

近几年来,广州市各级政府在教育事业上的投入越来越大,2001年教育事业上的财政支出比1996年增长了近一倍。2001年1月1日起施行的"广州市教育经费投入与管理条例"明确规定,市人民政府年度财政支出中教育经费所占的比例应当不低于15%;优先发展教育,保障教育经费投入,完善多渠道筹措教育经费的体制,使教育事业的发展适度超前于本市经济、社会的发展。

广州市政府从2001年开始在荔湾、越秀、海珠、东山四个老城区内实施了"教育综合改造工程",市政府决定用3~5年时间,由市、区两级财政投入22.73亿元改造老城区内共96所"用地特困学校",调整优化中小学校布局,推进教育的均衡发展。2002年,市区两级财政共拨款16.084亿元用于教育综合改造工程,其中市财政投入

9.584亿元(表5—9)。到2002年年底,各区已完成投资10.81亿元,目前市财政补助资金11.84亿元已全部按规定拨付到位,并于2003年年底基本完成各项改造工程。

表5—9 教育事业财政支出情况(元)

年份	1996	1997	1998	1999	2000	2001
地方财政支出合计	1 127 780	1 251 225	1 469 219	1 796 146	2 310 900	2 585 965
教育事业费	125 833	145 938	144 254	178 485	210 785	251 923

另一方面,全社会对教育业的投入力度也越来越大,以教育业固定资产投资为例,从2000年开始,每年都有大幅的增长,而且增幅越来越大(表5—10)。

表5—10 2000～2002年教育业固定资产投资额比上年增长情况(%)

年份	1999	2000	2001	2002
教育业		5.84	25.62	27.88
高等		25.61	17.47	22.82
中等		−10.4	47.88	50.9
初等		−51.58	163.4	50.5

2. 教育业内部投入结构开始改变

高等教育的投入作为教育业投资重点的地位没有改变,但基础教育的投入增长最为迅速(表5—11)。从表中可以看出,高等教育业的投资增长幅度低于中等教育业和初等教育业,而且,在教育业固定资产投资额中所占比例高等教育逐渐下降,中等教育和初等教育逐渐上升。

表 5—11 1999~2002 年教育业固定资产投资各项所占比例(%)

年份	1999	2000	2001	2002
教育业	100	100	100	100
高等	54.2	64.32	60.15	57.78
中等	24	20.33	23.28	27.57
初等	10.73	4.91	10.3	12.12

这表明,广州市政府开始将重心放到基础性教育服务中,对基础性教育服务实施公共服务供给体制,政府在公共财政支出中保证投入,对社会适龄学生保证供给。在基础教育服务中采用政府为主导的管治模式,而高等教育服务则逐渐吸纳社会力量联合进行办学和发展。

3. 政府对教育业的规制开始放松

1998 年始,广州市政府进行了全面深化城市管理体制的改革,从中对教育事业上的权力下放进行了明确的规定。以中学为例,原则上把中学全部下放给各区管理。除面向全市八区以及四县级市招生的特殊教育学校、特色学校、省市重点中学和省级以上重点职中仍由市教委直接管理的 15 所学校外,其余全部下放给区管理。相应的财政性教育事业经费、离退休人员经费、国有资产和人员也一并划拨给区管理。中学下放区管理,理顺了基础教育的关系,有利于发挥市、区两级办教育的积极性,有利于区域学校布局建设和提高教学质量。

4. 教育服务投入多元化发展

"广州市教育经费投入与管理条例"里明确提出了要多渠道地筹集教育经费,除了各级政府对教育的财政支出外,还包括广泛的社会筹集。其中第七条对教育经费的投入来源作了详细的阐述。

教育经费投入来源

第七条　教育经费投入来源包括:
(一)财政专项用于教育的拨款;
(二)专项用于教育的税费;
(三)企业事业单位、社会团体、其他社会组织和公民个人的办学经费;
(四)勤工俭学、社会服务和校办产业收入用于教育的经费;
(五)社会捐资助学、集资办学经费;
(六)学校事业收入;
(七)其他教育经费。

5. 民间力量在教育服务生产供给中重要性日益增强

广州市现有民办教育机构近千所,在校学生(包括学历教育和非学历教育超过)30万人。至2001年年底,学历教育在校生近14万人,其中中小学近12万人,中等职业学校1.7万人,专修学院高等教育学历文凭考试4 000人,全年各类培训约23万人。办学体制和投入渠道趋于多元化,办学规模基本形成。

社会力量办中小学有新的发展,全市经各级教育部门审批的社会力量办中小学有151所，比上年增长72％，涌现了一批办学条件好、教育质量高、有一定办学特色的民办中小学。2001年，广州市启动首批市一级民办学校评估工作。经审批，祈福英语实验小学、华美英语实验学校和英豪学校成为广州市首批市一级民办学校。

民办高等教育也有了很大的发展，到目前为止，广州共有民办高校五所：广东白云职业技术学院、广东岭南职业技术学院、广东侨鑫工商管理专修学院、广州市南洋科技专修学院、广州华立学院等。以广东侨鑫工商管理专修学院就是由广东侨鑫集团以培养具有中国灵魂、世界眼光和创新思维的职业经理人为目标，于1999年投巨资正式成立的不以营利为目的的中外合作办学教育机构。截至2002年12月，学院已经成功地同澳大利亚西悉尼大学成功地合作开办了六期工商管理硕士课程，为社会培养了数以百计的高级工商管理英才。

根据2003年9月1日起执行的《中华人民共和国民办教育促进法》，广州市物价局、教育局、财政局、劳动和社会保障局联合发布了"关于规范我市民办教育收费管理的通知"，在全国各大城市中率先制定了民办教育收费新办法。新办法规定，除民办高校外，各类民办教育机构的收费项目和标准都由学校自定，新办法把收费的自主权交给了学校。广州市在全国省会城市中率先放宽民办教育收费政策，充分体现了促进民办教育发展的主旨，也有利于调动更多的社会力量参与民办教育。如以幼儿园为例，近几年来广州市幼儿教育发展很快，从表5—12可以看出，教育部门办学校数量基本稳定，集体办略有增加。其他部门办幼儿园绝对数量和比例则逐渐减少，其他部门办指的是由企业、事业单位办，这种现象正在减少，这是公共服务社会化的必然趋势。民办幼儿园的绝对数量增长最大,并且其增幅也是最显著的。表明在幼儿教育服务中民间力量越来越突出。

积极探索幼儿教育办学新模式

体育东路幼儿园是天河区实施幼儿园"国有民办"体制改革的试点单位,其园舍由天河区教育局提供小区配套用房,并下放足够的办学自主权。该园实行园长负责制,教职园工聘任制、结构工资制,充分发挥自筹经费、自负盈亏累、自主办园、自我发展的政策的灵活性。其总园是广东省唯一的民办性质的省一级幼儿园。

表5—12 广州市幼儿园投资主体统计

年份	1996	1997	1998	1999	2000	2001
总数	1 278	1 307	1 371	1 431	1 544	1 568
教育部门办	71	64	69	70	72	74
其他部门办	427	406	399	371	354	319
集体办	611	633	643	633	700	697
民办	169	204	260	357	418	478

必须强调的一点是广州市民间企业办教育的比例越来越高,最为突出地表现在房地产开发中(图5—12)。广州市房地产开发在全国都享有极高的声誉,其中最关键的一点就是各发展商在公共基础设施配套上投入巨大,并以此作为其抢占市场的杀手锏。各大盘都以教育配套设施作为卖点,因而在教育设施上的投入也越来越大。无论从规模还是经营方式都得到极大的提高。如规模最大的南国奥园学校的占地规模达20万平方米,同时,借教育产业化经营理念,与

名校联合办分校际,教育体系也日趋完善,提供了或计划提供从幼儿园到中学的全方位教育服务。但是收费也往往较高。以广州市开发较为成功的华南板块为例可予以说明。

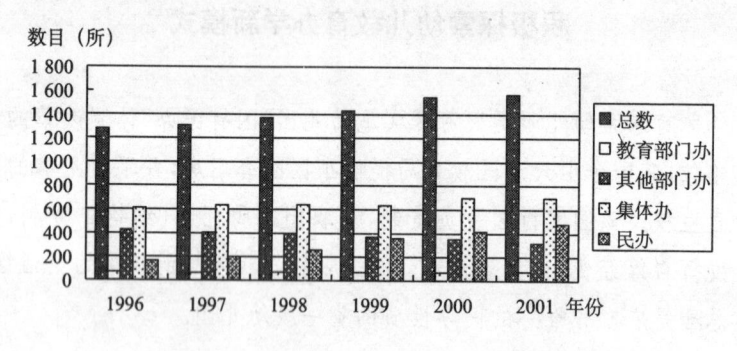

图 5—12　历年广州市幼儿园建设情况

华南板块楼盘学校特色[①]

1. 祈福新村英语实验学校——采用双语教学模式,其下属幼儿园及小学是广州市首所市一级一类民办学校。

2. 星河湾番禺执信中学——由广州执信中学独立自主办好番禺执信中学。设有初中部和高中部。另星河湾国际幼儿园和小学仅作为附属学校。

3. 广地花园培正广地实验学校——与南粤名校广州市东山培正小学合作创办了广地培正实验学校,按照省一级标准设计的全日制全寄宿学校,属公有民助的学校。

---

① 资料来源于楼盘售楼书及相关资料。

4. 南国奥园北师大南奥实验学校——与北师大合办南奥实验学校。

5. 锦绣香江(筹办中,未命名)——从幼儿园到成人教育一条龙的大型学校。与北京大学合办,教师聘任由北大把关。

6. 华南新城华南师大附中番禺学校——由广东省名校华南师大附中与华南新城联合创办华师附中番禺学校,在全国范围内招收学生。

6. 教育需求的空间差异和社会差异日益显著。

随着社会的发展,广州市的郊区化趋势也日益明显,因而使整个城市的人口分布在城市空间上表现出新的特点,老城区人口数量日益下降,新城区则人口增长迅速。而且新城区既有高中低档各类城市型社区,还有相当部分是农村型社区以及居住有大量外来流动人口的"城中村"型社区,因而决定了在新城区阶层分异较老城区更明显,阶层种类最多,因而在教育服务的需求上必然呈现出多样化的趋势。

(二) 教育服务业发展的空间差异及特征

1. 教育服务业的财政投入上市中心区高于郊区,新城区高于其他地区

从图5—13所示的2001年广州市各区教育事业财政投入比较上来看,市中心区越秀、东山、海珠、荔湾以及新城区天河、白云以及番禺的投入较大,而黄埔、芳村、花都、从化、增城等郊区则投入相对较低。

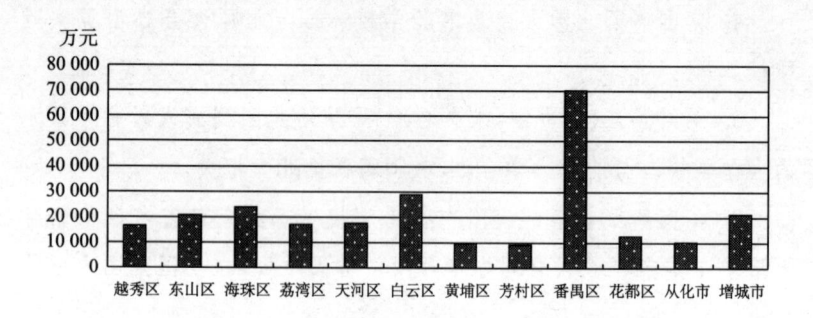

图 5—13　2001 年广州市各区教育事业财政投入

从图 5—14 来看，近几年来各区教育投入上也表现出市中心区以及新城区越秀、东山、海珠、荔湾以及天河、番禺等区投入增长幅度大于郊区如黄埔、芳村、花都、从化等区（县级市）。老城区东山、越秀、海珠等区近几年已提出建设教育强区的口号并给出相关政策和发展措施，这无疑是对教育基础较好的老城区的锦上添花。

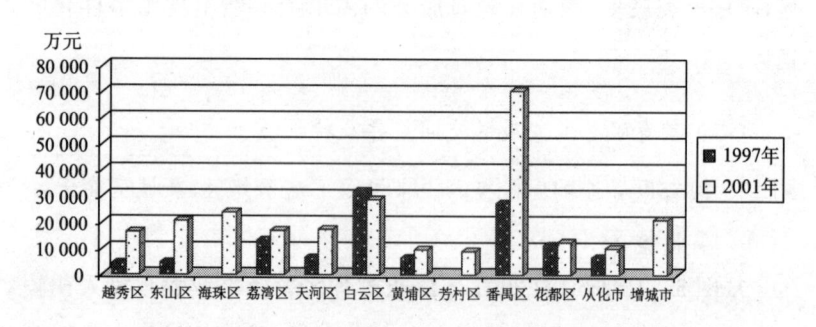

图 5—14　1997 年、2001 年广州市各区教育投入比较

2. 教育资源各区差异较大,优质教育机构大多集中于老城区

表 5—13 广州地区省一级中学校空间分布

	越秀区	东山区	海珠区	荔湾区	天河区	白云区
省一级中学数	4	6	3	3	3	2
	黄埔区	芳村区	番禺区	花都区	增城市	从化市
省一级中学数	3	0	3	1	1	1

资料来源:2002年《广州年鉴》。

以广州地区省一级中学校的空间分布(表5—13)为例,位于老城区的越秀、东山、海珠、荔湾四区所辖的省一级中学校占全部的一半以上。而这几个区的辖区面积又最小。因而从空间上表现出了优质教育的集聚。

3. 民办教育机构主要集中于新城区或郊区

以广州市民办中学分布为例,表5—14列出了广州市的民办高中,可以发现这些民办教育机构主要集中分布在白云、天河新城区以及郊区如从化市等地区。其原因除了这些地区可以提供充足的教育用地外,还有很大因素在于在新区或郊区办学可以一定程度上减少同老市区优质教育的竞争,对新区和郊区优质教育缺乏的局面起到互补作用,同时还能有效地满足这些地区不同阶层的多样化需求。

表 5—14 广州市民办高中统计

华师附中南海实验中学	广州市白云区华师附中新世界学校	广州市嘉福普通高级中学
广州外语外贸大学附中	广州市伟伦体育学校	广东省体育运动学校
中山大学附中	广州大学附属庆丰实验学校	广州市同德南方中学
英豪学校	南洋英文中学	华美英语学校
南方实验学校	广东外语外贸大学附设外语学校	华联外语实验学校
华师大附属康大学校	美莎女子学校	南海执信中学

资料来源:http://www.gzzk.com.cn/xuexiao/index.html。

(三)管治特点与模式

教育并不是完全非排他性服务,在饱和点来临时,教育的私人产品性质就显示出来了。因此,在教育行业里就存在由公共财政承担成本的基础性教育服务,实施公共服务供给体制,政府在公共财政支出中保证投入对社会适龄学生保证供给。同时,也存在可以由市场和社会供给的其他非基础性教育类型,如职业教育、普通高等教育、特殊教育、成人教育、少年宫以及地方教研室、电化教育机构等。它们的生产和供给则根据市场和市民的需求在政府规制调整下形成不同的管治模式。既有政府主导型的基础教育管治模式,也有市场主导型的民办教育形式,同时还有慈善捐助的社会主导模式。同医疗卫生服务一样,在特殊的地区如城中村,城乡结合地带等外来流动人口集中的区域还存在非正式的教育服务,满足这部分社会中下阶层人群对公共教育的需求,属于需求导向型、非正式民间社会组织和个人共同主导模式。

就空间管治来看,老城区由于历史上就拥有丰富的教育资源,而这些资源又以政府投入建设为主,因而老城区的教育管治模式以政府主导型为主。在城市新区如天河、白云、番禺一方面政府在这些地区的发展包括教育业的发展上起到积极的推动作用,投入也相当大;另一方面社会力量的投入也是不可忽视的,并且社会力量办教育的比重在全市来看是最高的。因此,市场主导型教育业管治模式是政府主导模式以外的另一重要补充。在外来人口集中的地区如城中村或郊区工业开发区等地则草根型主导模式相对较多,如流动人口子女学校。这些学校一开始大多是自发形成的,是满足打工一族这类低收入阶层教育需求的重要途径,在一定程度上解决了外来人口子女教育的社会问题。

第四节 公共服务业供应模式

在详细分析了广州市教育、医疗等公共服务业的发展情况以及管治特征后,我们总结出广州公共服务业的四种供应模式。

一、政府供应模式

政府供应模式是中国城市公共服务业的传统模式。由政府及政府所属的企业和组织提供公共交通、教育乃至于文化娱乐等公共服务,在改革开放前几乎是中国城市的唯一服务模式,在改革开放后仍然是重要的模式。在公共服务的供给中,政府通过制度安排和制度变革,包括规制或是放松规制以及再规制等手段来实现最佳的供给水平,同时实现利益机制的调整,包括私人利益、公众利益和政治家利益三大利益集团之间利益冲突、调整和平衡。

需要明确的是政府提供公共服务并不等于政府生产。公共服产品和准公共服务产品应由政府组织和安排,政府干预是必要的,但政府干预并不等于政府直接参与,更不等于政府包揽。许多通常认为只有政府投资的提供公共服务产品和准公共服务产品的项目,都可以通过各种方式和手段实现市场化经营。

在管治框架内部,这种模式的权力导向从社会主体关系来讲是由上至下型,它以政府为主,强调绩效、效率和能动性,它主要是从技术层次上改良政府的管理水平,引进市场机制,加强绩效评估。在公共服务的运营中加强社会参与,合理调整中央和地方的关系。在中国尽管正在大力进行全方位社会改革,但是长久的计划经济体制传统以及社会文化等因素使这种模式仍然处于主导和核心地位。

在相当长的时期,这种模式对整个国民经济和社会公共生活的建立和发展起到至关重要的作用。大大降低了摩擦和试验成本,节约了社会资源,因而在特定时期、特定项目的安排上采用这种模式是最佳途径。但是这种模式的缺点也是显而易见的,即容易滋生官僚腐败,缺乏灵活应对机制。

这种模式在公共服务领域,政府能力的大小直接反映出来的就是公共服务的供应保障水平,社会公共利益的保障程度和发展程度。

二、市场供应模式

市场供应模式在我国改革开放过程中引起相当大的争论,这种模式的核心是市场机制在生产供给安排中起主导作用,它以私人部门(或称为市场化企业)为公共服务的主体。一些所谓新自由主义学者认为,公共物品的优效物品具有拥挤性,具有公共部门提供的私人产品性质,如教育、预防保健、医疗卫生、住房、文化娱乐等,它们都可以通过私人生产甚至供给以实现效益最大化。以市场机制为运行手段,至少可以保证这些物品的公共服务。在我国城市居民的医疗、住房在过去采用的基本上是政府供模式,住房业成为了政府供应的公共产品,而医疗成为了城市居民的公共福利。住房制度改革使住房成为私有物品,医疗制度改革使公共福利退出医疗业。几乎同时,许多公共服务在最近几年被"放松规制",然而这种做法、想法与公共部门提供的公共产品经常发生冲突,医疗制度改革的困难就暴露了这种冲突。实际上,在私人物品的生产供给中市场机制无疑是最佳的运行方式,但是涉及公共服务业中的各个项目,市场机制的作用则有很大的区别。特别是公共服务业便是个完整的体系,如没有社会保障服务业,医疗服务的市场供应主导就会陷入困境。

因此,从管治角度看,市场供应模式并不是否定政府的作用,恰恰相反,政府在其中起到的是掌舵的功能,通过制定相关政策也就是通过各种规制或是放松规制来安排指导市场的运行。如签订合同或协议、进行公开招标,将公共服务项目承包给私人企业,或是授予经营权、参股等手段。市场供应模式在良好的管治条件下是可以运行的。

三、民间供应模式

当公共服务的政府或是市场供给不能满足市民的需求,或是提供的服务与市民的需求相去甚远时,个人就会通过自身的力量去实现这些服务需求,形成民间供应模式。这种模式的特点是供应者不依赖于任何组织,也不依赖于政府,而是依靠自身的力量去实现需求。这种模式往往与非正式制度有密切关系。这种方式目前还只是极少数,但是它却是客观存在的。民间供应模式一般有两种形式它也可以分为两种类型,即以第三部门(社会、民间组织)为主体的社会组织主导模式和以各个独立的家庭单位或是群众、个人为主体的个人主导模式。

广州市民间供应模式的个体服务显示的典型发生在城中村。城中村是20多年来中国城市快速发展新出现的城市现象,作为一种社区形式,几乎是所有到广州来闯天下的外来人进入城市的第一站。这里虽然位于城市中心区,却是缺少城市政府组织和城市型公共服务的农村型居民点。因为一般城市社区的门槛太高,只能让新进城者望而却步,所以新进城市者选择城中村作为第一站。正是因为城中村大量的非正规经济和民间公共服务的存在才留住了如此众多的外地人,并且造就了越来越多的新城市精英。

城中村通常有许多游医,相当部分游医虽然技术水平不高,但是事实上还是具备一定的医疗技能,他们没有正式的行医执照或是资格,因而只能为熟悉的人或是通过亲戚朋友介绍或是就近服务。通常具有低廉的收费和较好的服务,社会关系和社会交际网络在其服务中十分重要。城中村里还有许多没有正式营业执照的以个体经营为主的托儿所,为居民提供照看孩子的服务。自负盈亏的村卫生站成为城中村公共卫生体系的基本单元。这些非正规形式的公共服务供应,在社会多元化过程中,无疑是前几种模式的必要补充。

与城中村模式不同,第三部门模式的主要特点是各种社会组织、民间组织、非营利部门等(包括正式的和非正式的)在公共服务的生产供给中处于主导地位,尤其是在资金的筹集上绝大部分都来自于民间,而非政府。广州一年逾七旬的老人谢岳创办了尊老康乐协会,这个协会以社会组织形式为老年人和儿童提供了本来为政府提供的公共服务,就是一例。

在管治方面,针对这种供应模式,形成的权力导向是由下至上,它以市民社会的内部治理为主,市民的参与性、能动性最高。虽然在中国它还处于刚刚起步的状态,但是在越来越多的场合它表现出了旺盛的生命力。尽管在这种模式里会有精英化趋势,但是却代表了一种截然不同的社会管治方向,即来自于主流权力——政府(国家)以外的另一种力量。其常见形式是同乡会,有迹象表明,这种同乡会可能会追求某种利益权力,孳生黑社会。所以政府对它们的监督作用和完善有关法律的指定,是城市管治必不可少的内容。

因此,民间供应模式只有以产业形式运行才能存在,同时行政管治和道德教育是缺一不可的。

四、混合供应模式

第四种公共服务供应模式是混合模式。这种模式发生在供给主体复杂化的情况中,政府、企业和民间的联合,互通有无,共同供给。这时管治中没有谁具有绝对的主导性,管治是三者之间的力量是互相制约的,也是互通有无的。这种模式目前还不多见,但是这是政府、市场和民间社会最紧密合作共同解决社会问题的最典型代表,也是政府、市场和市民三方力量互相博弈,最后达成三方平衡的最佳模式。这种模式的典型如广州汇景新城联姻的广州市第47中,政府和企业在教育服务产品的供给中达成了合作关系,形成政府、企业与市民的多方赢利局面。

据《南方都市报》2004年9月3日报道,在9月1日,由侨鑫集团投资2亿元建成的省一级中学广州市第47中学汇景实验学校正式开学了,学校有关人士表示,市47中原初中部将陆续迁至该校区,而该校将扩大1/3的招生规模。

落户汇景新城的新校位于该盘西侧,环境清幽,占地面积达到

5.2亿平方米,建筑面积3.6万平方米,比旧校区大了1/4,是天河规模最大、配置标准最高的中学之一。整个校园建设资金达到2亿元,是普通小区配套学校投资规模的两倍,全部由汇景新城开发商侨鑫集团投资。

学校由小学部和初中部组成,实行九年义务制教学,今年开始招收初一、小一新生,市47中原初中部也将在两年内陆续迁至这里。

在办学性质上,学校仍属于公办省一级学校,由侨鑫集团提供土地及校园建筑,教学上由天河教育局直接管理,因此在招生上仍然实行就近入学,汇景新城的业主子女可以以地段生身份直接入读,收费上也与其他公校一样执行广州市物价局一费制收费标准。

这种由开发商兴建、政府主办的合作模式的最大好处是可以充分利用民间资金,解决公办教育经费不足问题,同时保障了优质学位的建设,从而使公办教育得以快速发展。一位教育界人士如此评价该校的创学模式。

天河区教育局局长黄启林称,新校的创办将会为天河区带来更多的优质生源,尤其是初中优质生源。

侨鑫集团董事长周泽荣表示,重视社区教育,尤其是配套教育是地产开发者应尽的义务,引入优质的学校可以提高整个社区的文化品位及教育素养,达到双赢的目的。他表示,该集团日后仍将大力支持学校的建设和发展。

这一事件反映了私人部门参与公共服务产品供给的原因和动力,同时也反映出公共服务产品供给结构的形成不仅仅只是公共服务产品的性质决定,而越来越受到其他社会因素尤其是社会主体利益博弈和复杂关系的影响。

五、小结

第一,广州市的公共服务水平有了很大的提高,不仅表现在整体上,而且内部各行业、各类型都有了一定的发展。从而使广大市民的生活水平和质量都有了显著的提高。这种变化除了政府的大力投入以外,还包括来自社会各个领域,各个部门的多元投入。其中最根本的原因在于政府管理方式上的转变以及社会治理方式由单一化向多元化管治转变。

第二,广州市公共服务(业)生产供给水平的提高很大因素在于市场和市民社会等民间实力的壮大。政府不再是唯一的生产供给主体,而是在公共服务(业)的生产供给上形成多个主体的局面。

第三,政府对不同的公共服务行业规制有所不同,其放松程度也有差异。因此不同行业在供给主体上也有差异,从而也就导致不同的管治结构和模式的形成。

第六章 公共服务业管治的社区研究
——广州和深圳案例

正如前文所述,公共服务业内部各行业之间有不同的管治模式。同样,在城市内部不同的地域空间,也会因为地理差异、社会空间差异等各种因素的影响产生不同的公共服务需求,从而产生不同的公共服务管治模式。如何实现不同地域公共服务的供需平衡,是什么因素在影响公共服务的管治结构?由于社区是内部差异相对最小,外部差异相对显著的地理空间,因此本章以社区作为研究对象,调查研究不同类型社区公共服务的供需状况和管治模式。

为了更好地开展研究,首先需要对本章所指的社区概念和范围进行界定。我国的社会学者一般将社区定义为"区域社会"。具体而言,社区就是在一定地域内发生社会活动和社会关系、有特定的生活方式,并具有成员归属感的人群所组成的相对独立的社会实体(王振海,2003)。因此,社区本身存在不同的空间层次,如村庄、集镇、城市中新建住宅区等为初级社区,一个城市为二级社区,几个边缘已经连接起来的城市所形成的城市聚集区叫三级社区(宋林飞,1987)。小到一个居住小区,大到一个城市群都可以称为社区。这与当前中国城市管理体系中用得比较广的"社区"是有区别的,由于政府是管治中的重要主体之一,为了充分考虑到政府的作用,更充分透彻地研究管治过程,本章所研究的社区指具有政府行政管理意义的初级社区层次。此外,按照不同的地域空间特征和社会习惯在不同案例研究中社区范围略有不同。

第一节 研究技术路线

本章主要采取实证研究方法,在田野调查、实地访谈、抽样问卷调查和统计分析的基础上,试图建立一个模型理论框架,用以分析由于快速城市化推进所带来的社区发展现象,从深层次来讲是研究政府—社会关系的变迁现象,从中了解社区管治的潜在影响因子。具言之,即用经验事实和数据来说明,在新型的城市管治发生成长的过程中,代表国家的地方政府和作为社会缩影的社区共同体各自的角色和功能、优势和缺陷、博弈的方式和结果及其影响,从而初步勾列出这种新兴模式的基本特征。具体的分析过程将从两条路径展开。

第一,通过对有效问卷和访谈记录进行系统的梳理、数据统计和综合分析,从而在一般意义上了解政府系统和社会系统对有关国家(政府)—社会(社区)关系模式变迁的理念和行动。其中,用以观测和度量这一研究主题的指标包括三个研究变量,即各种社会个体对社区内享有各种公共设施和公共服务的满意度、对个人所居住社区公共服务和公共空间的认知、对其个人与所居住的社区共同体的关系的认知和期望。而归根结底,通过这三个研究变量,可以透视社区居民对国家(政府)—社会(社区)关系模式变化的认知、理解和价值判断,从而了解社区发展的潜在问题和机遇。从而构建和发展良好的社区管治模式。这一研究路径的逻辑关系可简约为如图6—1所示。

第二,按照被调查对象的不同背景结构,将其划分为不同群体。

```
┌──────────────┐
│社会个体对社区内│
│享有各种公共设施│──┐
│和公共服务的满意│  │
│度            │  │
└──────────────┘  │
┌──────────────┐  │   ┌──────────────┐
│公众对个人所居住│  └──▶│社区发展和社区建│
│社区公共服务和公│────▶│设的潜在问题和机│
│共空间的认知   │  ┌──▶│遇            │
└──────────────┘  │   └──────────────┘
┌──────────────┐  │
│公众对其个人与所│  │
│居住的社区共同体│──┘
│的关系的认知和期│
│望            │
└──────────────┘
```

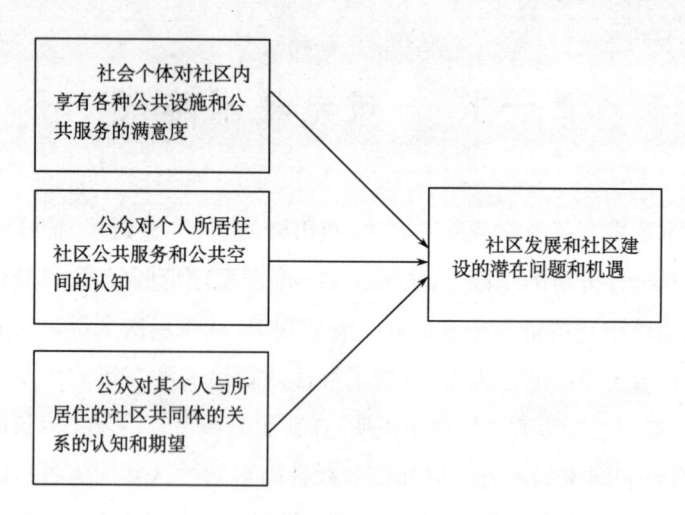

图 6—1 社区民众关于政府（国家）—社区（社会） 关系变迁的意向性测量指标

各种不同的背景因素与群体对于国家（政府）—社会（社区）关系模式变迁的政治认知和价值观形成某种对应关系，从而有助于了解各种客观因素对主体意识、主体行为的影响。这些客观因素包括：被调查对象的年龄结构、性别结构、户籍身份、居住年限、住房属性、职业身份、政治身份、婚姻结构、受教育水平、经济收入水平等。第二条研究路径就是探索这些重要的自变量与上述三种研究变量、最终与政府（国家）—社区（社会）关系这一根本研究变量之间的相关性。从逻辑假设上看，它们应该属于线性关系，如图 6—2 所示。

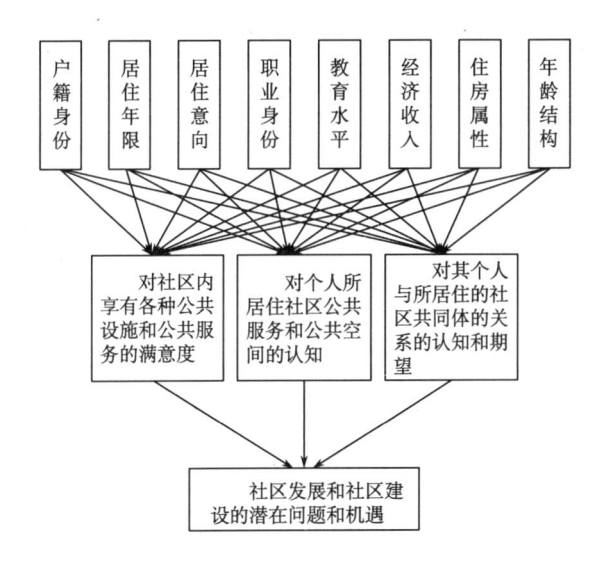

图 6—2 社区政府(国家)—社区(社会)关系变迁
研究的自变量与因变量

第二节 广州中心城区成熟社区研究

一、调查概况

(一)调查社区的选取和问卷发放

为了研究广州市中心城区①公共服务需求情况,本研究于 2003 年 11 月分别对广州市六个街道进行了公共服务供需问卷调查。各调查街道的选取是根据广州市中心城区的地域空间结构特征进行

---

① 广州中心城区指以广州市传统市区为核心,包括芳村东部、荔湾、越秀、东山、天河、白云区南部、番禺区北部等地域空间和社会交往密切联系的地域。

的。广州市中心城区在空间上分为老城区、新城区、近郊区和远郊区等几大类型,同时还存在地域向外扩张所形成的"城中村"等特殊地域[1]。因此我们的选点也以此为主要依据。根据资料的收集难易程度,老城区选取了东山区东湖街、海珠区南华西街,新城区选取了天河区天园街,近郊区选取了番禺区大石街,远郊区选取了番禺区钟村街,城中村选取白云区的三元里街(图 6—3)。调查采取随机问卷调

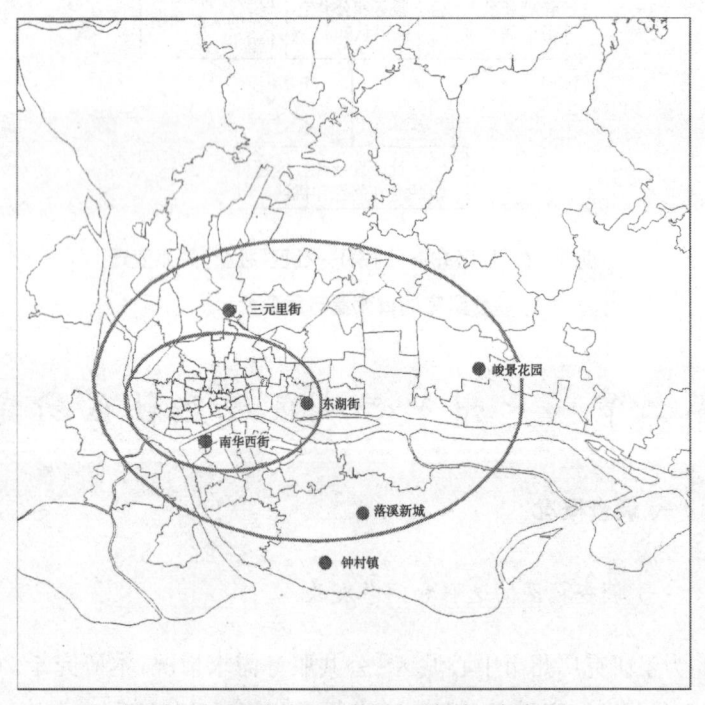

注:内圈表示老城区大致边界,外圈表示新城区大致边界。

图 6—3 调查社区空间分布

---

[1] 中山大学周春山(1994)、刘筱(2000)、易峥(2003)等在具体划分中作了详细的论述,本文不再加以展开。

查和访谈两种形式同时进行。问卷主要针对两种人群体发放,一是当地的普通居民,每个街道选取一个社区(居委会)或相对集中的区域随机发放问卷100份;另一种是小商铺经营者,每个社区发放20份,调查历时两周,回收率达100%。访谈对象主要是相关职能部门以及当地的基层政府或组织领导干部,力图了解各个地区公共服务的供给情况(问卷内容见附录部分)。

(二)被调查对象基本情况

被调查对象的性别比为男性占51.8%,女性占48.2%。年龄在15~25岁之间的占18.9%,在25~35岁之间的占52%,在35~50岁之间的占22.6%,50岁以上的占6.5%。已婚的占70.88%,户均人口在2人及以下的占36.3%。文化程度在小学及以下的占5.1%,初中为22%,高中占33.3%,大专占18.3%,本科占14.4%,本科以上占7%。职业分布也很广泛,包括工人(16.2%)、商业服务雇佣者(7.74%)、个体经营者(28.3%)、私营企业主(7.5%)、党政机关行政工作者(10.2%)、教育工作者(7.5%)、医疗卫生工作者(4.6%)、一般职员(技术人员、文员或经营管理人员)(11.6%)、无业者(2.5%)以及其他(2.7%)。

(三)案例调查社区基本情况(六个街道)及其典型性

东湖街:位于广州市原东山区东南部,属于市中心区。总面积2.76平方公里,人口6.4万人。该街道驻有中共广东省委、广州军区司令部、广州铁路局等单位,同时辖区内商业服务网点齐全,署前路、庙前直街、龟岗马路等是全区以及市的繁荣商业地段。因而该街道在全市具有极其特殊的地位。公共服务业的基础和发展也具有极大的优势。如医疗卫生资源在全市最发达,辖区内有中山医、省人医等数家大型医院,还有各类市、区级医院、专科医院、门诊等。这一地区居民相对社会地位和经济水平较高,处于中上水平。在本研究中主要选取东山口附近一带的德安社区为调查点。德安社区(居委)在全市来说其教育资源最为发达,特别是基础教育资源在全市排第一。区内有省一级幼儿园东方红幼儿园、小云雀幼儿园、市少年宫、培正中小学、市七中等,这些都是省级名校。

南华西街:是广州市海珠区一条有着200多年历史和浓郁岭南特色的行政街道,位于老城区内,辖区面积1.1平方公里,有自然街巷172条,居民21 390余户,58 390余人。居民大多为普通老百姓,社会地位和经济水平中等或中等偏下。南华西街在全国都颇具知名度,基层政府——党工委和办事处的行政能力和创新意识具有相当的水平,同时南华西街企业集团为全国街道企业第一家上市企业。在社区建设和社区服务中起到积极和重要的作用。街道基层政府在公共服务的供给中起到核心主导力量。本研究主要选取兆龙里社区为调查点。

三元里街:位于广州市白云区界内南与越秀区接壤处。面积6.8平方公里,常住人口包括户籍人口(3.77万人)、外来人口和暂住人口(2.83万人)在内共6.6万人。该街由于是由原三元里村改制而来,由于城市的迅速发展和扩张,该村从实体形态上已经城市化,属于城中村性质。加上居住了大量外来人口,因而本地区具有重要的研究意义。该地区居民的经济水平差异较大,阶层分化较明显,原住居民经济水平普遍较高,外来流动人口中既有收入相对较高的生意人,也有收入很低的普通打工者。本研究主要选取原三元里村一带作为调查研究点,是典型的城中村。原村委会、经济发展总公司等

第六章 公共服务业管治的社区研究——广州和深圳案例

在现有公共服务的供给中占有举足轻重的作用。虽然现在根据市政府一年一小变、三年一中变的要求已村改街居制,但目前原有的内向封闭式的农村管理模式仍然影响很大。

天园街:天园街地处天河区的中心地带,城市中心区的边缘,所辖面积4.038平方公里,常住人口31 636人。该街是新成立的街道,同时是天河区委、区政府机关、天河财政局、国土房产局、国税局、中医院所在地,同时还辖高新科技工业园、软件园、天河公园等知名企业和单位。同时该街道因所处新城市中心区,因而房地产开发十分活跃,拥有许多知名居住区和楼盘。该社区居民社会地位、经济水平都较高,处于中上和上等水平。大多是新兴的富裕阶层或社会地位较高阶层。本研究选取骏景花园小区为调查研究点,骏景花园是由香港合生创展集团与广东珠江投资有限公司合作于1998年初始建,一年后陆续交付使用的。它是位于城市新区的新开发的大型高档居住社区,小区总面积达46万平方米,总建筑面积达100多万平方米,总户数约7 000户,常住人口达10 000余人。这一小区在广州房地产界具有极高的知名度。发展商在公共服务的配套和生产供给中起到重要的作用。采用的是市场主导的管理模式。物业管理公司是开发商所属的全资子公司,因此在管理上对开发商负责。它负责社区具体事务的管理;另一方面,居委会工作也十分出色,在社区服务中也起到极为重要的作用。

大石街[①]:位于番禺区西北部,面积45平方公里,常住人口包括

---

① 2006年1月20日,广州市番禺区人民政府"关于大石街道办事处分设为大石和洛浦两个街道办事处的通告"(番府[2006]4号)决定调整大石街街道办事处行政区划,将大石街街道办事处分设为大石和洛浦两个街道办事处。本研究大石街均指行政区划调整前大石街道。

常住本地人口和外来人口在内共18万多人。其中常住本地人口6.4万人。该街与海珠区隔江相望,90年代后期成为广州市城市发展主要方向之一,2000年番禺撤县设区,进一步促进了该区房地产开发。该社区居民阶层分化也很显著,既有本地居民(原村民),也有政府拆迁安置中低收入居民,房地产开发迁移于此的中上收入水平的市民,还有社会地位和经济水平都最低的外来打工人员。本研究主要以洛溪新城为调查研究点,洛溪新城是20世纪90年代中期陆续开发建设的,作为最早一批郊区化的房地产,是政府旧城改造拆迁安置地区,在其开发过程中政府的主导作用较强。行政力量在该地区较强,其管理也是行政主导型的社区管理模式。

钟村镇沙头街: 位于番禺市西北部,总面积52平方公里,常住本地人口4.39万人,加上外来人口总人口约9.55万人。钟村是改革开放后由农村型的乡镇发展而来,在公共服务配套方面与市区还有相当距离。另外,该街乡镇企业十分发达,拥有众多知名企业。因此,外来人口主要以打工者为主。另外,该街道的房地产开发也有一定的知名度。所以该地区的居民异质性也较强,在公共服务的需求方面相应地也具有极大的差异性。但义工组织发展较好,青年志愿者的发展社区服务中起到一定的作用。

二、社区公共服务供给状况

(一)居民对公共服务供给的满意度分析

1. 社区居民对公共服务供给满意度的总体分析

(1)根据满意的强度可把不同公共服务项目类型之间的满意度

定为四级,即满意、一般、不太满意、很不满意,并依次取值为3、1、—1、—3,然后整理得出表6—1数据(每个地区100份问卷,每一个项目原始得分最高分为300分,最低分为—300分,将其标准化为100分进行比较)。

表6—1 不同社区对不同公共服务满意度调查统计(分)

项目	钟村镇沙头街	三元里街	南华西街	洛溪新城	天园街(骏景花园)	东湖街	均值	标准差
消防	34.17	46.67	45.03	50.83	29.97	44.97	41.94	7.347 9
治安	−13.33	−21.67	4.97	0.83	6.67	11.70	−1.81	11.792 4
排水	36.67	41.67	65.03	67.50	60.03	60.00	55.15	11.697 6
供水	55.00	64.17	70.77	80.00	72.50	80.90	70.56	8.970 5
供电	70.00	65.00	76.93	84.17	77.53	85.00	76.44	7.150 3
燃气供应	57.50	22.50	68.80	67.47	74.27	65.83	59.395	17.229 1
环境卫生	−11.38	5.00	25.83	15.40	10.77	27.50	12.19	13.167 3
通信设施	37.50	38.33	84.23	75.03	58.60	74.17	61.31	18.171 8
区内交通	31.67	36.67	75.90	63.67	38.33	56.93	50.53	16.093 4
医疗设施	20.83	7.50	52.70	60.00	36.67	59.83	40.755	19.951 4
幼儿教育	45.93	49.17	69.67	70.90	65.90	62.50	60.68	9.710 7
中小学教育	44.27	45.00	61.00	60.83	70.83	49.97	55.32	9.666 6
托老	52.00	55.93	42.73	48.37	40.87	46.63	47.76	5.151 1
小修小补	32.50	19.17	60.67	49.17	37.57	61.67	43.46	15.303 3
保姆服务	27.50	16.77	46.47	37.57	32.47	37.57	33.06	9.283 5
体育设施	29.17	30.83	49.40	49.33	43.33	60.00	43.68	10.853 7
文化设施	25.00	22.50	41.90	52.50	45.90	57.50	40.88	13.086 2
服务设施	28.33	31.67	61.93	59.17	43.30	69.27	48.945	15.499 4
休闲设施	21.67	25.83	49.00	47.50	37.43	63.33	40.79	14.267 1
社区活动	24.78	32.48	40.27	40.00	41.73	42.57	36.97	6.360 1
对外交通	40.00	34.17	75.83	63.30	22.53	59.97	49.3	18.465 1
总得分	689.78	669.86	1 169.06	1 143.54	947.2	1 177.81		

注:小修小补主要指日常生活维修,如家电家私、房屋、衣物等的修补。保姆服务指的是保姆中介服务。服务设施主要指餐饮店、小杂货店、理发店、裁缝店、煤气店、桶装水供应店等生活服务设施。

将各项服务得分的均值按由高到低排序如下:供电、供水、通信设施、幼儿教育、燃气供应、中小学教育、排水、区内交通、对外交通、服务设施、托老、体育设施、小修小补、消防、文化设施、休闲设施、医疗设施、社区活动、保姆服务、环境卫生、治安。根据得分均值大小变化的连续性,我们划分为三个组,即得分在 60 分以上(组一:供电、供水、通信设施、幼儿教育、燃气供应)、30~59 分(组二:中小学教育、排水、区内交通、对外交通、服务设施、托老、体育设施、小修小补、消防、文化设施、休闲设施、医疗设施)、30 分以下(组三:社区活动、保姆服务、环境卫生、治安)三个组。

另外,根据标准差的大小并综合服务的性质和特征,分为标准差在 9 以下(消防、供水、供电、托老、社区活动)、标准差在 9~15 之间(治安、排水、环境卫生、教育、保姆服务、休闲设施、文体设施、休闲设施等)、标准差在 15 以上(通信设施、医疗设施、内外交通、服务设施、小修小补)三组。

同时根据服务性质,划分为四种联系:主要由政府提供服务类型(政府主导型),政府逐步开放,社会力量(包括市场以及社会组织)逐步进入的类型(混合型),通常社会组织提供服务类型(社会主导型),以及只能由政府提供类型的(政府唯一型)。

表 6—2 政府主导型公共服务项目满意度统计(分)

项目	供电	供水	通信设施	燃气供应	排水	环境卫生
得分	76.44	70.56	61.31	59.395	55.15	12.19
标准差	7.150 3	8.970 5	18.171 8	17.229 1	11.697 6	13.167 3

第六章 公共服务业管治的社区研究——广州和深圳案例

关于政府主导型。在政府主导型中各种公共服务得分一般较高,表示它的服务水平高(表6—2)。其中,供水、供电、通信设施和燃气这四项公共服务项目的供给主体主要是政府部门,而且这几项也是最基本的市政基础设施,服务供给范围最大,有长期发展历史。服务范围大,为这种服务提供了"薄利多销"式的利润基础,发展历史长,就为这些服务形成完整的制度提供了可能性。我们可以看到,公共服务发展较早的供电具有最大的满意度,其次是同样发展比较早的供水,这正是政府长期管理规范发展的作用。然而政府规范管理因素并不是唯一影响满意度的,如由政府供应的环境卫生,却具有很低的得分。同样由政府供应的排水,也没有进入高分组。显然环境卫生服务和排水是一种无赢利服务行为,这正是导致它服务水平低的原因。排水不畅可能显性导致公共危害,必然产生公众投诉与政府关注,也就导致管理制度较多被重视,这种背景是两个不赢利公共服务发生水平差异的原因。这种经济学基础和长期的制度建设,为政府服务的可行性提供了基础。

从这个序列的标准差我们发现,通信、燃气服务的标准差较大,供电、供水的标准差小。标准差大意味着对服务满意度的不同取向差异大。我们认为从标准差系列看,接近现代社会需求的标准差大,传统基本需求的标准差较小。这种情况说明由于社会经济收入的分化,对于现代社会需求,各阶层有较大差异。政府主导的公共服务是以公益性为出发点,而由政府主导提供的服务相对较单一,因此必然会导致不同阶层的满意水平差异。这就是说政府主导型公共服务,更多适合于在传统基本需求服务利益发展。

表6—3 政府市场混合型公共服务项目满意度统计(分)

项目	幼儿教育	中小学教育	区内交通	对外交通	服务设施	体育设施	文化设施	休闲设施	医疗设施
得分	60.68	55.32	50.53	49.3	48.945	43.68	40.88	40.79	40.755
标准差	9.711	9.67	16.094	18.465	15.499	10.854	13.086	14.267	19.951

关于政府市场混合型。在这一类型中幼儿教育是唯一进入高分系列的(表6—3)。调查表明,在广州幼儿教育是原由政府提供服务,而现在市场化步伐最快的公共服务类型,中小学教育由于没有强烈的市场化,只处于刚刚发展阶段,所以排位幼儿教育后面。另外的几个服务是涉及公共设施的服务,这些设施的满意程度实际上随着设施在经济生活中的重要性降低而降低,这一点在医疗设施的地位方面突出表现出来,或者说市场机制作为供需平衡的调节机制在其服务的供给中起到越来越大的作用,这种调节机制是经济利益所驱动的。或者有人争议,单个休闲设施的赢利更大。然而,由于休闲活动在人类的需求层次中的次序靠后,它与社区居民的经济水平和文化水平密切相关,这种需求存在很大的个体差异,不可能产生总体高赢利的局面,所以它的发展水平不会太高。其次,当前我国休闲设施发展高档化,有脱离广大消费者阶层的特点,因此它也不可能有高的满意度。

从标准差角度来看,与教育关联强的标准差小,这种情况与国家推行科教兴国战略,公众重视教育有关。这种国家的、社会的力量形成了对公共服务的重视与规范化,形成了多样化模式,从而产生服务的多元化,满足不同阶层,是标准差小的原因。实际上,广州发展了多层次、多类型的幼儿园,最早出现了"贵族学校",出现了全国唯一

第六章 公共服务业管治的社区研究——广州和深圳案例

一所由归国留学生群体创建并直接管理的华美英语实验学校,同时广州还是全国解决民工子女入学难问题最好的城市,民办流动人口子女学校的发展在近几年得到迅速的发展。以 1997 年为例,至 1997 年底,经教育行政部门审批开办的流动子女学校共 18 所,在校学生 8 000 多人。体育设施、文化设施出现多层次化,并且所服务的对象也越来越广,既有全市性的文体设施,还有各个区、街级的文体设施;既有市场导向型的文体设施,也有公益型的文体设施。相比之下,医疗卫生设施由于政府规制较多,层次单一形成均值低标准差大的局面。

表 6—4 社会主导型公共服务项目满意度统计(分)

项目	托老	小修小补	社区活动	保姆服务
得分	47.76	43.46	36.97	33.06
标准差	5.151 1	15.303 3	6.360 1	9.283 5

关于社会主导型(社会组织主导)。社会主导型服务就是得到政府允许主要由非政府组织提供的公共服务。我们看到这种类型的服务得分处于中间位置,它们基本上属于社区类型的公共服务,但是不同公共服务项目的生产供给主体各不相同。其中托老基本上由社区民间自治机构(居委会)或街道政府组织,对它满意度较高可能起因人们对托老服务要求比较宽容,只要求老有所托就行了;另一方面也起因社区民间自治机构(居委会)和基层政府的权威性(表 6—4)。它的较小标准差,与托老服务一般指向拥有城市户口的工薪阶层有关。小修小补除了城中村以及郊区的社区存在非正式的经营外,城市社区一般由社区民间自治机构(居委会)参与,由于涉及各个阶层,

满意度的标准差也很大。对其他社区活动(主要指社区内开展的群众性文体活动提供的服务)和保姆服务的低评价,与社区民间自治机构(居委会)在参与这些服务中人力物力和财力不足有很大关系。因此,尽管供需主体结构不同,其满意程度也不同,但是他们显示社区民间自治(半官方)机构参与有助于社会主导型公共服务水平的提高。不过,随着社会的发展,人们的需求会越来越细化,因而对社会有关基本生活服务要求越来越多样化,而市场是多样化供给的主导力量,因而市场主导将是这类服务管治中的主要力量。这类服务的管治模式也将由以社会组织主导管治模式向社会组织与市场主导管治模式并行发展。

表 6—5 政府唯一型公共服务项目满意度统计(分)

项目	消防	治安
得分	41.94	−1.81
标准差	7.347 9	11.792 4

关于政府唯一型。政府唯一型的服务最突出问题是治安问题,这是全国性的普遍问题。在我国转型时期各种规范都不健全的情况下,治安问题不仅是管理问题,更多的是政治问题(表6—5)。消防的水平较低,除了消防类似排水情况,本身不产生赢利以外,还有重要的原因在于政府在这类型服务中的官僚性,从而导致服务质量不高。然而,本研究不认为他们要实行放松规制,向社会开放,如果这样可能会导致与政府对立的行政力量,带来国家不安全和社会动荡。这里的问题的解决是需要加强来自于政府内部的行政改革,加强政府投入和政府规制。

第六章 公共服务业管治的社区研究——广州和深圳案例

2. 不同社区居民对公共服务供给的满意度分析

表 6—6 显示,不同的社区对公共服务的满意度存在较大差异。从总得分中可以看出,得分从高到低依次为东湖街、南华西街、洛溪新城、天园街(骏景花园)、钟村镇沙头街、三元里街。这种顺序与地区开发和发展顺序基本一致。

进一步地讲,我们以公共服务项目的供应性质来认识管治的作用。首先我们讨论政府主导型。

表 6—6 政府主导型公共服务分区差异满意度统计(分)

项目	钟村镇沙头街	三元里街	南华西街	洛溪新城	天园街(骏景花园)	东湖街	均值	标准差
供水	55.00	64.17	70.77	80.00	72.50	80.90	70.56	8.970 5
供电	70.00	65.00	76.93	84.17	77.53	85.00	76.44	7.150 3
排水	36.67	41.67	65.03	67.50	60.03	60.00	55.15	11.697 6
燃气供应	57.50	22.50	68.80	67.47	74.27	65.83	59.395	17.229 1
通信设施	37.50	38.33	84.23	75.03	58.60	74.17	61.31	18.171 8
环境卫生	—11.38	5.00	25.83	15.40	10.77	27.50	12.19	13.167 3
总分	245.29	236.67	391.59	389.57	353.7	393.4		

(1)政府主导型分区差异。从表 6—6 中可以看出,标准差在 10 以下的项目大部分是属于基本生活配套项目,各地区居民的满意度高。这关系到居民的基本生活需求,在各地区差异不大。对于基本生活扩展性的排水、燃气供应和通信设施,在钟村镇沙头街、三元里街,满意程度较低。说明政府作为公共服务的主要供应者,在新发展的城市社区"鞭长莫及"。环境卫生在各个社区得分都低,反映对环

境卫生缺乏有效管理是广州的普遍问题,也反映这个服务可能需要更多的民间参与,需要市场管治模式以及草根模式管治。

(2)政府市场混合型分区差异。在表6—7中给出了混合型服务的区域差异。这些数据表明新城市社区对于政府—社会并行的混合型服务低于老城市社区,特别是政府参与较少的设施建设方面。对于政府参与较多的教育和对外交通服务上,新城市社区满意度相对较高。这就说明当前社会中政府作为管治的重要主体作用不可忽视。

表6—7 混合型公共服务分区差异满意度统计(分)

项目	钟村镇沙头街	三元里街	南华西街	洛溪新城	天园街（骏景花园）	东湖街	均值	标准差
幼儿教育	45.93	49.17	69.67	70.90	65.90	62.50	60.68	9.710 7
中小学教育	44.27	45.00	61.00	60.83	70.83	49.97	55.32	9.666 6
区内交通	31.67	36.67	75.90	63.67	38.33	56.93	50.53	16.093 4
对外交通	40.00	34.17	75.83	63.30	22.53	59.97	49.3	18.465 1
医疗设施	20.83	7.50	52.70	60.00	36.67	59.83	40.755	19.951 4
体育设施	29.17	30.83	49.40	49.33	43.33	60.00	43.68	10.853 7
文化设施	25.00	22.50	41.93	52.50	45.90	57.50	40.88	13.086 2
服务设施	28.33	31.67	61.93	59.17	43.30	69.27	48.945	15.499 4
休闲设施	21.67	25.83	49.00	47.50	37.43	63.33	40.79	14.267 1
总分	286.87	283.34	536.73	527.2	404.22	539.27		

特别要指出的是,这几项公共服务地区差异相对较大,这些服务的提高类型属于社区公建配套设施项目,这反映出在公建配套等有关公共服务硬件质量上区域差异较大,老城区公建配套最为完善,各项得分都很高。其中,以东山区东湖街为最。海珠区南华西街次之。

新开发的大型住宅区天河区骏景花园各方面得分也较高,反映出房地产开发正走向成熟,这种成熟说明市场力量的作用。作为对比的洛溪新城作为行政主导型的社区,政府力量在该地区起到重要的作用,它与市区其他社区差异也不太大。两个社区在交通方面有明显差异,反映市场力量的作用在提供公共服务方面的有限性,仍然不能成为主导力量,需要进一步发展。

(3)社会组织主导型服务区域差异。在表6—8中给出了社会主导性的供应类型的地区差异。从表中可以看出,各社区对社会组织主导型供给的服务普遍满意度不算高。说明社会组织的主体作用仍然需要进一步提高。托老服务在新城区满意度高,这可能起因于这些刚刚脱离农村状况的社区文化上还不重视托老;另一方面也可能在这些新社区草根模式容易发展,因此社会组织主导型服务有较大的发展空间。

表6—8 社会主导型公共服务分区差异满意度统计(分)

项目	钟村镇沙头街	三元里街	南华西街	洛溪新城	天园街(骏景花园)	东湖街	均值	标准差
托老	52.00	55.93	42.73	48.37	40.87	46.63	47.76	5.151 1
社区活动	24.78	32.48	40.27	40.00	41.73	42.57	36.97	6.360 1
保姆服务	27.50	16.77	46.47	37.57	32.47	37.57	33.06	9.283 5
小修小补	32.50	19.17	60.67	49.17	37.57	61.67	43.46	15.303 3
合计	136.78	124.35	198.14	175.11	152.64	188.44		

注:小修小补主要指日常生活维修,如家电家私、房屋、衣物等的修补。

(4)政府唯一型服务的地区差异。在表6—9中,可以看出除了新建社区天园街(骏景花园)和城市中心区的东湖街外,各社区没有明显差别。在消防方面,新建社区满意度最低,市场开发对消防的忽视和新建区有待政府的更多介入。

表 6—9 政府唯一型公共服务满意度分区差异统计(分)

项目	钟村镇沙头街	三元里街	南华西街	洛溪新城	天园街(骏景花园)	东湖街	均值	标准差
消防	34.17	46.67	45.03	50.83	29.97	44.97	41.94	7.347 9
治安	−13.33	−21.67	4.97	0.83	6.67	11.70	−1.81	11.792 4
合计	20.84	25	50	51.66	36.64	56.67		

(二) 居民对公共服务供给变化的认识

调查显示,各种类型社区有 45% 的居民认为在公共设施和公共服务方面有一定的变化,32.7% 的居民认为变化非常大,22.3% 的居民认为变化不大(表 6—10)。其中,天园街(骏景花园)的社区居民以对变化的认可度最高,有 47% 的居民认为变化很大,还有 39.4% 的居民明显认识到这样的变化。主要原因在于天园街处于城市新发展地区(东向),随着广州市经济和社会发展的重心往东移,这一地区也逐渐成为新的城市中心区。因此,各方面的公共配套设施建设也在近几年来发生了巨大的变化。不难发现,居民所处社区或地区

表 6—10 公共设施和公共服务变化认可度统计(%)

	变化很大	有一定的变化	变化不大
南华西街	31.5	28.8	39.7
洛溪新城	26.9	47.8	25.4
天园街(骏景花园)	47	39.4	13.6
东湖街	35.5	46.8	17.7
钟村镇沙头街	20.4	58.3	21.4
三元里街	35	48.7	16.3
均值	32.7	45	22.3

的经济和社会发展水平与增长速度是影响居民对公共设施和公共服务变化的认可度的最重要因素。

具体到特定公共服务的认可度,普遍认为交通、生活服务、教育文化、供水电气等变化最大(表6—11)。在这些公共服务产品中,除了水电气的供给属于政府主导型供给的公共服务外,交通、生活服务、教育文化这三项都属于混合型供给的公共服务产品。其中,交通被认为是变化最大的服务类型,而交通正是市场化程度最大的服务产品,近年来政府对交通的规制逐渐放宽,政府和市场混合型管治模式发展最早也最好的。教育文化、生活服务的变化也与政府的投入力度加大以及对其规制放松有很大关系,因而在服务水平和满足居民需求方面得到了一定的认可。对混合型供给的公共服务采取混合型管治模式甚至进一步发展为市场主导型管治模式,政府只在制度上给予保证和监管是发挥混合型公共服务最大社会效益的重要途径之一。

表6—11 居民认为变化最大的几个公共服务项目统计(%)

	交通	水电气等	教育文化	医疗卫生	环境卫生	生活服务	消防	治安
南华西街	80.9	24.1	14.1	14.1	32	30.3	10.2	7.7
洛溪新城	54.4	34.5	34.3	20.4	19.1	46.8	10.2	11.5
天园街(骏景花园)	30.7	56.1	62.4	25.6	15.5	66.3	5.2	14.1
东湖街	60.8	48.3	49.5	26.7	28	38.2	7.7	12.9
钟村镇沙头街	44.5	19.5	34.1	24.9	11.7	35.4	5.2	11.7
三元里街	51.8	19.6	38.3	12.8	1.3	44.5	5.2	1.5
均值	53.9	33.7	38.8	20.8	17.9	43.6	7.3	9.9

从空间来看,除了新城区天园街社区,其他几类社区普遍认为交通的改善最明显,这一调查结果正好与政府近几年对整个城市交通改造和建设投入力度大幅加大相一致。新城区天园街认为生活服务的改善最大也印证了新城区建设的特点,对教育文化的需求和生活服务的需求正是新区居民最为关注的问题。总的来讲,政府对公共需求的有的放矢促进了广州城市管治的形成和发展。

(三) 公众参与积极性

从这一项调查中可以看出,广大市民在反映公共服务供给情况方面的积极性并不是很大,调查结果也只显示了30.1%的居民有向有关部门或组织反映过公共服务方面供给情况(表6—12)。而且不同社区居民参与的积极性又有很大差异,但总体上广大居民还是有一定的参与性,有28.8%的居民表示有很强的参与积极性,还有近一半的居民表示有这样的意愿(表6—13)。总之,老城区社区居民的积极性相对较高,城市新区和郊区的居民参与积极性较低。

表6—12　有无向有关部门或组织反映过关于公共服务情况的统计(%)

	有	无
南华西街	39.7	60.3
洛溪新城	41.2	58.8
天河区(骏景花园)	25.3	74.7
东湖街	46.8	53.2
钟村镇沙头街	26.5	73.5
三元里街	1.3	98.7
均值	30.1	69.9

第六章 公共服务业管治的社区研究——广州和深圳案例　259

在第三章谈到关于社会参与的地理性,地理因素形成了社区的社会基础——文化、信任、信仰等,也决定了社区居民对社区的认同,这正是影响社会参与性的极为关键因素。老城区长期形成的社会基础显然是最丰厚的,因而老城区的社区居民参与性相应也是最大。我们的调查结果也证实了这一点。

表6—13　社区活动参与积极性调查统计(%)

	有很大	有,视具体情况	很少有	无
南华西街	48.1	34.2	13.9	3.8
洛溪新城	43	39.2	10.1	7.6
天园街(骏景花园)	20.3	63.3	11.4	5.1
东湖街	38.8	57.5	3.8	
钟村镇沙头街	16.4	53.2	22.9	7.5
三元里街	6.4	46.8	35.3	11.5
均值	28.8	49	16.2	6

进一步地讲,在有无参加志愿者服务组织或是义工队伍这项调查中,结果也显示出了位于郊区的社区参与比例大大低于位于市区的社区,社区的城市性与志愿行为发育和发展有关;同时经济水平越高的社区参与积极性也越大(表6—14)。如位于老城区的东湖街社区和位于新城区的天园街社区的志愿者(义工)参加比例最高,这两个社区的经济水平也是相对最高的。因此,我们可以认为社区的城市性和经济水平是社区志愿行为发展的重要影响因素。

表 6—14 有无参加过志愿者服务或义工的调查统计(%)

	有	无
南华西街	20	80
洛溪新城	27.6	72.4
天园街(骏景花园)	43.1	56.9
东湖街	45.1	54.9
钟村镇沙头街	11.8	88.2
三元里街	2.5	97.5
均值	25	75

总而言之,通过对居民参与性的调查,我们可以得出这样的结论,地理性对市民社会参与具有重要的影响因素,这是因为不同的地理空间会形成不同的社会基础、市民特性,而这些正是影响社会参与的决定性因素之一。同样,城市性和经济状况也是影响社会参与的决定性因素,不同的城市化水平、不同的城市化深度以及不同的经济发展水平对社会基础的构建以及市民特性的培育具有极为深刻的影响。因此,我们可以进一步认为,不同的社会参与性会影响到政府与社会的关系,政府与社会的互动程度高低无疑会对管治模式产生深刻的影响,公共服务的管治模式也就不会是单一的,而是多样化的。

(四)居民公共服务需求的实现途径

我们在对居民基本公共服务需求实现途径的调查中,我们了解到广州市居民对公共服务提供的主体和方式持比较务实和开放的态度。只要能有效地满足居民的需求,服务的主体是政府部门,还是社会组织,是市场还是其他;服务的供给方式是有偿还是无偿,是营利还是非营利;志愿的还是义务的,还是专业的、商业的,都得到了同样的重视和认同,并且都能加以利用。普遍对公共服务的多元化供给持认同的态度。

由于当前公共服务多元化发展还处于起步的阶段,许多地方还不完善和规范,这与市场机制不完善,社会组织发育迟缓等密切相连的。因此,居民对于政府部门作为公共服务供给主体仍然持有较高的信任度[①]。以下我们就几类属于混合型的公共服务具体进行调查分析。

1. 幼儿教育

表6—15所示,在幼儿教育这一项公共服务里面,除了天园街社区外,其他社区的居民都倾向于选择由政府作为投入主体的市或区级幼儿园,反映了政府在教育供给中的重要地位。政府在教育服务的供给具有基础性的作用,能够满足广大市民的需求。但是幼儿教育本身的特点决定了居民对于这类服务除了考虑质量和收费外,还有重要的一个因素就是易达性。在其他条件相近的情况下,充分考虑交通和距离因素是幼儿教育供给的关键。因此,社区幼儿园具有很大的发展空间,我们在访谈中也证实了这一观点——在社区内部属于社区一级由社区开发单位配套或引进民营或是联合办学的质量较好的幼儿教育也较受欢迎。天园街骏景花园居民对社区幼儿园的青睐(选择比例高达60.5%)是很好的例证。在骏景花园内就有几间不同层次的社区幼儿园,一个是公立的幼儿园——骏景实验幼儿园,属于市一级幼儿园,硬件设施由开发商提供;两间私营幼儿

[①] 参照2003年3~5月广州市民政局社区建设处与广州市行政学院行政学教研组联合进行的广州市开展"家门口"社区服务状况调查。

园——开发商建设的硬件设施出租给私人经营,其中米洛奇幼儿园是高档次高收费的中英文幼儿园,每月学费在3 000~4 000元之间。另一间骏景东幼儿园属于中档收费,学费在500~600元之间。它们满足了社区内不同层次居民的多样化需求。

表6—15 居民对幼儿教育服务供给主体偏好的调查统计(%)

	市或区级	社区级	民间私营	其他
南华西街	55.8	31.2	11.7	1.3
洛溪新城	45.5	42.9	11.7	
天园街(骏景花园)	18.4	60.5	17.1	3.9
东湖街	44	40	16	
钟村镇沙头街	63.9	27.3	8.8	
三元里街	57.5	41.3	1.2	
均值	47.5	40.5	11.1	0.9

在调查中,我们发现也有一部分收入较高居民选择民间私人经营的幼儿教育机构,主要是指一些特殊的专业性幼儿教育,如钢琴艺术培训中心、早教中心等(访谈)。还有就是面向低收入阶层收费较低的幼儿托育机构。因此整个调查反映了居民对于幼儿教育具有多元化的需求,同时社会也为其提供了多元化选择途径,从前面满意度的调查也显示,这项服务的供给评价也处于较高的水平。反映出幼儿教育多元化发展较快。

2. 医疗卫生

对于医疗卫生服务的需求来说,大型医院由于技术和设施都最优,因而通常是各地区居民的首选。但是在很多时候也会选择其他医疗单位,如表6—16显示,民间医疗机构、社区医疗机构都是居民的选择对象,而且在解决日常医疗需求上这些机构能够较好地满足居民的基本需求。另外,就近医疗机构也是选择的主要对象,如表6—16所示的调查结果,就近医疗所占的比例也非常高。在一些常见小病如伤风感冒、打针输液等社区居民多选择就近医疗(访谈)。

表6—16 居民对医疗卫生服务供给主体偏好的调查统计(%)

		大型医院	就近医疗机构	社区开发配套医疗服务	民间医疗机构	其他如药店
	南华西街	52.7	16.2	9.5	5.4	16.2
	洛溪新城	44.9	16.7	14.1	9	15.4
	天园街(骏景花园)	22.8	48.1	8.9	19	1.3
	东湖街	41.8	29.1	8.9	16.5	3.8
钟村镇沙头街	原城中村村民	22.5	32.5	2.5	20	22.5
	原城中村外来人口	48.6	18.9	8.1	24.3	
三元里街	原城中村村民	20.5	33.3	10.3	12.8	23.1
	原城中村外来人口	52.6	18.4		28.9	

注:社区开发配套医疗服务指社区服务中心或是居委会提供的医疗服务或是会所提供的医疗保健服务。

在位于郊区的社区以及城中村型社区,由于有相当比例的外来人口,所以在我们的调查中反映了他们的需求。外来人口大多为打工一族,经济收入也处于较低水平,因此他们在医疗服务中选择收费低廉的民间医疗诊所的比例最高。总的来看,各地区的居民对医疗服务的需求越来越细,因而在实现途径中也呈现出多元化的发展趋势。医院在其选择范围的主导地位已经开始减弱,而是根据多样化的需求进行选择。前面的满意度调查显示医疗服务的得分并不高,反映出目前在医疗公共服务体系中多元化供给还亟待提高。

3. 文体娱乐

有关文化、体育、娱乐等公共服务方面的调查,表6—17至表6—19显示对这些服务的供给,居民多偏向社区内资源。但是目前社区内资源还不能完全满足需求,而区外资源则丰富得多,选择服务类型更多,质量高的也更多,而且服务档次也更多样化。市场力量在这类服务的供给中已经具有一定的需求主体,这主要与市场的灵活性和多样性有关。居民对于供给主体是政府部门、开发商、私营单位还是个体则认为并不重要,关键是服务水平和收费高低水平(访谈)。如骏景花园由于开发商的开发水平和实力,以及对社区开发的定位起点较高,各种社区内部配套也较完善,居委会以及物业管理公共开展的社区服务较好,加之该社区位于城市新开发地区,属于新兴社区,因而周边配套相对社区档次要落后。因而社区内资源在社区居民的选择中处于最主要的地位;处于老城区的南华西街由于公建用地十分匮乏,因此这类公共服务往往较难开展,也难以提高到一定的水平,因此社区居民往往会选择社区外的这些公共服务设施来满足这类文化需求。

从空间差异来看,位于远郊区的社区以及城中村型社区对社区内带有半官方性质的公建设施或服务的投入主体有较高的偏好度(如社区服务中心、居委会、村委会等),钟村镇沙头街和三元里街的选择比例分别高达57.1%和71.2%,位于新城区的天园街也有相近的高偏好度(达66.7%)。这类公建设施基本上是由改制前(村改居)的村委会或村经济组织投资兴建的,表明根植于郊区或新城区的

第六章　公共服务业管治的社区研究——广州和深圳案例

带有半官方色彩的民间社会组织对社区建设有较大的影响,在这类城市化还不彻底的社区或新兴城市社区,充分发挥原有社会组织或经济组织的社会资源和经济资源,对良好管治结构具有的重要的意义。因此,地理空间的差异性导致了文体娱乐等公共服务管治结构

表6—17　居民对休闲娱乐设施供给主体偏好的调查统计(%)

	社区外	社区服务中心或居委会修建或社区开发商提供	社区内个体经营或私营	其他
南华西街	44.3	25.3	26.6	3.8
洛溪新城	39	23.4	31.2	6.5
天园街(骏景花园)	15.4	66.7	10.3	7.7
东湖街	33.3	25.3	33.3	8
钟村镇沙头街	30.4	57.1	11.3	1.3
三元里街	16.3	71.2	11.3	1.3
均值	29.8	44.8	20.6	4.8

表6—18　居民对文化设施供给主体偏好的调查统计(%)

	社区外	社区服务中心或居委会修建或社区开发商提供	社区内个体经营或私营	其他
南华西街	52.5	28.8	17.5	1.3
洛溪新城	43	32.9	24.1	
天园街(骏景花园)	20.5	64.1	14.1	1.3
东湖街	36.4	31.2	31.2	1.3
钟村镇沙头街	29.2	59.6	10	1.3
三元里街	45	46.3	8.8	
均值	37.8	43.8	17.6	0.8

表6—19 居民对体育运动设施供给主体偏好的调查统计(%)

	社区外	社区服务中心或居委会修建或社区开发商提供	社区内个体经营或私营	其他
南华西街	53.8	30	13.8	2.5
洛溪新城	53.2	26.6	20.3	
天园街(骏景花园)	15.4	73.1	7.7	3.8
东湖街	46.1	38.2	9.2	6.6
钟村镇沙头街	42.3	48.7	6.4	2.2
三元里街	71.3	21.3	3.8	3.8
均值	47	39.7	10.2	3.2

和模式上的差异,在这类服务资源丰富的老城区可以采用政府主导、民间为辅的管治模式,也可以是政府、社会组织并行的混合型管治模式。而新城区、新兴城市化地区和郊区的社区充分发挥现有资源,结合社会基础和经济基础采用民间主导型管治模式具有一定的优势。但是也必须认识到只有加大政府的投入力度,才能更有效地促进这些地区的社区建设向成熟的城市型发展,向高层次发展。

(五)社区基本生活服务供给调查

生活服务是具有商业、服务业性质的社区服务,是具有社会导向的个人服务和私人服务,与严格意义上的社区公共服务是有一定的差距。但是现实生活中这类服务的生产供给中又有相当部分是以社区服务中心或是居委会为主导的,是满足社区居民最基本生活需求的低偿或有偿的服务,而且其开展的目的是为了带动和保证无偿服

第六章 公共服务业管治的社区研究——广州和深圳案例

务,是为无偿和低偿的福利服务持续发展提供资源保障的服务。所以在此我们把这类服务归属为社会主导型公共服务,从中我们选取小修小补、保姆中介服务以及生活服务几项进行分析(表6—20至表6—22)。以保姆中介服务为例,选择私人市场供给的比例平均超过了35%。社区内的管理资源和组织资源如居委会、社区服务中心、物业公司等在提供这类生活服务中占了很大的比重。尤其是这类资源较丰富,开展得较早的地区所占比重越大。天园街(骏景花园)的社区居民在这三项服务中选择社区内组织和管理资源的比重相对其他几类社区以及其他几种供给是最高的(表6—20)。骏景花园不仅社区配套,物业管理在全市享有极高知名度,而且组织资源——骏景社区居委会工作更是全国的先进,因此更多地得到了社区居民的认同。这表明,社会组织和市场在社区层次的社会主导型的服务管治结构中具有重要的地位和作用。 另外,从表中可以看出这几项服

表6—20 居民对小修小补供给主体偏好的调查统计(%)

	社区外	社区服务中心或居委会修建或社区开发商提供	社区内个体经营或私营	其他
南华西街	40.8	31.6	14.5	13.2
洛溪新城	43	24.1	29.1	3.8
天园街(骏景花园)	27.6	42.1	25	5.3
东湖街	55.7	24.1	10.1	10.1
钟村镇沙头街	53.3	10.1	31.6	1.3
三元里街	56.2	3.8	32.5	7.5
均值	53.8	22.6	23.8	6.9

表 6—21　居民对保姆服务供给主体偏好的调查统计(%)

	社区外	社区服务中心或居委会修建或社区开发商提供	社区内个体经营或私营	其他
南华西街	32.1	20.5	25.6	21.8
洛溪新城	30	27.5	32.5	10
天河区(骏景花园)	18.8	32.5	43.8	5
东山区	31.3	30	28.8	8.8
钟村镇沙头街	38.5	14.1	38.5	8.9
三元里街	25.6	19	41	14.5
均值	29.4	23.9	35	11.5

注:"社区外"指保姆的来源途径是由小区外的机构或个人介绍聘请的。

表 6—22　居民对生活服务供给主体偏好的调查统计(%)

	社区外	社区服务中心或居委会修建或社区开发商提供	社区内个体经营或私营	其他
南华西街	19.5	31.2	28.6	20.8
洛溪新城	25.3	38	25.3	11.4
天园街(骏景花园)	23.8	57.5	10	8.8
东湖街	27.5	36.3	22.5	13.8
钟村镇沙头街	33.9	28.6	29.8	7.7
三元里街	38.3	16.8	36.7	8.1
均值	28.0	34.7	25.5	11.8

注:生活服务主要指由生活服务设施如日常生活所需的餐饮店、小杂货店、理发店、裁缝店、煤气店、桶装水供应店等所提供的服务。

务居民选择小区内的个体经营和私营的比例相对其他服务类型来说是最大的,表明在社区生活服务层次里市场调节同样具有一定的作用,并且可以满足居民多层次需求。

相反,其他类型社区更多的选择社区外生活服务资源,老城区由于历史原因这类资源相对其他地区更丰富,因此居民的选择范围和选择途径更广更多。区外资源的选择自然最高。而郊区的社区包括远郊区的钟村街社区和近郊的大石街洛溪新城社区以及城中村型社区,除了这类生活资源相对匮乏外,还有一个重要的原因这类社区组织资源和管理资源的缺乏,这种缺乏最突出地表现在服务供给水平上。

需要补充一点,在城市管理力度越弱的社区,如由城乡转型而来的社区如远郊区钟村街社区和新城区内城中村三元里街社区,社区内存在许多半正式或非正式的经营单位。比如这些社区有许多沿街小贩,他们往往钻城市管理条例之空(没有营业执照,不交管理费等),提供着这些生活服务。由于经营上的灵活性以及收费低廉,他们在满足社区居民低层次需求上有很大的优势,所以往往在很多情况下也得到社区居民的认可。

"走鬼"经济(街道小贩经济)[①]

所谓"走鬼"是广东白话言,非常形象地描述了那些没有营业执照,也没有作任何行政许可的街道小贩,他们或沿街贩卖日用小百货,或小吃,或各种服务,五花八门,可以说市民生活需要什么,他们

---

① 经实地调查和访谈整理而成。

就可以卖什么,服务什么。但是这种经济就是十分典型的非正式经济。通常情况下我们都会不经思考地说出许多这种经济的不好方面,但是我们却忽略了这样一个事实,当我们自己作为一个普通市民的时候,我们都会因为如此方便地(甚至就在家门口)在这些"走鬼"手中买到了比正规商店里便宜许多的东西而暗自窃喜。而这些"走鬼"也因为可以不用上缴各种各样的税和管理费以及昂贵的店租而获利颇丰。

为了进一步了解这一问题,我们还对六个调查社区内的小商铺进行了问卷调查和访谈(随机,每个社区发放问卷20份)。这些小商铺涉及多种服务类型,包括餐馆、发廊、士多店、药店、诊所、修理店、缝纫店、煤气店、书店等多种类型。

在随机调查和访谈中发现每个社区的小商铺都存在一定比例的非正式经营,如无经营执照这种情形(表6—23)。这些店铺多在居民的居住单元内营业,容易逃避城管执法部门的检查管理,因此经营很灵活。另一方面,从访谈和调查中也了解到,经营者流离于正式和非正式之间还有一个重要的原因就是在领取经营执照上有一定的困难(表6—24),而且需要遵守的正式制度和管辖部门太多。对于一

表6—23 有无经营执照的调查统计(%)

	有	无
南华西街	95	5
洛溪新城	75	25
天园街(骏景花园)	90	10
东湖街	95	5
钟村街	61.9	38.1
三元里街	80	20

表 6—24 领取经营执照是否存在困难的调查统计(%)

	有	无
南华西街	55	45
洛溪新城	65	35
天园街(骏景花园)	80	20
东湖街	85	15
钟村街	85.7	14.3
三元里街	80	20

个小小经营者来说这个成本太高。在城中村型的社区、城市新区地区城市管理相对没有这样完善,非正式行为在这里相对会更多。

一方面,居民的日常生活需要这些服务,在关于这些社区生活服务是否得到社区居民认可的调查显示,这些生活服务都得到居民的认同(表 6—25)。也就是能够满足相当比例社区居民的这类型需求。另一方面,各种规章制度却又制约它的发展,因此,在调查中发现一种新的民间协作模式或是非正式管治模式在这样的约束下形成。那就是由社区私人生产经营这样的服务,居委会或是社区服务中心作为联系社区居民和政府部门的桥梁。虽然属于社会组织,但是事实上与政府部门有着千丝万缕的联系。因此它为了开展社区服务,对这些类型的经营者给予政策上或是制度上的支持(详见下文案例),同时收取一定的管理费用于社区服务(相当比例的社区服务是低偿和无偿的服务,其开展需要经费支持)的进一步开展(表 6—26)。因此,我们认为,要发展社会主导型的这类生活服务,除了民间力量外,政府的扶持是非常关键的因素,政府在这一管治结构中,是掌舵,而不是划桨;是放松规制,而不是严格临管。要提高这类社会主导型的服务,关键是要加大市场和社会组织的力量,促进这类服务的社会组织主导型模式及市场型主导模式的形成和发展。

表6—25 是否得到社区居民认可的调查统计(%)

	有	无
南华西街	100	
洛溪新城	100	
天园街(骏景花园)	95	5
东湖街	100	
钟村街	100	
三元里街	90	10

表6—26 是否交纳管理费给社区服务中心或居委会的调查统计(%)

	有	无
南华西街	95	5
洛溪新城	95	5
天园街(骏景花园)	95	5
东湖街	100	0
钟村街	100	0
三元里街	80	20

目前广州市居委会的办公经费是1 200元/月,其中市级财政承担800元/月,区街级财政承担400元/月,但是居委会承担了太多政府交办的事务,包括计生、综合治理、城管、民政、爱卫、劳动、残联等,在社区建设工作中有限的经费很难完成便民、利民、非营利的社区服务的开展[①]。居委会作为群众性组织,为群众服务是最基本职责。

---

① 本案例据2004年元月初与广州市民政局基层政权处有关领导的访谈整理而成。

第六章 公共服务业管治的社区研究——广州和深圳案例

因此,如何满足社区居民的生活需要是其必然要考虑的问题。为了推动社区服务业尤其是小修小补、家政服务、托老托幼等居民迫切需要,但是又是市场发展不够充分的服务,各居委会和社区服务中心都大力吸引各种投资主体来提供这些社区生活服务。现实的情况是对于小修小补、托老托幼等服务的经营许可证办证困难,因此居委会采取了统一办领一个经营执照,经营这些项目的私人和个体就挂靠在居委会名下,居委会适当收取一定的管理费用于补偿其他社区服务,进行社区建设。后来,广州市政府明确规定居委会作为社会组织,不允许搞社区经济。居委会则建议将这些服务挂靠在街道的社区服务中心名下。

(六)小结

第一,从服务属性来看,不同的公共服务类型供给具有不同的空间差异。接近现代社会需求的公共服务空间差异越大,反之传统基本需求的公共服务空间差异相对较小。而且,政府主导型公共服务,更适合于在传统基本需求服务利益发展。反之,市场力量越大的混合型服务更适合于现代需求以及多元化的需求。

第二,对于政府市场混合型公共服务,其供给水平与居民日常生活中的需求程度有关,居民日常需求越高,则供给满意度越高。从空间差异来看,新城市社区对于政府—市场并行的混合型服务的满意度低于老城区社区,特别是在政府参与较少的设施建设方面,如休闲设施、文化娱乐设施等服务。对于政府参与较多的教育和对外交通服务上,新城市社区满意度相对较高。说明政府在服务供给中仍然起到最主要作用。这就说明当前社会中政府作为管治的重要主体作用不可忽视。属于提高类型的服务如文化、娱乐、休闲等的供给则区域差异较大,这与传统的公建配套水平有关,老城区公建配套最为完善,因而最能满足居民的需求,但是需求的多元化则需要市场机制的调节,新城区社区开发的成功反映出市场力量的作用。但市场力量在提供公共服务方面仍然十分有限,仍然不能成为主导力量,需要进一步发展。对混合型供给的公共服务采取混合型管治模式甚至进一步发展为市场主导型管治模式,政府只在制度上给予保证和监管是发挥混合型公共服务最大社会效益的重要途径之一。

第三,社区民间自治(半官方)机构参与有助于社会主导型公共服务水平的提高。不过,随着社会的发展,人们的需求会越来越细化,因而对这类有关基本生活服务要求越来越多样化。而市场是多样化供给的主导力量,因而市场主导将是这类服务管治中的主要力量。这类服务的管治模式也将由以社会组织主导管治模式向社会组织与市场主导管治模式并行发展。

第四,不同地区的居民在公共服务管治中的参与性也有较大的差异。城市型社区的参与性高于新近由农村型社区转型而来的社区,老城区的社区普遍参与性大,经济水平越高的地区参与积极性也越大。

第五,位于远郊区的社区以及城中村型社区对社区内带有半官方性质的社会组织有较高的偏好度(如社区服务中心、居委会、村委会等)。这些社会组织能动性很大,社区公共服务供给潜力大,这主要与这些地区政府投入相对较低有关。在这些新社区草根型管治模式更容易发展,因此这类型社区的社会组织主导型服务有较大的发展空间。

第六,广州市居民对公共服务提供的主体和方式持比较务实和开放的态度。只要能有效地满足居民的需要,服务的主体是政府部门,还是社会组织,是市场还是其他(如个人);服务的供给方式是有偿还是无偿,是营利还是非营利;志愿的还是义务的,还是专业的、商业的,都得到了同样的重视和认同,并且都能加以利用。普遍对公共服务的多元化供给持认同的态度。由于当前公共服务多元化发展还处于起步的阶段,许多地方还不完善规范,这与市场机制不完善,社会组织发育迟缓等密切相连的。因此,居民对于政府部门作为公共服务供给主体仍然持有较高的信任度。

第七,地理空间的差异性导致了公共服务管治结构和模式上的差异,在这类服务资源丰富的老城区可以采用政府主导、民间为辅的管治模式,也可以是政府、社会组织并行的混合管治模式。而新城区、新兴城市化地区和郊区的社区充分发挥现有资源,结合社会基础和经济基础采用民间主导型管治模式具有一定的优势。但是也必须认识到只有加大政府的投入力度,才能更有效地促进这些地区的社区建设向成熟的城市型发展,向高层次发展。

第八,非正式行为或非正式的服务生产供给主体的作用需要重新界定和评价。

三、不同社区类型公共服务管治模式

通过上文的分析,结合上一章归纳的管治模式类型和本章所分析的广州的空间差异,我们可以进一步将这些不同类型的社区的公共服务组织安排划分为以下几种管治模式。

(一) 政府主导模式

1. 多极网络为辅的基层政府主导型管治模式——南华西街模式

其特点是：从空间来看，这类型社区位于城市老城区，城市型生活以及社区文化成熟，但是它同样面临旧城衰败的危机。上级政府对这类社区的投入往往跟不上需求，并存在很大的滞后。但是，社区的发展和稳定除上级政府外还有许多力量可以参与，而这种情况下基层政府街道党工委则可以沿袭其组织资源，发挥基层政府的主导作用，在社区公共服务的生产供给安排中起到重要作用。南华西街社区的基层政府组织从生产到组织安排供给都起到主导力量。同时，为了促进社区的发展，促进人民生活水平的提高，联合、培育各方力量共同推进社区公共事业的发展。在基层的政府的带动下，民间力量也逐渐成长发展起来，从各级志愿者组织到各种社会民间团体，从私人企业到个体经营者，都积极加入到社区公服务事业的建设中。也正因为多渠道投入、多力量的参与，才导致整个社区公共服务的良好管治得以形成。

南华西街[①]

南华西街是广州市海珠区一条有着 200 多年历史和浓郁岭南特色的行政街道，辖区面积 1.1 平方公里，有自然街巷 172 条，居民 21 390 多户，58 390 多人，设立了 14 个居委会。

---

① 经 2003 年 10～12 月共三次南华西街街道办事处实地访谈整理而成。

第六章 公共服务业管治的社区研究——广州和深圳案例

同时南华西街在全国都颇具知名度,党工委和办事处的行政能力,创新意识具有相当的水平。改革开放以来,受全国表彰的工作有31项(次),受省表彰的工作有61项(次),受市表彰的工作有373项(次),受区表彰的工作有753项(次),荣获了"中国街道之星"、"全国最佳街道"、"全国精神文明创建活动示范点"、"全国精神文明建设工作先进单位"、"广东省模范基层党组织"、"广东省文明单位"、"广东省模范集体"和"广州市精神文明建设红旗单位"等称号。江泽民、李瑞环等20多位党和国家领导人先后亲临该街道视察工作,对该街道的党建和政府工作给予了较高的评价。

南华西街在社区建设中走的是一条以基层党组织和政府为主导的模式,以街道党工委为核心的政府部门在创建文明社区,共建美好家园中起到关键的作用,并起到极为重要的凝聚和整合社区资源作用。2000年,广州市委把南华西街确定为全市开展社区党建和社区建设的试点街之一,街党工委则抓住这一机遇,创新社区党建工作机制,实现资源共享。如完善社区党建工作联席会等11个社区协商议事机构,健全完善议事章程,定期开展会议,共商社区建设计划。街道、社区和驻街道、社区单位的服务设施相互开放,实现资源共享,设施共建,事务共商,活动共办,从而使街道基层政府在社区公共服务的供给和安排中起到核心的作用。

南华西街重组后,街道、居委会分别成立了社区服务工作小组,小组下设办公室和社区服务站,负责社区服务工作。街道还根据社区工作特点,建立了12个社区服务协调性的"中心"和"协会"、12个各类社区专业服务队伍、9个义务服务队。社区管理纳入街道、居委会工作管理目标。

创新社区服务新领域,构筑社区服务社会化的新格局是街道政府的主要职责,为了创新社区服务载体,2001年初,街道办投入370多万元将办事处办公大楼首层和二、三层共1 600平方米的场地改造建设成为较大规模的设施齐全、系统完善、配套合理、档次较高的具有服务体系、管理体系和信息网络的社区服务中心,设置有各种为社区居民服务的10多个服务室(包括社区党群工作室、民政和社会救济、社区再就业服务室、社区热线服务室、计划生育服务所、社区卫生保健咨询室、残联工作服务室、司法行政工作室、人大代表工作室、城市管理服务室、领导接访居民办证服务室、人民武装部、社区信息网络室等),从而为社区居民提供及时、方便、快捷的行政事务受理"一站式"服务。同时,通过实施电子社区服务工程,运用现代化的科技手段进行社区服务。2000年12月,建设开通了"南华西街"网站,方便了社会各阶层和各部门间的联系。

在社区服务建设上,十多年来,街道办共投资了200多万元来发展社区服务和建设各种社区服务设施。先后建成了敬老楼(颐寿阁)、老人公寓(颐年阁)、幼儿园、托儿所、基干之家、退休工人之家、精神病人工疗站、康复中心、少年之家、青少年"手拉手"援助中心、图书馆、法律服务所、计划生育咨询服务站、社区初级卫生保健服务站、社区党校、团校、居民学校、培训中心和社区活动室等。街道、居委会共办便民服务网点100多个,14个社区居委会根据各自的条件设有60平方米以上固定社区服务站,共1 357平方米,为开展社区服务创造了良好的条件。这些社区服务设施采取无偿服务和低偿服务相结合的形式,以低偿服务为主开展便民服务,受到社区群众的普遍欢迎,在许多社区公共服务方面如康复中心,健身乐园等则是免费为居民开放。

在社区生活环境的营造中,街道办事处也起到重要的作用,2001

年投入55万元建设立体绿化工程,将条件较好的新开发的房地产楼盘作为第一个绿色示范小区。在此基础上2002年进行了第二期的建设,多渠道投入了100多元进行环境整治和改造。

建立了街巷16小时卫生保洁制度和城管专职人员每天四次巡查辖区制度,使城区卫生工作大为改观,特别是城市管理综合执法队伍实行新体制后,配合区、街城市卫生保洁工作管理发挥了积极作用。

同时充分挖掘和利用社区资源完善公共服务的类型和质量。如充分利用社区中的中、小学拥有的资源,联合开设各类学校、培训班及系列专题讲座。与辖区内的海珠电大以及两间中学、四间小学签订了"开展学习型社区活动共建协议书"。与第一军医大学珠江医院合作,并签订了一年一度的"军民共建文明活动协议",专家、教授将继续为居民提供义诊,保健防病咨询等服务。街道与辖区内的联合医院共同办起了街社区卫生服务站,开展医疗保健服务。另外街道内各类企业都在社区建设上给予了积极的支持。如南华西经济发展公司等几十个集团公司或集体公司(由街道办、行政性企业发展而来,现已政企分离),同年都上缴一部分利润给街道,用于社区建设,这部分资金在社区服务业发展自筹资金中占了绝大部分。

在社会救助方面,基层政府起到关键性的作用,如在全市率先建立了劳动和社会保障服务中心,积极为下岗失业职工解决再就业问题。为街辖区内失业人员提供办理社会保险登记、失业登记、社会救济、职业介绍等服务,同时通过重点拓展家政服务、物业管理、托老托幼服务、家电维修等社区公共服务业,发展服务网点100多个,围绕居民需求的项目提供上门服务,并为下岗失业人员提供了再就业岗位。

在社会参与与社区公益上,街道基层政府发起社区所有居民和单位以及共建单位共同建立了100多个包护组,积极发动志愿者,共同为社区内有需要的个人(主要是弱势群体)提供无偿服务。同时成立街道慈善会和职工救济互济互助会,发动群众捐款共49万多元作为基金,专门用于社区内的弱势群体救助。

在志愿者服务上,街道积极配合,并给予大力的支持。如场地、道具、有关用品的提供。同时志愿者队伍也不断扩大,并且向多元化发展,以团员青年、学生为主发展到外来工、私营企业主、退休老人等各个阶层积极参与的局面。总的来看,青年人和老年人的参与性最强,青年志愿者组织主要以辖区内企事业单位、党政机关团支部为主体,同时积极吸纳外来工的加入,共同服务于社区建设;老年人的互助意识很强,邻里之间、居民之间的联系非常紧密,事实上形成了许多非正式的民间组织(没有正式进行登记注册,20～30个左右),如歌友会等,尽管这些组织主要是娱乐、文体方面,但是在促进居民之间的联系,提供公共服务,满足居民多样化需求上起到重要的作用。

同时志愿者协会的作用也由最初简单的志愿服务发展到更深层次的维权服务上。如外来工的权益保护上,工业区的外来工在发生劳资纠纷或其他权益纠纷时,越来越多地是想到了志愿者协会,依靠青年志愿者队伍(相对来讲成员具有较高的素质和水平),来解决问题。

另外,志愿者协会还积极发展各种社会资源,多渠道、多样化地进行社区服务。

在滨江东路有一理疗中心,其老板为街道青年志愿者协会成员,每周六日在滨江东路开展义务社会服务,免费为有需要的街坊邻里沐足、按摩、理疗,这一行为受到广大群众的赞扬。

第六章 公共服务业管治的社区研究——广州和深圳案例

在社区公共服务的生产和供给上,私人企业也起到了重要的作用,成为供给的重要主体,如幼儿园、托儿所、养老院等,除了政府办,私人也经营,并且办得更为有声有色。通过市场机制,克服了公办的场地、资金、师资条件不足的限制,从而满足了居民的多样化需求。

目前的社区服务中心在运营中存在许多问题没有解决,有些是政策上,有些是资金上,有些是制度上的。如许多居民在申请从事社区服务业上存在困难,特别是一些小修小补等,通常希望得到社区服务中心支持,而这些经营者也愿意交纳管理费给中心而省去许多经营程序手续上的麻烦,中心提供临时场地予其经营,省去大量经营成本,降低了服务价格,为居民带来极大便利。但是,这样的操作是不合规定的,是违反城市有关管理条例的,所以如何协调是目前存在的大问题。

另外,目前街道基层政府的事务是越来越多,但是权利和投入却没有落实,在执行细节的处理中存在相当多的难题。如消防这一责任也下放到街道一级,但是消防的财政经费却没有划拨下来。"费随事转"这一客观要求还没有得到很好的落实。

2. 多级政府主导型管治模式——东湖街模式

其特点是:由于在地理空间上位于城市中心区,历来都是政府投资建设的重点区域之一,公建配套、市政设施都十分完善。拥有非常成熟的城市型生活和现代性强的社区文化。辖区驻有中共广东省委、广州军区司令部、广州铁路局等多家省部级单位,因此在社区的公共服务组织安排中各级政府、各个权力单位都根据自身的组织优势和权力优势来推动社区的公共服务的发展。在许多公共服务领域中都具有极大的优势和最佳的资源。因此该社区居民所享有的医疗卫生、教育、市政等各项公共设施与公共服务水平都居全市甚至全省首列。2007年入选全国环保总局批准的第二批全国绿色社区创建活动先进社区。由该社区服务中心提供的服务不仅项目齐全、质量优，更有相当部分属于提高型公共服务，比如残障人士辅导、离退休人员的服务等。

广州首个志愿服务广场诞生[①]

2006年11月18日，广州首个志愿服务广场在东湖街社区文体广场诞生。共青团广东省委机关、中山大学、广东工业大学、广州军区某部、万佳超市等单位，分别与东湖街道办事处签订了社区志愿服务合作伙伴协议，以便结合社区的特点和需求，在该广场长期开展志愿服务项目。

当天这些社区志愿服务合作伙伴单位的志愿者，开展了为困难户捐款、送米、送生活用品、推拿等志愿服务。

中山一院接管六家社区医院[②]

实施一体化经营管理国内尚属首次，顶级专家将坐诊社区医院。

本报讯（记者严艳 李拉 实习生周从翀 通讯员陈起坤 李绍斌 励琨 亚明 海靖）今后，市民可在家门口的卫生服务中心向中山一院的顶级专家们问诊了。

---

① 《华南新闻》，2006年11月20日，D4版。
② http://www.51kang.com, 2007-12-3, 19：55：59。

第六章 公共服务业管治的社区研究——广州和深圳案例

昨天下午,中山一院与区政府签订"移交社区医疗服务机构协议书",正式接管原东山区人民医院和越秀区东片区的东湖街社区卫生服务中心等六个社区卫生服务中心。据悉,大医院接管社区医院实施一体化经营管理在国内尚属首次。

现状:大医院爆满,社区医院冷清。

广州市区划调整后,越秀区(辖原东山区)辖区内有中央、省、市等各级各类医疗机构411个,其中三甲医院或相当于三甲医院的就有21家。但由于管理体制不同,资源难以实现共享。

"我们医院日均门诊量高达12 000人,而一些社区医院门诊量只有几十人。"中山大学附属第一医院院长王深明昨天接受记者采访时无奈地表示。据了解,由于各级医院医疗水平差异太大,老百姓对区属医院、社区卫生服务机构信心不足,形成感冒发烧等小病都要上大医院就诊的习惯,以致大医院人满为患,负担过重。

交接:七医疗机构人财物全移交。

王深明介绍,此次医疗资源整合从2003年开始酝酿,希望通过对社区医院"一体化"的经营管理,来解决老百姓看病难、看病贵的问题。"今后要把原东山区130万居民纳入中山一院的医疗市场,为他们建立健康档案。"

越秀区政府将把原东山医院和东湖街道社区卫生服务中心等七家医疗机构的人、财、物全部移交。今后这些机构的经营、管理全部交由中山一院负责,中山一院将专门成立社区卫生管理委员会进行管理,越秀区政府则成立社区卫生监督委员会对其管理进行监督,这些卫生机构将在保留原有名称基础上加挂"中山一院"的牌子。

越秀区副区长孙峰表示,此次合作模式的探索属首次,如果收到良好效果将考虑全面推行,不过也可能考虑与区内其他医院进行合作。

东湖街道服务中心社区服务指南

劳动和社会保障服务:服务咨询电话:87386772

办理失业证:星期一下午至星期五

职业介绍、档案挂靠、求职登记、再就业资助、社保咨询电话:87385178

退休人员托管服务:服务咨询电话:87383425

退休人员报到、档案接收、管理

外来人员管理服务:服务咨询电话:87363352

办理IC卡暂住证、代征出租屋税、办理出租屋许可证、受理出租屋治安许可证

民政事务服务:服务咨询电话:87776425

办理老人优待证、残疾人、特困人员证、出具婚姻状况证明

服务时间:星期二、星期三上午(其余时间请到街办事处民政科办理)

计划生育服务:服务咨询电话:87382401

流动人口计划生育证(生育证、生育指标请到各居委、街办事处计生办办理)、B超查环查孕

驾驶员安全学习服务:

记分卡核发、安全学习:每月10～20日

法律服务:服务咨询电话:95968—635300

法律咨询、代办公证、代理诉讼

社区福利与公益服务：服务咨询电话：87383958

社区学校、社区综合活动室、社区礼堂、老年人康体室、弱智人士辅导站、星光老人之家、托老中心、社区文化站、阅览室

社区卫生服务：服务咨询电话：87382401

医疗诊室、预防保健、妇幼卫生保健、计划免疫、优生优育、B超室、康复理疗

家政服务：服务咨询电话：87385901

家庭保姆、钟点工、家电维修、渠道疏通

服务时间：星期一至星期日

清洁服务：服务咨询电话：87385902

清洗外墙、水池、地毯、酒店、写字楼清洁工程，清洁维护、绿化、校园服务

服务时间：星期一至星期日

青少年培训中心：服务咨询电话：87386527

书法、美术、陶艺、棋艺等艺术培训班，儿童托管乐园

综合服务：

区域经济服务（代办营业执照、税务登记证、代码证等）

物业管理服务

消毒站服务（除四害）

三车管理服务

人寿、汽车、财产保险服务

保健咨询服务

各类便民利民服务网点咨询电话：87384689

服务中心地址：五羊新城寺右北二街26号之一东悦居2楼（华

夏银行后面)

在这种管治模式里,各级政府尤其是上级政府的投入起到关键作用,我们在前面的实证分析中也证实了它的公共服务水平是最高的,而且也是市民认可度最高的,这也反映出了在当前中国的城市公共服务业发展和社区建设中政府的主导性和权威性。政府投入力度的大小决定了公共服务水平的高低。

(二) 民间主导模式

1. 三元里模式

其特点是:这种社区类型是属于城乡转型社区,是由于城市快速扩展而被动城市化的社区,城市文化和城市生活都处于刚起步阶段,农村形态的生活方式和思维方式仍然有很深的渊源。因此,这类社区中的经济组织和社会组织(原村委会、村集体股份公司等)在社区公共服务的管治安排中有极为重要的作用。由于村改制以前,社区公共服务生产供给主体基本上是以社区经济组织或社会组织为主,在相当程度上它们承担了政府的职责,解决了社区居民的公共服务需求。尽管现在已经改制,但是社区经济组织和社会组织在公共服务的组织安排上仍然处于主导地位。但是这类型社区公共服务的供给水平和供给内容与城市主流还存在一定的差距,如何继续发挥该类型社区经济组织和社会组织的资源优势,如何让城市型管理体制和组织顺利接手社区管理和社区服务工作,如何顺利地将这类社区融入城市主流生活是我们仍然需要思考的问题,而不是简单地"一刀切"。

广州市三元里社区公共服务现状
(转型社区由下至上型的供给模式)[①]

广州市三元里是一个拥有悠久历史的地区,位于繁华的火车站附近,该地区在改革开放前是一个典型的农村社区。随着改革开放该地区也陆续城市化,并且成为富有经济活力、商业蓬勃发展、在全国拥有极高知名度的地区,并且在空间上已发展成为城市中心区的一部分。在20世纪90年代,按照城市发展的需要和实际情况,广州市政府将该地区改制为城市型街道管理模式。作为原村委会的三元里实业有限公司,管辖范围跨三个街道:矿泉街、三元里街以及景泰街。原来下属十八个经济合作社,分得较散。2001年5月15日撤销村委会后,由于各种原因没有立刻成立居委会,而是保留原村下面的经济合作社单位,作为过渡时期的特殊政策以起到原村委会的协调指导功能。原村属经济发展总公司等经济组织在现有公共服务的供给中占有举足轻重的作用。

原三元里村村委会、三元里实业公司的主要业务以物业租赁为主,经营市场、酒店、酒店物业有怡乐酒店、三元里酒店、广源酒店、广花酒店、新兴酒店等,有自己独立经营也有出租给其他单位进行经营的。公司去年劳动力平均29 700元/人年,本村村民在管理岗位上的比较多,相对来说工作条件,工作职位都是较好的。同时在就业指导上优先考虑原村民。

[①] 经2003年5月21日,2003年12月27日与李国强副书记(现任三元里实业有限公司总经理,三元里街道办事处副主任,全国第九届、第十届人大代表)两次访谈内容整理。

另外在村民的福利方面,还搞了合作医疗,用的是集体的福利金,能享受合作医疗的村民每个月 80 元的医疗费包干,需要住院治疗的则按指定的七家医院报销 50% 的医药费(住院房费不报)。去年村或公司花在医疗福利的费用是 290 多万元,而 1999 年没有医疗改革时的费用却达到了 500 多万元,所以实际上村进行医疗改革是有利于村民也有利于村集体的。

在社会养老保险上,从 2002 年开始,公司为全部转制过来的 1 700 村民购买了社会保险,共花费了 1 700 万元,按国家的社保的有关政策和规定,每人最少要购买 15 年以上才能享受此项福利,某些村民因为年龄等因素而不能购买社保的则由公司支付 900 元/月的生活费。参加社保的人员如达不到 900 元/月的标准,则由公司补贴。如要超过这一标准则由村民自己支付和购买。对于社保的购买方式上,按照规定,要按当地的平均工资水平的 20% 进行购买,在这 20 个点上,公司为村民支付 11 个点,其余 9 个点由村民出。

在鼓励村民接受社会教育方面,公司制定了相关的措施,如村民子女上学,一样照给股份(2001 年 7 月后出生的没有股份),到外地读书的虽然户口迁出本村,也一样享受分红、生活费等福利补助。

同时鼓励村民自谋职业,生活费按资格、年龄发放。目前该村的大多在外就业,如政府部门,大型企业等都有。自己做小生意的不多。全村没有工作的基本上都是年龄偏大的,45 岁以上。对于本村自己的企业则优先照顾本村的村民。

为了搞好街道与社区、企业的关系,公司每年要给街道 50 万元的管理费。用于街道和社区建设。对于村改居后居委会的建设经济发展公司也给予大力的支持和协助,力图使新成立的居委会能够更快地接手社区服务工作,社区居民也能更快地认同居委会。

第六章 公共服务业管治的社区研究——广州和深圳案例

当前按照行政架构,是街道—居委会,经济架构则是联合实业公司—经济社(经济组织)。转制后,原来由村委会所承担的职责诸如户口、婚姻登记等已交由街道进行管理。按要求教育、市政、环卫、治安等都应由街道管理,但是现在街道承担不了这些责任,因此这部分公共服务还是由公司在具体负责和投入。原村民的社会福利、生活保障等也是由现有限公司负责。如社会治安本应由街道管理的街道却接不上,也接不了,仍然由公司负责。目前三元里公司自己所拥有的保安人员就达到170多人(几乎都为外来人口),年投入达到260多万元。主要用于出租屋管理、村内区域的管理(主要是三条自然村)。(去年市政府返给公司67万元,包括20元/人的外来人口管理调配费),由于三元里原来的三条自然村的原2 500多村民几乎都不在本村居住(拥有宅基地),在这些地方生活和居住的主要是外来人员,达到4万人左右,所以公司的治安人员主要是为外来人员服务的。

总之,三元里地区的公共服务生产供给主体基本上是以社区组织或企业为主,社区组织和企业(原村委会或现有限公司)在公共服务的组织安排上起到主导作用,并且在协调政府和社区的关系中起到很好的协调作用。

2. 钟村模式

其特点是:这类地区是改革开放以来乡村城市化地区,辖有大量乡镇企业和三资企业,因而大量的外来打工者在此聚集。加上这类社区位于城市郊区,离主城区有相当距离,城市政府的投入相对要少得多。社区的发展和社区公共服务的建设更主要的是要依靠本社区的力量,进一步地讲是要发挥如此大规模外来人员的能动性。因而这种模式的特点就是以民间力量为主,社会组织如居委会、社区志愿者组织和义工组织等都成为社区建设的重要力量。这种模式不仅增进了社区融合,而且较好地整合了社区各种类型资源。

钟村镇沙头街义工联的发展[①]

钟村镇沙头街是由农村型社区改制而来,居民的社会观念意识仍然带有较强的乡村性,公共基础设施和公共服务建设仍然与真正意义上的城市型社区有很大差距。改革开放使该街乡镇企业发展迅速,拥有众多知名企业。外来人口超过4万人,占本地区常住人口的一半以上。这些外来人口主要以打工者为主。另外,该街道的房地产开发也有一定的知名度。所以该地区的居民异质性强,在公共服务的需求方面相应地也具有极大的差异性。但义工组织、青年志愿者队伍发展较好,在整合社区资源和发展社区公共服务中起到一定的作用。

钟村镇义工联连续几年被评为全区义工队伍先进集体,涌现出了一大批全区杰出、优秀的义务工作者,相当部分义务工作者还被授予了星级荣誉奖章。

主要义工服务包括以下几个大类。①文化先锋流动书车服务:以传播科技文化,推动社会文明为主题,把现代文明信息及时带入农村,带入社会,带入各种类型社区。服务内容除了借阅、出售书刊、音像播放以外,还包括义讲义演,学习指导等多种类型。②心声热线服务:通过电话交流的形式为有需要的人士提供一条有效的救援途径,

---

① 据广东省共青团省委青年志愿者指导中心、番禺区义工联有关资料整理而成。

协助他们解答疑问,解决困难。除此之外,还对个别案例进行跟进服务和服务转介。③信箱服务:通过信件交流的形式,为有需要的人士提供一条有效的救援途径。④助残服务:内容包括为智障儿童服务、残障人士家庭探访服务、残障人士技能训练、残障人士聚会出游服务、协助残障人士解决生活困难。⑤长者服务:内容包括协助长者处理家务、谈心、节日探访、生日会服务、协助长者解决生活困难、协助长者户外活动。⑥青少年成长辅导服务。⑦环保宣传服务。

除此之外,还成立了讲师队伍,深入各个社区、各个单位,开展义工培训、义工基本知识的宣传,大力推广义工意识。在社会精神文明建设上起到十分有益的作用。

(三) 社会主导双核心模式——骏景模式

其特点是:开发商(市场)和居委会(半官方社会组织)共同在社区公共服务的供给中起到重要作用。开发商以市场为导向,以市场化运作为目标,为社区居民提供优质的公共基础设施和服务。居委会以公益为导向,以服务社区居民为宗旨,提供无偿、低偿和有偿相结合的各种社区服务。同时,居委会和开发商在相互利益协调和平衡过程中,共同推进了社区的公共服务水平。

骏景花园[①]

骏景小区是由香港合生创展集团与广东珠江投资有限公司于1997年10月获得建设批准书,1998年初始建,1999年2月陆续交

---

① 经 2003 年 11 月至 2004 年 1 月与该社区居委会有关人员访谈整理而成。

付使用。小区总面积达46万平方米,总建筑面积达100多万平方米,总户数约7000户,常住人口达10000多人。1999年度被广州市国土局及本市各大媒体评为当年广州市十大最受欢迎楼盘之首、十大畅销楼盘之首。开发商在公共基础设施和服务等硬件建设中投入很大。

骏景社区的社区建设来自于社区居委会、开发商、赞助商的大力支持以及社区居民的全力配合。社区公共服务的生产和供给政府和民间都起到重要的作用。

广东康景物业服务有限公司作为一个大型专业物业管理公司,受开发商委托,对社区进行物业管理,在致力于安全文明建设,立足于服务特性与社区公众需求的同时严格按照市场机制进行运作。如物业管理中心利用开发商所提供的高档次会所以及各种文化体育设施,经常性开展各项文化活动,小区每月组织一次大型文化活动,节假日举办流动式节目。会所常年为中老年每晚开展健身操活动。

社区居委会虽然是群众性组织,但是事实上它具有浓郁的官方色彩,因而它起到了社区居民和政府间的桥梁作用。居委会根据街道办事处的安排,在社区建设和管理、精神文明建设、社区治安综合治理等方面发挥基础作用。除了常规的服务项目外,还根据社区特色,提供了许多新的公共服务项目。例如,①成立文化广场,丰富社区的文化氛围;②促进社区民间文化艺术团体的形成,并为其发展提供多种支持和帮助;③多方发动社会资源进行社区服务,如邀请周边多间医院至本社区进行保健、理疗等无偿卫生服务,邀请亨氏、惠氏等全球知名公司举办多期育婴、幼儿保健讲座;④积极发动小区各单位的资源,努力实现社区资源共享,如以社区党支部为核心,居委会、社区民警、物业公司和各界民间代表人士组成管理团,有效地增强了

第六章 公共服务业管治的社区研究——广州和深圳案例

小区管理的合力。

社区民间组织按生成机制的不同,包括两类,一是按政府或有关部门要求自上而下成立的组织,如社区中的老年人协会,计生协会等。还有就是自发组建的组织,这些组织基本上都是在居委会的引导下成立的,包括社区中和各种文体团队、社区志愿者服务队、文娱互助组织等。它们在提供社区服务方面都起到重要的作用。如在社区体育文化方面的建设中,各民间组织或团体在社区居委会的推动下,由初期的自发组织发展为正式的组织,并且活动的指导员大部分由社区业主中曾获得国家一级、二级运动员称号的退休干部担任。同时区内的包括中小学在内的单位团体也给予积极的支持。如骏景社区夕阳红表演队就是由二十多位老太太组成,享有较高的知名度,常代表广州市参加省级汇演。

志愿服务队定期为社区居民服务:它也是在居委会的推动下组织成立的,它在社区建设中起到重要的作用。服务队共有70多人,不定期上门为有需要的人或家庭服务。如在非典期间,志愿者在社区卫生方面起到积极的作用。

同时,居委会本着公益的原则,全心全意为居民服务,而物业管理公司首先是市场化运作,因此经济利益导向是其最基本的原则。在社区公共服务的建设中,居委会起到重要的协调作用。如2002年夏天一贯治安良好的骏景社区突发业主被盗事件,居委会首先上门做好安抚工作,然后多次与物业管理公司协商。在社区居委会的坚持下,物业管理公司加强保安巡逻,增装20多台红外线监控系统,终于妥善解决这场风波,并且加强了社区的治安工作,提高了治安水平。接着,为了更好地为社区居民带来更好的公共服务和公共设施,居委会又进一步与物业管理公司协调沟通,为小区改造了灯光工程,改造了下水道,安装了健身器材,增补了小区的绿化,改造了小区的北门,从而大大赢得了社区居民的好评。

2003年社区内也发生过居委会和物业管理公司产生冲突的事件,社区居委会以无偿和低偿服务为宗旨,在小区北门广场开展了便民服务,各项服务的收费都大大低于小区内营利性质的同类服务。但是物业管理部门以影响小区环境为由,令保安将其围住,阻止居委会的社区服务工作开展。对于有关社区公共服务,物业公司和居委会分别代表了营利和非营利,代表了市场和市民利益。之后,居委会代表社区居民的利益,和物业管理部门不断地进行协商和沟通,最终达成了一致。

(四)政府主导草根为辅模式——洛溪模式

洛溪是番禺北部大石镇最临近广州市区南面的一小片土地。在80~90年代初中期,当时广州市民的居住习惯依然是"宁要河北一张床,不要河南一间房",更别说市外的郊区了。1988年洛溪大桥通车,使番禺与广州两地间的交通网络进一步完善,番禺毗邻广州的地理优势表现无遗,洛溪沙滘岛更成为两地间重要的交通枢纽。恰好此时,番禺政府为发展经济提出开发"两沙":在围绕邓小平同志以经济建设为中心的理论下,拟定了以番禺为中心纽带,大力发展番禺交通基础设施建设的同时,投资开发番禺南北两大门——沙滘地区和南沙地区,使沙滘地区建成以房地产为主的广州卫星城及广州到香港之间的物流中转站,南沙则建成以基础设施配套(道路、港口、电力、通信)为主的现代化海滨城市,推动以房地产业为主的第三次产业发展,推动番禺经济建设,使之成为连结广州和香港两地间的经济发达的卫星城,与广州、香港一起构成南方大型经济网络,最终形成

第六章 公共服务业管治的社区研究——广州和深圳案例

广州—番禺—香港三点一线的经济辐射网。因此,为了带动整个番禺的经济建设,1989年5月,番禺区(原番禺市)政府陪同香港有荣有限公司、香港恒基兆业有限公司、香港粤海企业(集团)有限公司一起组建番禺洛溪新城地产有限公司率先开发沙㙟岛,缓解广州居民拥挤的居住状况,使之成为以房地产业为主的广州另一个卫星城。

在新城开发模式上,洛溪新城的开发商采取了"先社会效益,后经济效益"的发展策略,在还没有完全获得利润的基础上,不惜投入大量资金,在房地产开发建设的过程中,不遗余力进行市政配套建设,如建学校、建邮电局、公车配套等系列公共设施。据不完全统计,到1994年洛溪地产开发土地达510亩,建成商品房174幢,5 225套住宅,118套别墅以及59个小车库,715个商铺,完成建筑面积55万平方米,并配套建有居委、公安、保安、学校、邮电、粮油、水电、医疗、市场、商业等市政公共设施。另外,新城的交通也进入了广州交通网络,一时吸引了广大的广州市民前来洛溪新城安家落户,被业内人士称为中国楼市一种罕见的置业现象,美其名曰"洛溪现象"。由于洛溪新城的畅销,吸引了一大批房地产开发商纷纷投入洛溪地区的开发建设之中。

与此同时,番禺作为八九十年代红透中国的广东"四小虎"之一在改革开放中一直走在最前沿,"三来一补"企业村村点火,劳动密集型产业发展模式吸引了中国内地大量的劳动力。洛溪在特殊的历史发展背景和紧临广州市区南大门的地理优势条件下聚集了大量外来人口,从而使洛溪成为乡村城市化和城市郊区化双重作用的特殊地域。

洛溪模式的特点是,存在的社会背景在于它是飞地型政府主导模式,是在政府主导下的社区开发和乡村城市化共同作用而形成的,这类地区城市政府的行政管理力量较强。同时本土居民以及外来流动人口对这类社区的生活方式、社区文化等都产生较大的影响，是政府主导下民间力量作为重要补充的独特管治模式。

四、社区管治发展趋势及改革方向

通过对广州市的社区管治研究，我们可以看出，政府对公共服务的生产和供给具有极为重要的作用。政府对公共服务的投入力度直接影响到地区的生活水平。但是政府对公共服务的生产和供给具有单一化的特点，在满足普通大众的日常需求上其地位具有不可代替性。但是，随着社会的发展，人们的公共需求越来越多样化，越来越需要多元化的供给主体提供多样化的服务选择作为重要补充，而市场机制、社会组织、民间力量等参与到多样化供给中，从而形成多样化的管治结构。但是空间差异是不可避免的，我们只能根据空间特征进行最适合的公共服务的生产供给安排，从而形成独特的、适应地区发展的管治模式。

正如管治具有发展的特点，管治模式也是不断变化的，而这种变化最根本的动力来自于政府、市场和市民社会三者力量的对比，三者在公共服务的生产供给中都有各自的优势。因此，在广州现有的各种模式中最主要的是发挥各自的资源优势，而不能简单地评价某种模式最好或最佳。每种模式都有各自适用的时间和空间。比如在城中村型社区，在公共服务的生产供给方面如果没有政府部门的大力投入，只是简单地用城市管理条例去代替原有的农村型管理体制，必然造成社区组织资源的退化，公共服务生产供给水平的不稳定。同样，新城区天园街骏景社区如果没有社区组织的投入以及发展商的投入，仅仅依靠政府的投入远不能实现今天这样丰富的社区生活。

但是我们也看到了在公共服务业的发展中存在明显空间差异，随着政府改革的深入以及市场机制的不断深入，整体空间服务业的发展必然会朝着高质、高效、多元化方向发展，政府在基础公共服务上确保空间平衡。同时，社会力量包括市场机制和社会组织、民间组织等促使服务类型和层次多样化发展。必须肯定的是不论何种模式最根本的目标是要使现有的公共服务业生产供给以最快速度向更高水平发展。

第三节　快速城市化转型社区公共服务管治研究——深圳龙岗案例

一、调查概况

（一）调查社区的选取和问卷发放

在研究了城市中心城区相对成熟社区之外，我们还选择了具有快速农村城市化转型时期典型特征的深圳龙岗地区作为研究案例。由2005年始，深圳市宝安、龙岗两区开始了全面的闻名全国的转地运动。此次"转地"是由政府全力推进的被动城市化转型，其历史意义和社会影响都十分深远。基于这一特殊的地域空间类型，本研究于2005年上半年分别对龙岗区七个社区进行了公共服务供需问卷调查。各调查社区的选取是根据龙岗区的地域空间结构特征进行的。龙岗区在城市形态上分为城市型地区和农村型地区，在空间布局上分为老城区、新城区、边缘地区。同时还存在市场导向所形成的"飞地型"郊区社区、外向型高档社区、普通商品型社区以及城市化近域扩张所形成的"城中村"等特殊地域,因此我们的选点也以此为主要依据。根据资料的收集难易程度以及代表性大小,老城区选取了地处龙岗镇旧城区中心地带的龙岗墟(榕树头),新城区选取了龙岗中心城紫薇花园,边缘地区选取了坪地街坪地社区,飞地型社区选择了位于坂田的四季花城社区,普通商品型社区选择了布吉街龙珠花园社区,外向高档商品型社区选择了中海怡翠社区,城中村选取横岗六约社区(图6—4)。调查采取随机问卷调查和访谈两种形式的结合。每个社区(居委会)在相对集中的区域随机发放问卷50份,调查历时一个月,回收率达100%。访谈对象主要是相关职能部门以及当地的基层政府或组织领导干部,力图了解各个地区公共服务的供给情况。

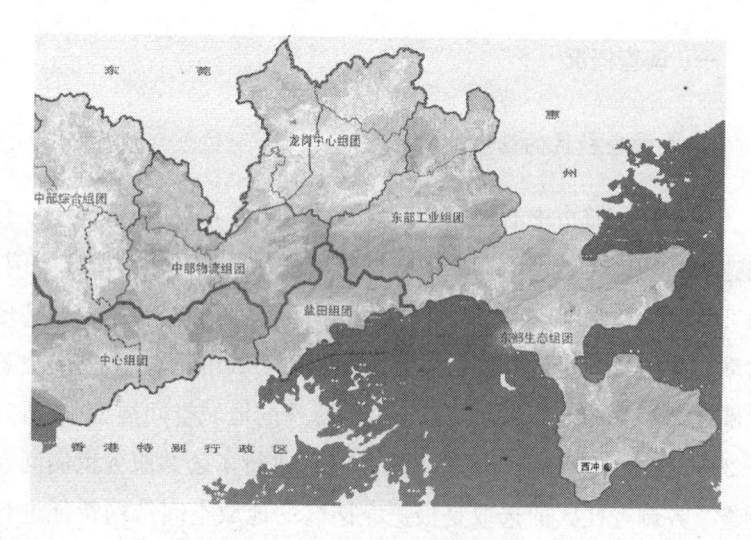

图6—4 调查社区空间分布

（二）被调查对象基本情况

被调查对象的性别比为男性占 47.7%,女性占 52.3%;年龄在 15～25 岁之间的占 40.3%,在 25～35 岁之间的占 31.5%,在 35～50 岁之间的占 19.7%,50 岁以上的占 8.5%;居住年限在 0～3 年的占 31.1%,3～10 年的占 31.1%,10～20 年的占 21.3%,20 年以上的占 16.5%;原居住地在广东省外的占 29.9%,广东省内其他地区的占 26.2%,深圳市其他地区占 15.2%,龙岗区其他地方的占 10.5%,本街区的占 18.2%;户籍地在广东省外的占 32.3%,广东省内其他地区的占 25.7%,深圳市其他地区占 12.8%,龙岗区其他地方的占 9.7%,本街区的占 19.5%;文化程度在小学及以下的占 3.8%,初中为 22.8%,高中占 38.8%,大专占 19.8%,本科占 13.5%,本科以上占 1.3%。职业分布也很广泛,包括工人(9.7%)、商业服务雇佣者(12.2%)、个体经营者(17.9%)、私营企业主(4.1%)、行政管理者(5.1%)、教育工作者(6.3%)、医疗卫生工作者(3.2%)、一般企业职员或文员(11.6%)、其他专业技术人员(4.7%)、学生(12.3%)、无业者(12.9%)。家庭月收入小于 2 000 元的占 27.7%,2 000～4 000 元的占 32.6%,4 000～10 000 元的占 29%,10 000～20 000 元的占 5.8%,20 000 元以上的占 4.9%。从样本情况来看具有一定的代表性。

（三）案例调查社区基本情况(七个社区居委会)及其典型性

坪地：位于龙岗北部并于惠州交界,属于龙岗边缘地带,总面积 55.84 平方千米,总人口 8.9 万人。该街道位龙岗的边缘地带,同时又与繁华的龙岗中心城临近,是龙岗区的并且是深惠公路的必经之地，居民大多为普通老百姓，由为数较少的本地人与大量的外来打工者组成，居民社会地位和经济收入相对均等，都属于中等或中等偏下水平。本研究着重调查了中心与山塘尾一带，原村委会、经济发展总公司等在现有公共服务的供给中占有举足轻重的作用，是典型的半农村半城市的转型社区。虽经过政府的积极工作，该街道的公共服务业中文化及体育设施仍相对缺乏，治安状况和流动人员管制等的问题在村改街道的转型期中依然是比较受关注的话题，并且依然受原有的内向型的封闭式农村管理模式影响。

龙岗墟（榕树头）：地处龙岗镇旧城区的中心地带，是龙岗区有着相当历史的繁华商埠之一，并以"龙岗墟"为中心已发展成为了面积为2.5平方千米，3.2万人的典型的传统社区。社区内各种商场店铺林立，是著名的购物区；人员组成复杂，本地人和外地人交错居住，社会地位和经济收入有着一定的差距，阶层分化较明显；有龙岗历史悠久的著名学府——平岗中学；以及龙岗唯一以本地特色开设旅游点——龙园；社区悠久的历史，及其相对齐全的公共设施及服务，与新城区相比具有重要的借鉴作用，因而本地区具有重要的研究意义。本调查选取了龙岗墟一带即龙岗村委所在地作为调查点，同时也是街道办的所在地，临近综合医院和体育馆。

龙岗中心城（紫薇花园）：龙岗中心城是龙岗政治、经济、文化、商业中心，属于深圳八大卫星城之一，是规划最早、发展最快的中心城，是政府重点开发区域，同时是龙岗区委、区政府、法院、规划局等重要政府部门所在地。该社区占地72.82平方千米，总人口20.33万人，是龙岗新城区的典范，城内现代建筑群及各式花园式住宅林立，其中紫薇花园、碧湖花园、鸿基新城、新亚洲花园等十多个大型住宅区集居了13万余人口。随着一些新盘的开发，尚有30万人口正在向中心城汇涌而来,是龙岗区炙手可热的商业区。学校、文娱设施、体育保健场所、医院、诊所等各种公共设施配套齐全;该地居民大多为政府工务人员、白领阶层等,人员层次较高,社会地位及经济收入均为中等或中等偏上,与龙岗传统社区龙岗墟隔河相望,有着重要的对比意义。本研究着重调查了具有较代表性的紫薇花园一带,该社区的公共管理相对科学,已完全办妥了旧式管理的不足,是一个具有重要试验意义的典型多种房地产开发社区。

横岗六约:位于横岗镇东南部、深惠公路旁,面积13.1平方千米,总人口5.71万人,常住户口居民1751人,暂住人口5.54万人。该街道由原六约村委改建而成,属于城中村性质。加上居住了大量外来人口,因而本地区具有重要的研究意义。该地区居民的经济水平差异较大,阶层分化较明显,原住居民经济水平普遍较高,外来流动人口中既有收入相对较高的生意人,也有收入很低的普通打工者。本研究主要选六约村一带作为调查研究点,是典型的城中村,该村采用统一的建筑模式,分别由本地居民与政府出资建造统一的规范的配套齐全的试验小区,该模式是横岗镇特色之一;同时也因为该社区具有较典型的原居民与外来人员的分化性,并且街道办还沿用原来村委的行政思想,疏忽对外来人员的公共服务和设施的需求和满足,且在龙岗区具有代表性从而对其研究具有深刻的现实意义。虽然现在根据市政府一年一小变、三年一中变的要求已村改街居制,但目前原有的内向封闭式的农村管理模式仍然影响很大。

布吉龙珠花园:总面积为70万平方米,总人口1.99万人,其中户籍人口为3 100人,其余1.68万均为暂住人口。该社区是布吉最早的同时也是最大的房地产开发建成品,是由大中华国际投资(集团)有限公司于1993年建成,是布吉房地产的开山之作。该社区居民社会地位及经济水平属中等或中等偏下水平，人员结构极为复杂，人员流动性大，物业管理公司是开发商所属的全资子公司，因此在管理上对开发商负责。该地区的居民异质性较强，在公共服务的需求方面相应地也具有极大的差异性的特点，对早期的物业管理提出挑战，作为本次调查工作中人员差异性最强的早期房地产开发代表，是本次调研的一大亮点。

布吉四季花城：位于深圳市龙岗区布吉镇坂田村，新布龙公路与坂田主干道——五和大道交界处，是万科物业的品牌产品。万科四季花城总占地面积37万平方米，总人口1.56万人，总建筑面积53万平方米，绿化率40%，住宅层数分别为2~11层。该社区居民社会地位、经济水平都较高，处于中上和上等水平，且相当部分为市内白领阶层，大多是新兴的中产阶层或社会地位较高阶层。本研究选取四季花城为调查研究点，该社区是由深圳万科地产公司开发的最大规模住宅小区，并由万科物业管理有限公司进行管理，这一小区在布吉房地产界具有极高的知名度。发展商在公共服务的配套和生产供给中起到重要的作用。采用的是市场主导的管理模式。

布吉中海怡翠山庄：中海怡翠山庄位于深圳市布吉水泾，占地28万平方米，总建筑面积30万平方米，居住人口为1.09万人。作为布吉新一批的著名房地产开发楼盘，该社区是由中国海外建筑（深圳）有限公司和香港中国海外集团于1988年8月在深圳设立的全资子公司负责开发承建，2002年3月份开始入住。该社区居民多为中产阶级，或香港、澳门、或海外侨胞在布吉住房的选择，该社区以营造独有峡谷公园，展现浓郁欧陆异国风情而闻名深港，物业管理公司是开发商所属的全资子公司，因此在管理上对开发商负责。

二、社区公共服务供给状况分析

（一）社区居民对公共服务供给满意度的总体分析

1. 社区居民对公共服务供给满意度的总体分析

根据满意的强度定为四级，即满意、一般、不太满意、很不满意。并依次取值为3、1、－1、－3，然后整理得出表6—27数据（每个地区50份问卷，每一个项目原始得分最高分为150分，最低分为－150分，将其标准化为100分进行比较）。

表6—27　教育及相关设施满意度调查统计（分）

	紫薇花园	龙珠花园	龙岗墟	横岗六约	中海怡翠	坪地	四季花城	均值	标准差
高中	38.67	18.18	34.09	15.83	26.64	4.84	17.36	22.23	8.18
初中	27.33	19.69	32.20	25.83	34.89	17.21	22.92	25.73	4.34
小学	30	21.21	22.73	25.83	33.85	18.82	14.58	23.86	4.53
幼儿园	33	34.85	17.04	7.5	21.88	9.68	20.83	20.68	6.96
其他教育服务	16.33	19.69	7.56	－8.75	37.5	－4.30	30.56	14.09	11.93
合计	145.3	113.6	113.6	66.24	154.76	46.25	106.3	106.59	

教育的突出问题主要反映在其他教育服务设施上，表明居民生活水平的提高对教育服务也相应有了新的需求，但是这类服务或设施仍然没有引起社会的重视，尤其是市场偏好不强的改制型社区政府投入的力度起到决定性因素。

医疗卫生服务和设施城市型社区明显高于农村型社区，新兴社区高于传统社区。横岗以及坪地这两个改制型社区都显示了极低的满意度,反映出改制型社区在医疗卫生服务中的严重不足(表6—28)。

表6—28 医疗卫生设施满意度统计(分)

	紫薇花园	龙珠花园	龙岗墟	横岗六约	中海怡翠	坪地	四季花城	均值	标准差
综合医院	22	19.19	0.38	−4.17	29.17	−20.97	14.58	8.60	12.64
门诊部	15.33	22.73	6.44	−28.75	31.25	−14.52	20.14	7.52	14.84
社康中心	21	17.68	10.61	0.42	19.79	−24.19	26.39	10.24	11.06
其他医疗设施	16	12.12	−1.89	−1.25	15.63	−21.51	14.58	4.81	9.77
合计	74.33	71.72	15.54	−33.75	95.84	−81.19	75.69	31.17	

注:其他医疗设施主要指民间私人诊所和药房等。

文体设施属于扩展型公共服务,与所处社区的地理位置、社会阶层状况和经济条件有着密切的关系,我们的调查结果也论证了这一事实(表6—29～30)。龙岗区整体文体设施缺乏,满意度普遍过低,远远不能满足居民的生活需求。离区、街中心越近、经济条件越好、社会阶层越高的社区其满意度相对高,反之越低。

表6—29 文化娱乐设施满意度统计(分)

	紫薇花园	龙珠花园	龙岗墟	横岗六约	中海怡翠	坪地	四季花城	均值	标准差
区级文化中心	26.67	15.15	15.91	8.75	45.31	4.84	25.69	20.33	9.17
社区文化中心	20.33	18.18	12.5	5.83	39.58	−1.07	33.33	18.38	9.52
小区文化活动室	14.33	15.15	7.20	10.83	38.54	−2.15	27.78	15.95	8.60
其他文娱设施	15	5.05	2.27	5.42	33.33	−8.06	26.39	11.34	10.17
合计	76.33	53.53	37.88	30.83	156.76	−7.44	113.9	65.9	

注:社区文化中心主要是指街道一级的文化中心或文化站。其他文娱设施主要指市场化经营的文娱场所。

表 6—30 体育设施满意度统计(分)

	紫薇花园	龙珠花园	龙岗墟	横岗六约	中海怡翠	坪地	四季花城	均值	标准差
综合体育活动场所	16	0.51	13.26	8.33	33.85	—3.76	27.08	13.61	9.03
社区体育活动场所	14.67	14.14	8.33	6.25	26.04	—2.15	26.39	13.38	6.93
合计	30.67	14.65	21.59	14.58	59.89	—5.91	53.47	26.99	

社会福利与保障设施目前还只限于区和街道一级,因此社区之间的差异并不大,居民的满意度主要与现有福利设施的空间距离有关(表 6—31)。坪地最远,因而得分最低。

表 6—31 社会福利与保障设施满意度统计(分)

	紫薇花园	龙珠花园	龙岗墟	横岗六约	中海怡翠	坪地	四季花城	均值	标准差
敬老院	26.33	16.16	15.15	16.25	23.96	4.30	7.64	15.68	4.99
社会福利中心	24.33	9.09	5.68	13.75	24.48	1.61	13.89	13.26	5.85
合计	50.66	25.25	20.83	30.00	48.44	5.91	21.53	28.94	

社区服务设施内部各项供给主体不同而表现出较大的空间差异,社区居委会目前的建设主体为政府,满意度最高(表 6—32)。相反,其他服务设施市场化程度最高,满意度却最低。表明当前市场在调剂公共服务上还存在一定的局限。

市政公用设施的空间差异最大,突出反映在城乡差异、经济差异上(表 6—33)。具体分析见后文。

表 6—32　社区服务设施满意度统计(分)

	紫薇花园	龙珠花园	龙岗墟	横岗六约	中海怡翠	坪地	四季花城	均值	标准差
社区居委会	25.33	17.17	13.26	21.67	36.46	3.23	34.72	21.69	7.86
社区服务中心	23.67	6.57	9.47	12.5	27.61	0	31.94	15.96	8.83
其他服务设施	16.53	8.59	7.58	−0.42	15.10	0	18.06	9.27	5.34
合计	55.53	32.33	30.31	33.75	79.17	3.23	74.74	46.92	

注：其他服务设施主要指一些便民利民的生活服务，如士多店、小修小补服务等。

表 6—33　市政公用设施满意度统计(分)

	紫薇花园	龙珠花园	龙岗墟	横岗六约	中海怡翠	坪地	四季花城	均值	标准差
邮政服务	30.67	32.32	18.94	20.83	30.21	10.21	29.16	24.62	5.97
煤气服务	40.33	36.89	9.85	32.92	30.73	−11.29	32.64	24.58	12.65
环卫	25.33	2.53	−3.41	34.58	39.58	−16.67	31.25	16.17	16.52
公厕	0.67	−10.61	−22.73	−5.83	30.73	−35.48	40.28	−0.43	18.24
治安	22	−1.52	−10.61	12.92	26.04	−29.03	25	6.40	15.09
对外交通	23.33	4.04	−1.89	25.42	6.25	−7.53	27.78	11.06	10.84
停车场	23.33	7.07	−1.52	−3.75	17.71	−9.14	30.56	9.18	11.01
合计	165.66	70.72	−11.37	117.09	181.25	−98.93	216.67	91.58	

志愿服务是高层次的社会需求，它的满意度与社区居民的阶层属性有关(表 6—34)。

表 6—34　志愿服务满意度统计(分)

	紫薇花园	龙珠花园	龙岗墟	横岗六约	中海怡翠	坪地	四季花城	均值	标准差
志愿服务	17.33	15.15	9.47	7.5	10.42	−	21.51	25	9.05	8.03

第六章 公共服务业管治的社区研究——广州和深圳案例

将各项服务得分的均值按由高到低排序如下：初中、邮政、煤气、高中、小学、社区居委会、幼儿园、区级文化中心、社区文化中心、社区服务中心、小区文化活动室、敬老院、其他教育服务、综合体育活动场所、社区体育活动场所、社区福利中心、其他文娱设施、环卫、对外交通、社区健康服务中心、其他服务设施、停车场、志愿服务、综合医院、门诊部、治安、其他医疗设施、公厕。

根据得分均值大小变化的连续性，我们划分为三个组，即得分在20分以上（组一：初中、邮政、煤气、高中、小学、社区居委会、幼儿园、区级文化中心、社区文化中心）、10~20分（组二：社区服务中心、小区文化活动室、敬老院、其他教育服务、综合体育活动场所、社区体育活动场所、社区福利中心、其他文娱设施、环卫、对外交通、社区健康服务中心）、10分以下（组三：其他服务设施、停车场、支援服务、综合医院、门诊部、治安、其他医疗设施、公厕）三个组。

另外，根据标准差的大小并综合服务的性质和特征，分为标准差在9以下（高中、初中、小学、幼儿园、小区文化活动室、社区体育活动场所、敬老院、社区福利中心、社区居委会、社区服务中心、其他服务设施、邮政服务、志愿服务）、标准差在9~15之间（其他教育服务、综合医院、门诊部、社区健康服务中心、其他医疗设施、区级文化中心、社区文化中心、其他文娱设施、综合体育活动场所、煤气服务、对外交通、停车场）、标准差在15以上（环卫、公厕、治安）三组。

总体来看，各社区公共服务和设施的满意度均低于及格线60分，得分最高的初中教育也仅25.73，这说明了龙岗区在公共服务设施的建设上还远远达不到市民的需求。另外，标准差普遍偏高，说明了各类社区公共服务和设施在低水平供给上还存在较大的地区差异（表6—35）。

表6—35　各类设施满意度总计(分)

	紫薇花园	龙珠花园	龙岗墟	横岗六约	中海怡翠	坪地	四季花城	均值
总计	615.84	396.97	237.87	266.24	786.53	—144.71	584.74	407.14

同时根据服务性质,划分为四种联系:主要由政府提供服务类型(政府主导型)、社会力量(包括市场以及社会组织)逐步进入的类型(混合型)、通常社会组织提供服务类型(社会主导型)和只能由政府提供的类型(政府唯一型)。

在政府主导型中各种公共服务得分一般较高,表示它的服务水平相对较高。在这里需要说明的是社区居委会从组织上来说是属于民间自治组织,但考虑到我们当前正处于转型时期,其建立和初期的建设都需要政府的全力支持,因此我们把它归类到政府主导型公共服务和公共设施中。邮政这项公共服务项目的供给主体主要是政府部门,也是最基本的市政基础设施,服务供给范围最大,有长期发展历史(表6—36)。服务范围大,为这种服务提供了"薄利多销"式的

表6—36　政府主导型公共服务项目满意度统计(分)

项目	邮政	综合医院	公厕	对外交通	社区居委会
得分	24.62	8.60	—0.43	11.06	21.69
标准差	5.97	12.64	18.24	10.84	7.86

利润基础,发展历史长,就为这些服务形成完整的制度提供了可能性。我们可以看到,公共服务发展较早的邮政具有最大的满意度,且标准差最低,其次是同样发展比较早的燃气供应,这正是政府长期管

理规范发展的作用。然而,政府规范管理因素并不是唯一影响满意度的,如由政府供应的综合医院、公厕等公共设施,却具有很低的得分。同样由政府供应的环境卫生、对外交通,也没有进入高分组。显然环境卫生服务和公厕等公共设施是一种无营利公共服务行为,这正是导致它服务水平低的原因。由于当前的医疗卫生体制改革,使具有最多公共医疗卫生资源的综合医院也走入营利的误区,因而使满意度得分相当低。

从这个序列的标准差我们发现,环境卫生、公厕设施的标准差较大,邮政、社区居委会的标准差小。标准差大意味着对服务满意度的不同取向差异大。我们认为从标准差系列看,接近现代社会需求的标准差大,传统基本需求的标准差较小。这种情况说明由于社会经济收入的分化,对于现代社会需求,各阶层有较大差异。而政府主导的公共服务是以公益性为出发点,因此由政府主导提供的服务相对较单一。因此,必然会导致不同阶层的满意水平差异。这就是说政府主导型公共服务,更多适合于在传统基本需求服务利益发展。

表6—37 混合型公共服务项目满意度统计(分)

项目	高中	初中	小学	社区健康服务中心	区级文化中心	综合体育活动场所	社区体育活动场所	敬老院	社会福利中心	环卫	燃气	停车场	门诊部
得分	22.23	25.73	23.86	10.24	20.33	13.61	13.38	15.68	13.26	16.2	24.58	9.18	7.52
标准差	8.18	4.34	4.53	11.06	9.17	9.03	6.93	4.99	5.85	16.5	12.65	11.0	14.84

在这一类型中教育是唯一得分超过20分的,在总体低水平供给中处于较高位置(表6—37)。调查表明,龙岗区教育服务是原由政

府唯一提供,而现在市场化步伐相对最快的公共服务类型。另外的几个涉及公共设施,这些设施的满意程度实际上随着设施在经济生活中的重要性降低而降低,这一点可以从医疗设施中的门诊部(专科医院以及小规模门诊医疗机构)地位表现出来,它的得分最低。社区健康服务中心次之。或者说市场机制作为供需平衡的调节机制在其服务的供给中起到越来越大的作用,这种调节机制是经济利益所驱动的。另外,综合体育活动地所、社区体育活动场所等属于休闲设施,而由于休闲活动在人类的需求层次中的次序靠后,它与社区居民的经济水平和文化水平密切相关,因而这种需求存在很大的个体差异,不可能产生总体高赢利的局面,所以它的发展水平受地方社会发展水平以及政府投入影响大,因而其发展不会太高。其次当前我国休闲设施发展有高档化,有脱离广大消费者阶层的趋势,因此它也不可能有高的大众满意度。

从标准差角度来看,与教育关联强的标准差小,这种情况与国家推行科教兴国战略、公众重视教育有关。这种国家的、社会的力量形成了对公共服务的重视与规范化,形成了多样化模式,从而产生服务的多元化,满足不同阶层,是标准差小的原因。实际上,龙岗发展了多层次、多类型的学校,是全国解决民工子女入学难问题最好的地区,医疗卫生设施由于政府规制较多,加之市场机制的不完善,形成均值低标准差大的局面。而敬老院以及社会福利中心目前还缺乏社会的广泛投入和支助,也没有相应的政策给予这方面的支持,政府的单一投入显然不能满足社会的需要,因而形成水平相对差异较小的局面。

社会主导型服务就是得到政府允许主要由非政府组织或机构提供的公共服务(表6—38)。我们看到这种类型的服务得分大多处于中间位置,他们基本上属于社区类型的公共服务,但是不同公共服务项目的生产供给主体各不相同。其中幼儿教育基本上已完成社会化运营,市场化程度最高,也是教育开放最早的领域,因而对它满意度相对最高。它的较小标准差从另一个层面上反映了幼儿教育的社会化程度。其他服务设施主要指便民利民生活服务、小修小补等,由于龙岗本身是超快速城市化的产物,政府的供给往往滞后于居民的需求,但是广泛存在的非正式的机制正好弥补了政府供给的不足,各类社区都存在非正式的经营,因而其标准差最小。城市社区一般由社区民间自治机构(居委会)参与,对这类服务的低评价,与社区民间自治机构(居委会)在参与这些服务中人力物力和财力不足有很大关系。同时由于民间自主自治意识还很薄,因而在社区公共服务和公共设施的供给中还存在很大的缺口。但是他们显示社区民间自治(半官方)机构参与有助于社会主导型公共服务水平的提高。不过,随着社会的发展,人们的需求会越来越细化,因而对社区有关基本生活服务要求越来越多样化,而市场是多样化供给的主导力量,因而市场主导将是这类服务治理中的主要力量。这类服务的生产供给模式也将由以社会组织主导治理模式向社会组织与市场主导模式并行发展。

表6—38 社会主导型公共服务项目满意度统计(分)

项目	其他教育服务	幼儿教育	社区服务中心	其他服务设施	社区文化中心	小区文化活动室	其他文娱设施	其他医疗设施	志愿服务
得分	14.09	20.68	15.96	9.27	18.38	15.95	11.34	4.81	9.05
标准差	11.93	6.96	8.83	5.34	9.52	8.60	10.17	9.77	8.03

政府唯一型的服务最突出的问题是治安问题,这是全国性的普遍问题(表6—39)。在我国转型时期各种规范都不健全的情况下,

治安问题不仅是管理问题,更多的是政治问题。但是需要指出的是治安本身作为一种纯公共服务产品,本身不产生赢利,但是政府在这类型服务中的官僚性使服务质量不高。然而,我们的研究不认为他们要实行放松规制,向社会开放,如果这样可能会导致与政府对立的行政力量,带来国家不安全和社会动荡。这里的问题的解决是需要加强来自于政府内部的行政改革,加强政府投入和政府规制。

表 6—39　政府唯一型公共服务项目满意度统计(分)

项目	治安
得分	6.40
标准差	15.09

2. 不同社区居民对公共服务供给的满意度分析

表 6—40 显示,不同的社区对公共服务的满意度存在较大差异。从总得分中可以看出,得分从高到低依次为中海翠怡、紫薇花园、四季花城、龙珠花园、横岗六约、龙岗墟、坪地。进一步地,我们以公共服务项目的供应性质来认识供给地区差异。

表 6—40　政府主导型公共服务满意度分区差异统计(分)

	紫薇花园	龙珠花园	龙岗墟	横岗六约	中海怡翠	坪地	四季花城	均值	标准差
邮政	30.67	32.32	18.94	20.83	30.21	10.21	29.16	24.62	5.97
综合医院	22	19.19	0.38	−4.17	29.17	−20.97	14.58	8.60	12.64
公厕	0.67	−10.61	−22.73	−5.83	30.73	−35.48	40.28	−0.43	18.24
对外交通	23.33	4.04	−1.89	25.42	6.25	−7.53	27.78	11.06	10.84
社区居委会	25.33	17.17	13.26	21.67	36.46	3.23	34.72	21.69	7.86

(1) 政府主导型分区差异。从表6—40中可以看出,标准差在9以下的项目邮政是属于市政基础设施,各地区居民的满意度最高,居委会也属于政府统一行为,因而在地区差异上也相对较低。其他项目基本上属于基本生活扩展型的服务类型,包括综合医院、环卫、公厕和对外交通,在坪地、龙岗墟,满意程度最低,政府作为公共服务的主要供应者,在新发展或准备发展的城市社区"鞭长莫及"。横岗六约作为改造村整体满意度相对较高,综合医院的满意度较低与全区医疗设施布局有关,而公厕等设施的分布则与早期规划和认识滞后有关。龙珠花园作为最早期的房地产开发社区各相关配套设施已逐渐落后,不能满足发展的需求,因而在各方面的指标上都不高。唯有综合医院的可进入性上因为地理优势,所以满意度排在前面的位置。

(2) 政府市场混合型分区差异。在表6—41中给出了混合型服务的区域差异。这些数据表明新城市社区对于政府—社会并行的混合型服务低于老城市社区,特别是政府参与较少的设施建设方面。对于政府参与较多的教育和对外交通服务上,新城市社区满意度相对较高。这就说明当前社会中政府作为管治的重要主体作用不可忽视。

表6—41 政府市场混合型公共服务满意度分区差异统计(分)

	紫薇花园	龙珠花园	龙岗墟	横岗六约	中海怡翠	坪地	四季花城	均值	标准差
高中教育	38.67	18.18	34.09	15.83	26.64	4.84	17.36	22.23	8.18
初中教育	27.33	19.69	32.20	25.83	34.89	17.21	22.92	25.73	4.34
小学	30	21.21	22.73	25.83	33.85	18.82	14.58	23.86	4.53

续表

	紫薇花园	龙珠花园	龙岗墟	横岗六约	中海怡翠	坪地	四季花城	均值	标准差
社区健康服务中心	21	17.68	10.61	0.42	19.79	−24.19	26.39	10.24	11.06
区级文化中心	26.67	15.15	15.91	8.75	45.31	4.84	25.69	20.33	9.17
综合体育活动场所	16	0.51	13.26	8.33	33.85	−3.76	27.08	13.61	9.03
社区体育活动场所	14.67	14.14	8.33	6.25	26.04	−2.15	26.39	13.38	6.93
敬老院	26.33	16.16	15.15	16.25	23.96	4.30	7.64	15.68	4.99
社会福利中心	24.33	9.09	5.68	13.75	24.48	1.61	13.89	13.26	5.85
环卫	25.33	2.53	−3.41	34.58	39.58	−16.67	31.25	16.17	16.52
燃气	40.33	36.89	9.85	32.92	30.73	−11.29	32.64	24.58	12.65
停车场	23.33	7.07	−1.52	−3.75	17.71	−9.14	30.56	9.18	11.01
门诊部	15.33	22.73	6.44	−28.75	31.25	−14.52	20.14	7.52	14.84

特别要指出的是这几项公共服务地区差异变化较大，这些服务的提高类型属于社区公建配套设施项目，这反映出在公建配套等有关公共服务硬件质量上区域差异较大，新开发社区公建配套最为完善，各项得分都很高。其中以中海翠怡为最，紫薇花园次之。新开发的大型住宅社区四季花城各方面得分也较高，反映出房地产开发正走向成熟，这种成熟说明市场力量的作用。但是四季花城是作为飞地型开发形式，因而在教育服务社会福利中心、敬老院等公共设施的可获得性上相对不占优势。龙岗墟作为传统社区，拥有相对成熟的社会公共服务和设施资源，比如教育服务则有优势。门诊医疗服务，以及停车场设施是市场进入程度较深、发展较快的几类，但是它们的满意度低，而且地区差异也大，反映市场力量的作用的在提供公共服

第六章　公共服务业管治的社区研究——广州和深圳案例　315

务方面的有限性,仍然不能成为主导力量,需要政府的支持。

(3) 社会组织主导型服务区域差异。在表 6—42 中给出了社会主导型的供应类型的地区差异,从表中可以看出,各社区对社会组织主导型供给的服务普遍满意度不算高。说明社会组织的主体作用仍然需要进一步提高。

表 6—42　社会主导型公共服务分区满意度差异统计(分)

	紫薇花园	龙珠花园	龙岗墟	横岗六约	中海怡翠	坪地	四季花城	均值	标准差
其他教育服务	16.33	19.69	7.56	−8.75	37.5	−4.30	30.56	14.09	11.93
幼儿教育	33	34.85	17.04	7.5	21.88	9.68	20.83	20.68	6.96
社区服务中心	23.67	6.57	9.47	12.5	27.61	0	31.94	15.96	8.83
其他服务设施	16.53	8.59	7.58	−0.42	15.10	0	18.06	9.27	5.34
社区文化中心	20.33	18.18	12.5	5.83	39.58	−1.07	33.33	18.38	9.52
小区文化活动室	14.33	15.15	7.20	5.42	38.54	−2.15	27.78	15.95	8.60
其他文娱设施	15	5.05	2.27	5.42	33.33	−8.06	26.39	11.34	10.17
其他医疗设施	16	12.12	−1.89	−1.25	15.63	−21.51	14.58	4.81	9.77
志愿服务	17.33	15.15	9.47	7.5	10.42	−21.51	25	9.05	8.03

(4) 政府唯一型服务的地区差异。在表 6—43 中可以看出社区差异较大,传统乡村改制型社区、老城社区满意度最低,新建社区或是经改造过的村改制社区的满意度高。政府在治安上应有更多的介入和作为。

表 6—43　政府唯一型公共服务分区满意度差异统计(分)

	紫薇花园	龙珠花园	龙岗墟	横岗六约	中海怡翠	坪地	四季花城	均值	标准差
治安	22	−1.52	−10.61	12.92	26.04	−29.03	25	6.40	15.09
合计	22	−1.52	−10.61	12.92	26.04	−29.03	25	6.40	15.09

（二）居民对公共服务供给变化的认识

调查显示，各种类型社区有 45% 的居民认为在公共设施和公共服务方面有一定的变化，24.5% 的居民认为变化非常大（表 6—44）。有 38.7% 的居民认为变化不大。其中紫薇花园的社区居民以对变化的认可度最高，有 46% 的居民认为变化很大，还有 36% 的居民明显认识到这样的变化。主要原因在于紫薇花园处于龙岗新城，是全区重点发展地区，各方面的公共配套设施建设也在近几年来发生了巨大的变化。不难发现，居民所处社区或地区的经济和社会发展水平及增长速度是影响居民对公共设施和公共服务变化的认可度的最重要因素。

表 6—44　居民对近年来公共设施和公共服务方面变化的调查统计（%）

	变化很大	一般	不大,感觉不出来
中海怡翠	22.58	25.80	51.62
四季花城	13.63	31.81	54.56
坪地	22.00	37.00	41.00
龙珠花园	16.00	39.00	45.00
龙岗墟	22.58	48.38	29.04
横岗六约	28.94	39.47	31.59
紫薇花园	46.00	36.00	18.00
均值	24.53	36.78	38.69

具体到特定公共服务的认可度，普遍认为交通、教育文化、环卫、治安、生活服务等的变化最大（表 6—45）。在这些公共服务或是设

第六章 公共服务业管治的社区研究——广州和深圳案例

施中,除了交通、治安是属于政府主导型供给的公共服务外,环卫、生活服务、教育文化这三项都属于混合型供给的公共服务产品,其中交通被认为是变化最大的服务类型。而交通正是目前政府大力投入建设和改造的公共基础设施,反映出了对于政府主导型公共产品政府的绝对主导权和实力。教育文化、生活服务的变化也与政府的投入力度加大以及对其规制放松有很大关系,因而在服务水平和满足居民需求方面得到了一定的认可。对混合型供给的公共服务采取混合型管治模式甚至进一步发展为市场主导型管治模式,政府只在制度上给予保证和监管是发挥混合型公共服务最大社会效益的重要途径之一。

表6—45 居民认为变化最大的几个公共服务项目统计(%)

	交通	水电气管网	教育	医疗卫生	环境卫生	生活服务	消防	治安	商业	文化娱乐
中海怡翠	20.83	8.33	37.5	4.17	8.33	8.33	4.18	/	/	/
四季花城	37.00	4.00	15.00	/	7.00	7.00	11.00	19.00	/	/
坪地	20.00	9.00	11.00	15.00	9.00	9.00		11.00	11.00	5.00
龙珠花园	16.00	5.00	9.00	5.00	8.00		4.00	9.00	6.00	9.00
龙岗墟	18.66	5.33	14.66	13.33	9.33	9.33	4.00	5.33	13.35	6.68
横岗六约	16.00	9.00	3.00	2.00	28.00		8.00	11.00		9.00
紫薇花园	12.63	9.47	10.52	3.16	15.79	9.47	4.21	7.37	18.95	8.43
均值	20.16	7.16	14.38	6.09	12.2	8.88	5.05	8.96	7.76	5.43

从空间来看,四季花城、坪地认为交通的改善程度最大,这一调查结果正好与政府近几年对整个城市交通改造和建设投入力度和重点相一致。新城区紫薇花园认为商业服务的改善最大地印证了新城

区建设的特点,众多知名商家的进入极大地改善了这一地区的商业环境。对教育文化的需求正是新区居民最为关注的问题。因此,中海怡翠作为高档社区楼盘,开发商为了占有市场,在教育这项公共服务中也表现出了极大的积极性和参与性。横岗六约在环卫上的改善得到了居民的广泛认同,这也表现出了旧村改造的可行性和有效性。

(三) 社区服务中心的认同调查

从表6—46可以发现,对于现代城市型社区普遍对社区服务中心有较清晰的认识,四季花城、中海怡翠的认同度最高,这与两个社区的居民层次相对最高有必然联系。坪地作为边缘型改制型社区事实上仍然属于农村型社区,居民对社区服务中心的认同度低属于情理之中。横岗六约虽然也为改制型社区,但是经过旧村改造,因而社区转型的步伐明显高于其他同类社区。这一事实表明政府的推进力度和深度对城市型社区建设起着关键性作用。

表6—46 对社区服务中心的认知调查统计(%)

	有	没有
中海怡翠	96.00	4.00
四季花城	100.00	/
坪地	18.51	81.49
龙珠花园	96.87	3.13
龙岗墟	43.33	56.67
横岗六约	65.85	34.15
紫薇花园	85.36	14.64

表6—47从另一个角度证实了社区居民对社区的认同度上的地区差异,社会阶层的差异性是造成人们生活方式差异性的最主要因

素,但它并非绝对的。横岗六约同样为改制型社区但是它的结果却告诉我们这样一个信息:农村型社区具有很强的内向凝聚性,这一特点在这类社区改造中有着很好的社会基础,甚至优于一般社区,关键是改造的方式和改造的力度。社区服务中心是增强社区凝聚力,内向认同度的重要途径。

表6—47　社区服务中心在增进社区居民的认识和交往及提供方便上的作用与必要性调查统计(%)

	很重要	一般	不太大	极低
中海怡翠	100.00	/	/	/
四季花城	81.25	18.75	/	/
坪地	40.00	40.00	15.00	5.00
龙珠花园	80.00	10.00	6.70	3.30
龙岗墟	53.33	33.33	6.67	6.67
横岗六约	79.41	/	/	20.59
紫薇花园	61.22	32.65	4.08	2.05

为了进一步了解社区服务中心的认同度,我们又分三个栏目进行了调查。

从社区服务中心的使用率来看,四季花城的比例最高,表明社区居民对社区服务中心的依赖程度相对最高,中海怡翠(表6—48)。我们分析有两个原因,一是周边可选择和可替代的服务机构或服务类型少,四季花城的地理位置说明了这一点;二是社区服务中心本身的品质就具有竞争性,因而得到社区居民的认同。表6—49~51关于收费、服务类型、服务质量方面的调查问卷的结果证实了这一点。

表 6—48　社区服务中心使用频率的调查统计(%)

	经常使用	偶　尔	几乎不
中海怡翠	16.00	81.00	3.00
四季花城	52.38	47.62	/
坪地	/	35.29	64.71
龙珠花园	30.00	40.00	30.00
龙岗墟	3.57	42.86	53.57
横岗六约	/	59.45	40.55
紫薇花园	12.50	58.33	29.17

表 6—49　社区服务中心收费的调查统计(%)

	较高	合理	不太合理	不能接受
中海怡翠	/	97.00	3.00	/
四季花城	18.18	68.18	9.09	4.55
坪地	33.33	16.67	50	/
龙珠花园	12.91	61.29	19.35	6.46
龙岗墟	33.33	46.66	13.35	/
横岗六约	37.71	50.00	14.29	37.71
紫薇花园	27.78	52.78	16.67	2.77

第六章 公共服务业管治的社区研究——广州和深圳案例

表6—50 社区服务中心质量的调查统计(%)

	好	一般	不好
中海怡翠	19.00	81.00	/
四季花城	65.00	35.00	/
坪地	/	28.57	71.43
龙珠花园	20.00	63.33	16.67
龙岗墟	6.66	66.66	26.68
横岗六约	/	73.07	26.93
紫薇花园	28.57	65.71	5.72

表6—51 社区服务中心开设项目内容的调查统计(%)

	丰富	一般	太单一
中海怡翠	61.00	26.00	13.00
四季花城	70.00	30.00	/
坪地	/	20.00	80.00
龙珠花园	21.88	53.12	25.00
龙岗墟	/	85.71	14.29
横岗六约	/	62.96	37.04
紫薇花园	8.33	80.56	11.11

此外,高档社区明显在社区服务项目中有着较高的认同度,龙珠花园作为最早的房地产开发社区,由于社会的发展,原有的配套明显不能满足现代的需求,因而在公共服务配套上表现出滞后性。

(四) 公众参与积极性

从这一项调查(表6—52)里可以看出,整体上看,广大市民在反映公共服务供给情况方面具有一定的积极性,调查结果显示了平均45.1%的居民有向有关部门或组织反映过公共服务方面供给情况。但是不同社区居民参与积极性有很大的差异,表6—53所示,总体上广大居民还是有一定的参与性,有26.06%的居民表示有很强的参与积极性,还有近一半的居民表示有这样的意愿,但是要看实际情况而定。四季花城这类飞地型社区其居民的素质整体最高,在参与积极上是最高。其中特别要注意的是横岗,这一地区由于经过旧村改造,因而在社区参与上具有比同类的村改制社区高得多的积极性。总的来看,城市型社区居民的积极性相对较高,边缘型社区居民参与积极性较低。

表6—52　有无向有关部门或相关机构表达或反映过有关公共服务情况的统计(%)

	有	无
中海怡翠	50.00	50.00
四季花城	36.36	63.64
坪地	33.33	66.67
龙珠花园	37.50	62.50
龙岗墟	40.00	60.00
横岗六约	100.00	/
紫薇花园	18.37	81.63
均值	45.1	54.9

表 6—53 对社区活动或社会活动有无参与积极性的调查统计(%)

	有	一般,无所谓	少	无
中海怡翠	22.58	/	67.74	9.68
四季花城	73.91	21.74	/	4.35
坪地	7.00	38.00	14.00	41.00
龙珠花园	/	100.00	/	/
龙岗墟	12.90	32.25	29.05	25.80
横岗六约	40.54	43.24	16.22	/
紫薇花园	25.50	47.06	21.57	5.87
均值	26.06	40.33	21.23	12.39

进一步在有无参加志愿者服务组织或是义工队伍这项调查中,结果也显示出了四季花城社区参与比例大大高于其他类型社区,社区的城市性与志愿行为发育和发展有关(表6—54)。

表 6—54 有无参加志愿服务组织或义工队伍的调查统计(%)

	有	无
中海怡翠	28.00	72.00
四季花城	61.90	38.10
坪地	3.57	96.43
龙珠花园	34.38	65.62
龙岗墟	29.03	70.97
横岗六约	5.41	94.59
紫薇花园	22.00	78.00

总而言之,通过对居民参与性的调查,我们可以得出这样的结论,地理性对社区居民社会参与具有重要的影响因素。这是因为不同的地理空间会形成不同的社会基础、市民特性,而这些正是影响社会参与的决定性因素之一。同样,城市性和经济状况也是影响社会参与的决定性因素,不同的城市化水平、不同的城市化深度以及不同的经济发展水平对社会基础的构建以及市民特性的培育具有极为深刻的影响。因此,我们可以进一步认为,不同的社会参与性会影响到政府与社会的关系,政府与社会的互动程度高低无疑会对公共服务的供给和需求模式即管治模式产生深刻的影响,公共服务和公共设施的管治模式也不会是单一的,而是多样化的。

(五)居民公共服务需求的实现途径

从环卫服务来看,房地产开发社区的居民对于物业管理公司的依赖性较大,改制社区和边缘社区则对居委会有着较强的依赖性(表6—55～56)。

表6—55 在日常生活中遇到困难通过哪些途径解决的调查统计(%)

	市或区级对口政府部门	社区服务中心或居委会	物业公司	亲戚朋友	同乡(村)
中海怡翠	4.76	19.04	2.38	57.14	16.68
四季花城	3.00	34.00	31.00	28.00	3.00
坪地	23.00	8.00		35.00	35.00
龙珠花园	8.00	24.00	30.00	32.00	5.00
龙岗墟	6.45	22.58		67.74	3.23
横岗六约	4.00	26.00	2.00	46.00	22.00
紫薇花园	36.36	14.55	41.82	7.27	/

第六章 公共服务业管治的社区研究——广州和深圳案例

表6—56 居民对小区环境卫生供给主体偏好的调查统计(%)

	社区服务中心或居委会	物业管理公司	自理
中海怡翠	18.75	81.25	/
四季花城	8.70	78.26	13.04
坪地	65.00	10.00	25.00
龙珠花园	12.12	69.70	18.18
龙岗墟	60.00	13.33	26.67
横岗六约	53.48	16.27	30.25
紫薇花园	19.23	75.00	5.77

表6—57 居民对治安服务供给主体偏好的调查统计(%)

	市区级公安部门	街道联防队	社区治安队	物业管理公司
中海怡翠	27.28	/	24.24	48.48
四季花城	4.76	/	19.05	76.16
坪地	26.08	26.05	43.49	4.35
龙珠花园	3.10	3.15	50.00	43.75
龙岗墟	6.45	41.95	51.61	/
横岗六约	10.53	21.05	68.42	/
紫薇花园	9.25	20.38	31.49	38.88

物业管理公司以及原村治安队所提供的保安服务承担了最大比例的治安服务,同时也反映出了居民对他们的依赖程度(表6—57)。但是从满意度调查来看,治安得分最低,表明治安服务仍然是居民生活所需公共服务中最缺乏的。治安作为政府唯一型公共服务,政府的投入远远不足,必须引起足够的重视。

燃气服务的调查显示,越是旧城社区,越是偏远社区,居民对市场的依赖越强,但是满意度越低,表明市场在提供这类服务中仍然有一定的局限性,政府在燃气供给中仍然具有较大的优势(表6—58~59)。但是市场作为必要的补充已显示出一定的灵活性。

表6—58 供气服务满意度统计(分)

紫薇花园	龙珠花园	龙岗墟	横岗六约	中海怡翠	坪地	四季花城	均值	标准差	满意度
40.33	36.89	9.85	32.92	30.73	—11.29	32.64	24.58	12.65	煤气服务

表6—59 燃气供给来源调查统计(%)

	市或区级统一管网	煤气站(店)
中海怡翠	96.88	3.12
四季花城	77.27	22.73
坪地	11.53	88.47
龙珠花园	46.66	53.34
龙岗墟	6.45	93.55
横岗六约	21.05	78.95
紫薇花园	75.51	24.49

对于医疗卫生服务的需求来说,大型医院由于技术、设施都最优,因而通常是各地区居民的首选(表6—60)。但是由于大型医疗机构少、就诊难、收费高,所以在非紧急情况下通常选择其他医疗单位,民间医疗机构、社区医疗机构都是居民的选择对象,而且在解决日常医疗需求上这些机构能够较好地满足居民的基本需求。另外,就近医疗机构也是选择的主要对象,就近医疗所占的比例也非常高。

在一些常见小病如伤风感冒、打针输液等社区居民多选择就近医疗（访谈）。

表 6—60 居民对医疗卫生服务供给主体偏好的调查统计(%)

	小区外公办医疗机构	社区医疗服务中心	民间医疗诊所	药店	满意度
中海怡翠	4.66	67.44	13.95	13.95	95.84
四季花城	6.25	53.13	6.25	34.37	75.69
坪地	31.25	43.75	25.00	25.00	−81.19
龙珠花园	22.58	48.39	22.58	6.45	71.77
龙岗墟	11.43	14.29	37.14	37.14	15.54
横岗六约	22.91	35.42	10.42	29.17	−33.75
紫薇花园	23.86	50.94	9.54	15.66	74.33

在位于郊区的社区以及改制型社区，由于有相当比例的外来人口，所以在我们的调查中反映了他们的需求。外来人口大多为打工一族，经济收入也处于较低水平，因此他们在医疗服务中选择收费低廉的民间医疗诊所和药店的比例最高。总的来看，各地区的居民对医疗服务的需求越来越细，因而在实现途径中也呈现出多元化的发展趋势。医院在其选择范围的主导地位已经开始减弱，一方面可能与公立医疗设施的市场化改革有关，另一方面也与居民的多样化的需求有关。前面的满意度调查显示医疗服务的得分并不高，反映出目前在医疗公共服务体系中多元化供给还亟待提高。

有关文化、体育、娱乐等公共服务方面的调查，表 6—61～63 显示对这些服务的供给，居民多偏向社区内资源。但是目前社区内资源还不能完全满足需求,而区外资源则丰富得多,选择服务类型更多,质量高的也更多,而且服务档次也更多样化。市场力量在这类服务的供给中已经具有一定的需求主体,这主要与市场的灵活性和多样性有关。居民对于供给主体是政府部门、开发商、私营单位还是个体则认为并不重要,关键是服务水平和收费高低水平(访谈)。如四季花城和中海怡翠由于开发商的开发水平和实力,以及对社区开发的定位起点较高,各种社区内部配套也较完善,居委会以及物业管理公共开展的社区服务较好,而周边配套相对社区档次要落后,因而社区内资源在社区居民的选择中处于最主要的地位。处于龙岗旧城的龙岗墟由于公建用地十分匮乏,加之处于政府旧改范围,因此公共服务往往较难开展,也难以提高到一定的水平,社区居民往往会选择社区外的这些公共服务设施来满足这类文化需求。紫薇处于新城中心地带,周边这类设施档次高,门类齐全,可选择度大,因而社区居民的选择较为均衡。坪地因属于边缘社区,区内的资源贫乏,因而对外部的设施具有较高的偏好。

表6—61 居民对休闲设施建设和服务供给主体偏好的调查统计(%)

	小区外	社区居委会建	房地产开发商修建	社区内个体经营或私营
中海怡翠	19.35	9.68	67.74	3.23
四季花城	20.00	24.00	48.00	8
坪地	56.25	18.75	6.25	18.75
龙珠花园	18.18	42.42	21.22	9.09
龙岗墟	42.86	14.29	10.71	32.14
横岗六约	0.50	22.50	27.50	49.00
紫薇花园	30.61	32.65	24.48	12.26

第六章 公共服务业管治的社区研究——广州和深圳案例

表6—62 居民对文化设施建设和服务供给主体偏好的调查统计(%)

	小区外	社区服务中心	居委会建或开发商提供	社区内个体经营或私营
中海怡翠	/	31.25	68.75	/
四季花城	/	42.86	47.62	9.52
坪地	47.06	17.64	11.76	23.54
龙珠花园	16.12	38.70	38.70	6.45
龙岗墟	24.14	37.93	20.69	17.24
横岗六约	24.24	21.21	21.22	33.33
紫薇花园	36.00	36.00	26.00	2.00

表6—63 居民对体育设施建设和服务供给主体偏好的调查统计(%)

	小区外	社区居委会建	房地产开发商提供	社区内个体经营或私营
四季花城	5.00	35.00	50.00	10.00
坪地	50.00	22.22	11.11	16.67
龙珠花园	23.33	36.67	36.67	3.33
龙岗墟	39.26	42.86	17.85	/
横岗六约	13.16	28.95	23.68	34.21
紫薇花园	38.00	22.00	32.00	8.00

从空间差异来看,位于远郊区的社区以及改制型社区对社区内带有半官方性质的设施或服务的投入主体有较高的偏好度(如社区服务中心、居委会、村股份公司等)。这类公共建设施基本上是由改

制前(村改居)的村委会或村经济组织投资兴建的,表明根植于郊区或新城区的带有半官方色彩的民间社会组织对社区建设有较大的影响,在这类城市化还不彻底的社区或新兴城市社区充分发挥原有社会组织或经济组织的社会资源和经济资源对良好管治结构具有的重要的意义。因此,地理空间的差异性导致了文体娱乐等公共服务管治结构和模式上的差异。在这类服务资源丰富的城市中心区可以采用政府主导、民间为辅的管治模式,也可以是政府、社会组织并行的混合管治模式。而新城区、新兴城市化地区和郊区的社区充分发挥现有资源,结合社会基础和经济基础采用民间主导型管治模式具有一定的优势。但是也必须认识到只有加大政府的投入力度,才能更有效地促进这些地区的社区建设向成熟的城市型发展,向高层次发展。

在教育服务和设施的满意度调查显示,总体上城市型社区的满意度高于农村型社区,传统型旧城社区高于新兴飞地型社区(表6—64)。教育类型的地区差异总的来看并不太大,尤其是基础教

表6—64 教育服务满意度分区的调查统计(%)

	紫薇花园	龙珠花园	龙岗墟	横岗六约	中海怡翠	坪地	四季花城	均值	标准差
高中	38.67	18.18	34.09	15.83	26.64	4.84	17.36	22.23	8.18
初中	27.33	19.69	32.20	25.83	34.89	17.21	22.92	25.73	4.34
小学	30	21.21	22.73	25.83	33.85	18.82	14.58	23.86	4.53
幼儿园	33	34.85	17.04	7.5	21.88	9.68	20.83	20.68	6.96
其他教育服务	16.33	19.69	7.56	-8.75	37.5	-4.30	30.56	14.09	11.93
合计	145.3	113.6	113.6	66.24	154.76	46.25	106.25	106.59	

注:其他教育机构主要指一些特长培训中心或素质教育培训机构以及社区教育服务。

育表现出在低水平上的均衡,高中、幼儿园这两类扩展型教育服务突出表现在城乡差异,新旧差异。其他教育服务的地区差异性最为突出,新兴社区优于其他社区。这表明房地产开发日益成熟,在扩展型教育设施的配套中发展商有很大的潜力。

为了进一步了解教育服务,我们还作了表6—65~68的调查。

表6—65 有无孩子在本社区学校就读的调查统计(%)

	有	没有
中海怡翠	32.45	67.55
四季花城	45.45	54.45
坪地	68.42	31.58
龙珠花园	33.33	66.67
龙岗墟	51.61	48.39
横岗六约	48.7	51.3
紫薇花园	48	52
均值	46.85	53.15

表6—66 就读学校类型的调查统计(%)

	托儿所	幼儿园	小学	中学
中海怡翠	/	/	65.93	34.03
四季花城	10	/	70	20
坪地	/	35.72	14.58	50
龙珠花园	69.24	15.38	15.38	/
龙岗墟	/	11.76	29.41	37.03
横岗六约	3.33	33.33	33.34	30
紫薇花园	16.67	29.16	54.17	/

表 6—67　选择社区内学校就读的主要原因的调查统计(%)

	离住家近,联系方便	邻里小孩都在此上学	收费合理	教育设施好	学校及周边环境好	师资条件好	学校名气佳
中海怡翠	72	4	/	4	20	/	/
四季花城	75	/	8.33	8.33	8.34	/	/
坪地	50	7.16	21.42	21.42	/	/	/
龙珠花园	66.67	6.67	13.33	13.33	/	/	/
龙岗墟	32	16	24	8	8	12	/
横岗六约	65.52	13.79	6.9	6.9	6.89	/	/
紫薇花园	65.52	13.79	6.9	6.9	6.89	65.52	13.79

表 6—68　你选择社区外学校就读的主要原因的调查统计(%)

	教育设施好	学校及周边环境好	师资条件好	收费合理	学校名气佳
中海怡翠	/	77.78	/	11.11	11.11
四季花城	36.36	18.18	18.18	27.27	/
坪地	37.5	12.5	43.75	6.25	/
龙珠花园	37.5	12.5	43.75	6.25	4.55
龙岗墟	28.95	13.16	21.05	/	/
横岗六约	20	32	28	20	/
紫薇花园	20	32	28	20	13.75

约有近一半的居民选择了本社区的学校就读,而且主要集中在小学以及学前教育。离住家近、联系方便是最主要原因,收费合理、

师资条件好、学校及周边环境好等因素也是居民选择在小区内就读的主要原因。而选择在社区外学校就读的主要原因则是教育设施、师资条件等软性条件上(表6—69)。而且越是高收入阶层居住的社区居民对学校环境越重视。

表6—69 你认为社区内学校需要改善因素的调查统计(%)

	收费	学校及周边环境质量	师资条件	学校名声
中海怡翠	64.3	17.85	17.85	/
四季花城	64.7	5.88	29.42	/
坪地	20.69	24.15	34.48	20.68
龙珠花园	24	40	20	16
龙岗墟	25	35	27.5	12.5
横岗六约	60	13.33	26.67	/
紫薇花园	27.78	33.33	24.07	14.82

对于学校的总体意见主要集中在收费、学校及周边环境和师资力量上,而且越是市场型社区如中海怡翠、四季花城对收费的意见越强烈,越是传统型社区、边缘型社区对学校环境的意见越突出(表6—70)。这显示出政府在新建社区教育服务供给的不足(主要以市场供给为主,市场供给的供小于求造成教育价格高)以及对边缘和旧城社区教育硬件环境投入的不足。学校办学性质的调查显示,居民对公办学校普遍存在较高的偏好,这表明教育服务政府作为供给主体仍然十分必要和必须,政府在教育供给中具有主导地位。政府在教育服务的供给具有基础性的作用,能够满足广大市民的需求。市场办学作为政府供给的补充,提供多样化的服务也是十分必要和必须。

表 6—70　你是否介意学校办学性质的调查统计(%)

	公立	公办私营	民办
中海怡翠	71.88	/	28.12
四季花城	78.57	7.14	14.29
坪地	78.26	8.96	13.05
龙珠花园	60.07	17.86	10.76
龙岗墟	68.97	27.59	3.45
横岗六约	48.65	18.92	32.43
紫薇花园	73.47	14.28	12.25

在幼儿教育这一项公共服务里面,广大社区居民对社区外的优质幼教机构表示出了较大的偏好,但是幼儿教育本身的特点决定了居民对于这类服务除了考虑质量和收费外,还有重要的一个因素就是易达性(表 6—71)。因此,社区幼儿园具有很大的发展空间,我们

表 6—71　居民对幼儿教育服务机构区位偏好的调查统计(%)

	小区外区级以上幼教机构	社区内民办	小区外民办
中海怡翠	68.75	31.25	/
四季花城	35.30	47.10	17.60
坪地	65.00	35.00	/
龙珠花园	27.50	58.65	13.80
龙岗墟	68.97	24.14	6.89
横岗六约	33.33	54.55	12.12
紫薇花园	56.00	32.00	12.00

在访谈中也证实了这一观点——在社区内部属于社区一级由社区开发单位配套或引进民营或是联合办学的质量较好的幼儿教育也较受欢迎。但是现实情况是幼儿教育在龙岗各类社区中的发展还不甚理想。

在调查中,我们发现也有一部分收入较高居民选择民间私人经营的幼儿教育机构,主要是指一些特殊的专业性幼儿教育,如钢琴艺术培训中心、早教中心等(访谈)。还有就是面向低收入阶层收费较低的幼儿托育机构。因此,整个调查反映了居民对于幼儿教育具有多元化的需求,同时社会也为其提供了多元化选择途径。从前面满意度的调查也显示,这项服务的供给评价也处于较高的水平,反映出幼儿教育多元化发展较快。

(六)社区基本生活服务供给调查

生活服务是具有商业、服务业性质的社区服务,是具有社会导向的个人服务和私人服务,与严格意义上的社区公共服务是有一定的差距,但是现实生活中这类服务的生产供给中又有相当部分是以社区服务中心或是居委会为主导的,是满足社区居民最基本生活需求的低偿或有偿的服务,而且其开展的目的是为了带动和保证无偿服务,是为无偿和低偿的福利服务持续发展提供资源保障的服务。所以在本书里我们把这类服务归属为社会主导型公共服务,从中我们选取小修小补、生活服务几项进行分析(表6—72~73)。以保姆中介服务为例,选择私人市场供给的比例平均超过了35%。社区内的管理资源和组织资源如居委会、社区服务中心、物业公司等在提供这类生活服务中占了很大的比重。尤其是这类资源较丰富,开展得较早的地区所占比重越大。中海怡翠、四季花城的社区居民在这三项服务中选择社区内组织和管理资源的比重相对其他几类社区以及其他几种供给途径是最高的。四季花城不仅社区配套,物业管理在全市享有极高知名度,因此更多地得到了社区居民的认同。这表明,社会组织和市场在社区层次的社会主导型的服务管治结构中具有重要的地位和作用。另外,从中可以看出改制型居民选择小区内的个体经营和私营的比例相对其他社区来说是最高的,这与这类社区本身社会资源、非正式制度和行为较发育有关,表明在社区生活服务层次里市场调节同样具有一定的作用,并且可以满足居民多层次需求。

另外,紫薇花园和龙珠花园在选择社区外生活服务资源上的比例高于其他社区,主要是因为这两类社区都位于城市中心区,因而可选择资源最丰富。

表 6—72 居民对小修小补类公共服务供给主体偏好的调查统计(%)

	小区外	社区服务中心	房地产开发商、物管公司提供之配套服务	小区内个体户或私营	自理
中海怡翠	5.56	38.89	50.00	2.78	2.77
四季花城	/	18.52	59.26	7.40	14.81
坪地	13.33	13.33	/	73.34	/
龙珠花园	25.92	22.22	14.81	37.05	/
龙岗墟	9.68	12.90	3.23	29.03	45.16
横岗六约	8.32	2.80	19.44	47.22	22.22
紫薇花园	24.07	14.81	31.48	16.66	12.98

表 6—73 居民对生活服务设施供给主体偏好的调查统计(%)

	小区外	社区服务中心或居委会	物管公司提供之配套服务	小区内个体户或私营	其他
中海怡翠	/	12.50	71.88	12.50	3.12
四季花城	/	23.80	52.38	9.54	14.28
坪地	53.84	30.78	/	15.38	/
龙珠花园	9.38	34.38	28.12	12.5	15.62
龙岗墟	16.66	30.00	3.33	13.33	36.68
横岗六约	9.70	/	6.50	74.10	9.70
紫薇花园	10.00	28.00	34.00	6.00	22.00

注:生活服务主要指由生活服务设施如日常生活所需的餐饮店、小杂货店、理发店、裁缝店、煤气店、桶装水供应店等所提供的服务。

需要补充一点,在城市管理力度越弱的社区,社区内存在许多半正式或非正式的经营单位,比如这些社区有许多沿街小贩,他们往往钻城市管理条例之空(没有营业执照,不交管理费等),提供着这些生活服务。由于经营上的灵活性以及收费低廉,他们在满足社区居民低层次需求上有很大的优势。所以往往在很多情况下也得到社区居民的认可。

三、总结

第一,从服务属性来看,不同类型的公共服务供给具有不同的空间差异。接近现代社会需求的公共服务空间差异越大,反之传统基本需求的公共服务空间差异相对较小。政府主导型公共服务更适合于在传统基本需求服务利益发展,反之市场力量越大的混合型服务更适合于现代需求以及多元化的需求。

第二,对于政府市场混合型公共服务,其供给水平与居民日常生活中的需求程度有关,居民日常需求越高,则供给满意度越高。从空间差异来看新城市社区对于政府—市场并行的混合型服务的满意度低于老城区社区,特别是在政府参与较少的设施建设方面,如休闲设施、文化娱乐设施等服务。对于政府参与较多的教育和对外交通服务上,新城市社区满意度相对较高,表明政府在服务供给中仍然起到最主要作用。这就说明当前社会中政府作为管治的重要主体作用不可忽视。属于提高类型的服务如文化、娱乐、休闲等的供给则区域差异较大,这与传统的公共服务设施配套水平有关,老城区公共服务设施配套最为完善,因而最能满足居民的需求,但是需求的多元化则需要市场机制的调节,新城区社区开发的成功反映出市场力量的作用。市场力量在提供公共服务方面仍然十分有限,仍然不能成为主导力量,因而需要进一步发展。对混合型供给的公共服务采取混合型管治模式甚至进一步发展为市场主导型管治模式,政府只在制度上给予保证和监管是发挥混合型公共服务最大社会效益的重要途径之一。

第三,社区民间自治(半官方)机构参与有助于社会主导型公共服务水平的提高。不过,随着社会的发展,人们的需求会越来越细化,因而对这类有关基本生活服务要求越来越多样化,而市场是多样化供给的主导力量,因而市场主导将是这类服务管治中的主要力量。这类服务的管治模式也将由以社会组织主导管治模式向社会组织与市场主导管治模式并行发展。

第四,不同地区的居民在公共服务管治中的参与性也有较大的差异。城市型社区的参与性高于新近由农村型社区转型而来的社区,老城区的社区普遍参与性大,经济水平越高的地区参与积极性也越大。

第五,位于远郊区的社区以及改制型社区对社区内带有半官方性质的社会组织有较高的偏好度(如社区服务中心、居委会、村委会等)。这些社会组织能动性很大,社区公共服务供给潜力大,这主要与这些地区政府投入相对较低有关。在这些新社区草根型管治模式更容易发展,因此这类型社区的社会组织主导型服务有较大的发展空间。

第六,深圳市龙岗区居民对公共服务提供的主体和方式持比较务实和开放的态度。只要能有效地满足居民的需要,服务的主体是政府部门,还是社会组织,是市场还是其他(如个人);服务的供给方式是有偿还是无偿,是盈利还是非盈利;志愿的还是义务的,还是专业的、商业的,都得到了同样的重视和认同,并且都能加以利用。普遍对公共服务的多元化供给持认同的态度。由于当前公共服务多元化发展还处于起步的阶段,许多地方还不完善规范,这与市场机制不完善,社会组织发育迟缓等密切相联的。因此,居民对于政府部门作为公共服务供给主体仍然持有较高的信任度。

第七,地理空间的差异性导致了公共服务管治结构和模式上的差异,在这类服务资源丰富的老城区可以采用政府主导、民间为辅的管治模式,也可以是政府、社会组织并行的混合型管治模式,而新城区、新市场主导开发地区和改制型社区充分发挥现有资源,结合社会基础和经济基础采用民间主导型管治模式具有一定的优势。但是也必须认识到只有加大政府的投入力度,才能更有效地促进这些地区的社区建设向成熟的城市型发展,向高层次发展。

第四节 相对落后城市边缘社区公共服务管治研究——深圳西冲案例

一、调查概况

中国城市在快速城市化进程中必然面临各种特殊的社会问题，在这一进程中，城市化不仅仅只是一种自然而然的社会经济过程，有时政府往往会做出有意识的促动，来加快这一过程的发展。这种外力会打破原来社会发展过程中应有的平衡，虽然取得了加速度，但势必会蕴生一定的内在问题。基于这一前提，我们认为在城市迅速扩张中一定存在一种特殊的社区类型，即边缘化社区。不仅仅是地域空间上被现代城市扩张所边缘化，而且在社会经济发展上也远离主流的城市化。而深圳从 1979 年由一个落后的小渔村经过短短不到 30 年发展为今天的举世闻名现代化大都市，这种超速度和强政府主导性使这种边缘型社区成为深圳十分典型的社区类型。为此，2005 年 8～11 月，我们采取访谈法和问卷法在深圳相对落后的滨海地区进行了调查。其中，访谈涉及对象包括政府决策者、普通公务员、社区居委会主任和社区居民，从中了解各个社会界面人士对滨海地区和谐社区建设的态度、看法、意见和建议。在此重点选取了南澳街道的西冲社区作为案例研究对象进行了深度访谈和调查（包括问卷调查和实地调查）。

随机发放问卷 50 份，每份问卷都采取一对一的形式由调查人员进行问答式调查。调查历时一周，回收率达 100%。访谈对象主要是社区内的常住居民，因此这些样本已经具有了比较饱满的分析意义。

被调查对象的性别比为男性占62%,女性占38%;年龄在15～25岁之间的占24%,在25～35岁之间的占42%,在35～50岁之间的占26%,50岁以上的占8%;居住年限在0～3年的占10%,3～10年的占10%,10～20年的占18%,20年以上的占62%;原居住地在广东省外的占10%,广东省内其他地区的占6%,深圳市其他地区占2%,龙岗区其他地方的占12%,本社区的占70%;户籍地在广东省外的占6%,广东省内其他地区的占10%,深圳市其他地区占2%,龙岗区其他地方的占4%,本社区的占70%;文化程度在小学及以下的占16%,初中为28%,高中占38%,大专占24%,本科占2%,本科以上无。职业分布构成中工人(0%),商业服务雇佣者(2%),个体经营者(16%),私营企业主(2%),行政管理者(4%),教育工作者(10%),医疗卫生工作者(6%),一般企业职员或文员(14%),其他专业技术人员(4%),学生(2%),无业者(40%)。家庭月收入小于2 000元的占64%,2 000～4 000元的占22%,4 000～10 000元的占10%,10 000～20 000元的占2%,20 000元以上的占2%。从样本情况来看具有一定的代表性。

二、案例调查社区基本情况

西冲位于深圳大鹏半岛南端,有深圳最绵长的5.1公里的高水准沙滩、洁净的海域、茂密的山林、清澈的泻湖、突兀的礁岩,八个渔村里保留了许多古民居……目前西冲只有唯一的一条道路通向邻近的城镇南澳;从市中心到这里需要一个半小时到两个小时的车程,从南澳街道中心到这里也需半小时(图6—5)。由于西冲地区的地理位置及对外交通状况的制约,西冲地区的建设开发量较小,自然生态

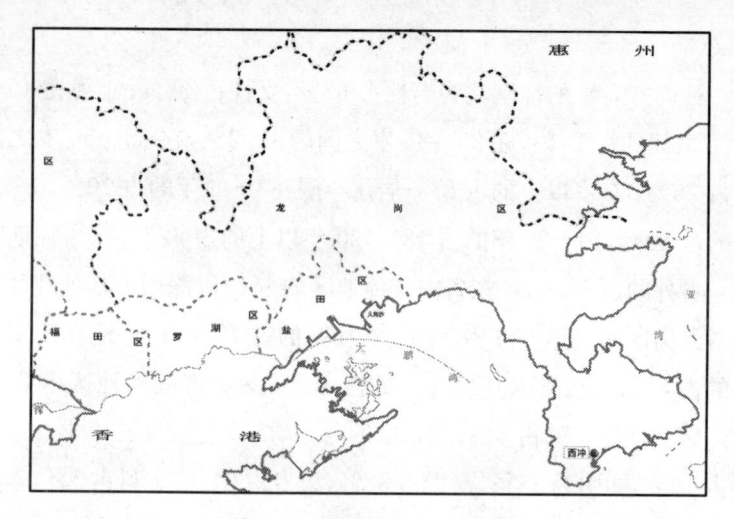

图 6—5 调查社区空间分布

环境所受的污染程度较小。西冲片区目前主要由农田、村庄、鱼塘组成,沿海滨分布着5.1公里长的海滩,海滩东头有鲍鱼厂,片区内还散布着果园及沙石场,另外片区内存在着大量未开发区及空地。最新的数据显示,西冲目前共有人口1 300多人,大部分从事捕鱼及养殖、种植等。近年,由于深圳全面推进城市化进程,西冲也于2003年年底由村改居,并且进行了股份制改革。但是其农村型社区的实质并没有因改制而发生根本的改变。

三、问卷调查分析

(一)关于基本公共服务及服务设施满意程度

1. 教育及相关设施

从调查结果来看,西冲居民对教育设施及教育服务整体满意度较高,但事实上这是一种低水平上的高满意度(表6—74)。如初中,虽然社区附近并无初中,而且最近的初中也要到南澳街道,但是普通的居民并没有对此表示过高的要求。而对高中的需求也不高,在访谈中获悉,本地人读高中的十分少。对于幼儿教育、职业教育这类扩展型教育表示陌生和不知道的居民比例高,而且本地人轻视幼儿教育,绝大部分家长认为这种教育不能使学生学到东西。这一结果实际上反映出整个社区居民对于教育的重视还不足。另外,虽然问卷调查显示对于小学表现出一种高满意度,但实际上并不像问卷显示得那么理想,社区(原农村)小学生的成绩跟街道办(原镇)相差悬殊。究其原因,师资队伍是一个重要因素,还有本地的家庭教育也很重要。但是有一点需要注意的是在其他教育服务(社区教育、职业培训等)方面,显示出相对较低的满意度,表示社区居民已经对继续教育有了一定的认识和需求,城市化以来曾经有过职业培训这类教育,是街道办组织的,但效果不明显。现实情况是当地居民对于改制后未来发展如何表示出迷茫和无助,一定程度上促使了社区居民对于未来就业方式和领域的关注。因此,这一信息给我们提示了在社区如何发展各类教育的重要意义。

表6—74 问卷调查基本统计结果(%)

类别	序号	项目名称	满意	一般	不太满意	很不满意	不清楚
教育	1-1	高中	16	44	8	4	28
	1-2	初中	14	50	6	4	26
	1-3	小学	56	34	2	6	2
	1-4	幼儿园	24	36	0	0	40
	1-5	其他教育服务	14	26	10	4	46

续表

类别	序号	项目名称	满意	一般	不太满意	很不满意	不清楚
医疗卫生设施	2-1	综合医院	6	30	0	8	56
	2-2	门诊部	12	32	4	8	44
	2-3	社区健康服务中心	34	40	8	6	12
	2-4	其他医疗设施	8	38	2	2	50
文化娱乐设施	3-1	区级文化中心	18	14	6	6	56
	3-2	社区文化中心(会所)	10	16	8	6	60
	3-3	小区文化活动室	10	24	4	8	54
	3-4	其他文娱设施	10	20	8	4	58
体育设施	4-1	综合体育活动中心	4	20	4	0	72
	4-2	社区体育活动场所	10	42	4	6	38
福利设施	5-1	敬老院(或颐养院)	6	10	10	4	70
	5-2	社区星光之家	22	24	8	6	40
社区服务设施	6-1	社区居委会	38	40	10	8	4
	6-2	社区服务中心	10	30	6	2	52
	6-3	其他服务设施	8	40	8	10	34
市政公用设施	7-1	邮政服务	24	40	18	4	14
	7-2	供水	52	40	4	2	2
	7-3	供电	56	32	12	0	0
	7-4	煤气供应	30	34	24	8	4
	7-5	环卫	50	34	8	8	0
	7-6	公厕	4	34	12	6	44
	7-7	治安	48	38	4	2	8
	7-8	对外交通	10	34	22	32	0
其他	8-1	志愿服务	6	20	12	4	58

2. 医疗卫生设施

对于医疗卫生设施,西冲社区居民也表示出对相关设施的陌生或是不清楚。相当大比例的居民对社区以外的综合医院、门诊部、其他医疗设施等都不甚了解,也反映出社区居民对于社区外资源的利用率低、日常生活出行空间狭窄的特征。相对于社区内已建并投入使用的社区健康服务中心,社区居民则表示出相对较高的满意度和知情度,认为它为居民就近解决了多发病、常见病的治疗问题,同时对慢性病进行监控和治疗。但是,相对于规范完整的社区卫生服务,目前这些服务机构还不能完全达到融预防、医疗、保健、康复、健康教育、计划生育技术服务"六位一体"的要求。另外,由于传统观念的限制,居民认为生病一定要到医院看,加上一些私人开的小诊所带来的不良影响,甚至还有一部分人生病只依靠本地药店的药而不问究竟,导致居民不信任社区卫生服务,也有居民认为社区健康服务中心收费高且效率低。从我们的实际访谈中了解到事实上现有的社区服务中心在运营上还有一定欠缺,如许多时候居民不能及时找到医务人员。即使是上班时间也总会有各种情况导致没有医务人员就诊。对比这一事情我们不难发现西冲社区在医疗服务上严重欠缺,但是居民普遍要求不高,政府在这方面的投入虽然仍然不全面,却依然给予了极大的肯定和认同。以下是几位社区居民的访谈。

李先生:我天天路过社区卫生服务中心,不过没进去过。有小病自己买点药吃,大病就上医院。谁知道社区卫生服务中心里会不会乱收费。再说了,大病他们也看不了,还不如去大医院,就是大医院太远了,不太方便。

张老师：社区医疗是未来发展的趋势，但是我还是等它发展得差不多了再去吧，现在无论是其收费、医疗水平、医疗器械都让人不太放心，总感觉现在的社区卫生服务还不那么正规。

社区一位女士：我们这里有社区卫生服务中心吗？啊！好像有一个。但不清楚，反正没去过。怎么看都不如医院，我还是上医院保险点，宁可麻烦点，多走点路。

社区一位老者：政府大医院在我们这里搞了个社区健康服务中心，蛮好，看个小病很方便，收费也不算贵，但总是不太信任，还是喜欢去大医院。

采访中，大多数人表示社区卫生服务应该贴近居民，走入家庭，但问起对这项服务的信任度时普遍表示"不太信任"，对于社区卫生服务中的健康教育大多数人表示：很好，但自己没太注意过。

3. 文化娱乐设施

对于文化娱乐设施一半以上的被调查者都表示不清楚。对于此类设施表示满意的居民通常是低层次的满意，如麻将、电子游戏等。剧院也很少能够引起本地居民的注意。这一结果反映出西冲居民文化需求层次低现状特征，因此在今后的社区文化建设首要一点就是从基础文化设施上提高居民的文化层次。

4. 体育设施

体育设施和文化娱乐设施调查所反映的结果相似，更多的居民对此类提高型公共设施不清楚。居民日常体育活动较为单调且不多。因而对此则有两种解释，一是文化体育设施供给不足或效率低，另一则是居民对文化体育需求不大。

综合文化娱乐和体育设施调查结果,西冲社区的文化娱乐和体育活动活动很少,对文化中心概念也不清楚,但是提到是否有文娱活动和体育的时候都不是很满意。体育活动局限与篮球场和社区健康服务中心的乒乓球室,没有综合体育中心,可以看得出西冲地区在这方面做得不够好,而且在文娱活动宣传方面也不到位。

据访谈得知,有相当一部分居民认为社区文化无非是组织群众说说唱唱、蹦蹦跳跳,甚至有些社会工作干部也对社区文化工作形成了一种简单的娱乐观、健康观。这些观念性问题若得不到及时矫正,社区文化建设就难以向纵深发展,其已有的成果也难以巩固。为了提高群众对社区文化的认识。居民也希望政府可以专门发放"告社区居民公开信",对于广大群众所关心的"什么是社区"、"为什么要建立社区"和"社区建成后会给我们带来什么变化"这一带有普遍性的问题,给予了通俗易懂、深入浅出的解释,及增强社区文化的娱乐性,加强人民群众对社区与社区文化建设的新理念的理解,深化群众对社区文化建设的认识,增加群众的参与性。

5. 社会福利与保障设施

从此类设施的调查统计来看,星光之家是满意度较高的设施。虽然有40%的调查者对此类设施的作用并不知情,但是仍然有相当部分的居民了解这类设施,并对此表示出较高的满意度。这一结果所反映出的问题与社区健康服务中心相同,都是低水平上的高满意度。在各种公建配套设施都十分缺乏的情况下政府的适当投入会起到相当大的效果,从中也说明了社区建设中物质基础设施的建设的重要性。由于西冲事实上是农村型转型社区,当地居民的生活水平、生活意识、价值观都仍然较落后,传统的家庭养老观念并无多大的改变,因此大部分居民对于属于街道级的养老院等设施表示陌生和不清楚。但是随着城市化的推进,仍然有一部分居民开始产生对养老服务的需求。

6. 社区服务设施

社区居委会作为一转制组织(由原村委会改制而成)在居民心中具有的地位。除个别年长者对这一新改的名称表示陌生外,其他居民都较了解。由于原村委会是由基层直选产生,因此居委会具有最高的满意度。而其他城市型社区应该具有的社区健康服务中心或是其他服务设施居民则表示不清楚,甚至相当多调查者并不知道有这类设施。

7. 市政公用设施

市政公用设施传统上是由政府主导供给的公共服务设施。随着城市的发展,西冲社区虽然位于深圳的东南角,号称未被开发的最后一块处女地,政府在这里的基本市政投入也有了巨大的改善。诸如水、电、气的供给都有较高的满意度。但是特别要指出的是,西冲社区的城市化进程还处于刚起步阶段,公厕这类设施属于扩展提高型公共服务类型,因此对于此类设施的了解度也很低,近一半的调查者不清楚此类设施。

8. 其他

在这一类里我们选择了志愿服务一项。调查前我们根据当地相对较低的社会发展水平主观认为志愿服务应该很少有人知道,但是调查结果显示超过40%的调查者知道这类服务。尤其是年轻人大都对此较了解。而且普遍认为社区内仍然具有助人为乐的淳朴精神。这一结果显示出社区建设的潜在可能性和可行性。

(二) 公众对个人所居住社区公共服务和公共空间的认知

从调查中可以发现,西冲居民对于传统的最基本的社区服务具有一定的认知,环境卫生、医疗卫生、治安等服务类型占了最高的认知度,这三项也正是政府部门一直在社区重点扶持的项目(表6—75~77)。但是随着社会的发展,居民对于社区服务有了进一步的需求,90%的被访居民认为社区教育、88%的被访居民认为老年服务对于社区建设来讲十分必要,这两项服务正是相对提高型社区服务,对于社区发展具有十分重要的意义。图6—6的答案进一步证实了这一结论,其中最基本环境、医疗卫生、治安三项仍然不足,居民仍然认为这几项最基本的社区服务类型需要大力加强,而教育作为社区发展的关键内容逐渐被认识。

表6—75 您认为在您所住的社区中包含了几项公共服务的调查统计

编号	项目名称	比例(%)
A	社区教育	52
B	文化娱乐	24
C	信息咨询	28
D	医疗卫生	88
E	环境卫生	82
F	便民生活服务	18
G	老年服务	42
H	治安	80

表 6—76 您觉得在您所住的社区中还应包含服务项目的调查统计

编号	项目名称	比例(%)
A	社区教育	90
B	文化娱乐	64
C	信息咨询	50
D	医疗卫生	68
E	环境卫生	74
F	便民生活服务	50
G	老年服务	60
H	治安	55

表 6—77 您觉得在您所住社区哪几项服务是需要加强建设的调查统计

编号	项目名称	比例(%)
A	社区教育	90
B	文化娱乐	82
C	信息咨询	78
D	医疗卫生	92
E	环境卫生	92
F	便民生活服务	76
G	老年服务	88
H	治安	88

在社区服务对居民自身的帮助程度一项调查中,超过 2/3 的居民认识到社区服务的重要性,而 54% 的居民认为社区对他们的帮助

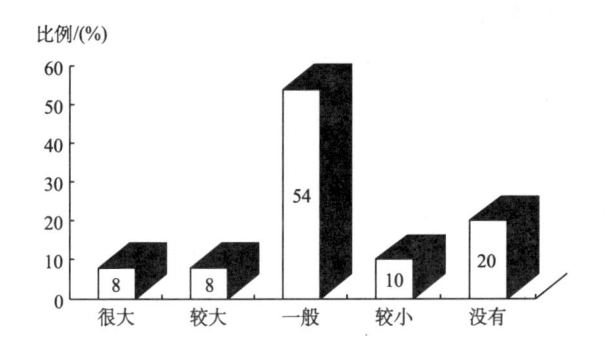

图 6—6 社区服务对您的帮助程度的统计

只是一般。另有部分居民对社区服务本身没有较清晰的认识,这部分居民往往是年纪较轻的自愿失业者,他们的这一认知反映出社区发展中年轻一代的迷茫,但他们正是社区的未来。

在这一项调查中,34%认为社区居委会或社区刚成立的"星光之家"就为社区服务中心,另外 66%的被调查居民中大部分不知道何为社区服务中心(图 6—7)。社区服务中心作为社区建设的重要物质基础它在社区的兴办并非仅仅是建房而已,更重要的是让广大社区居民认识到何为社区服务,社区服务可以为居民生活带来何种益处,对于社区发展它将起到何种作用。因此对于"社区服务中心"的宣传十分必要。

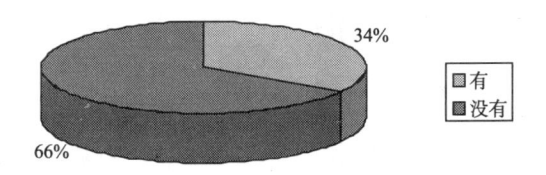

图 6—7 社区服务中心认知统计

从这几项调查结果显示,56.25%认为社区有服务中心的居民中普遍认为社区服务中心的费用合理(图 6—8～12)。体现出政府主导型社区服务的性质——无偿或低偿。目前已有的政府主导型社区服务设施服务内容不足,质量也一般,居民的使用率也不高,但是居民普遍认识到它在增进居民的认识和了解中起到重要的作用。因此,对诸如社区服务中心等政府主导型社区服务设施的建设应该适当关注。

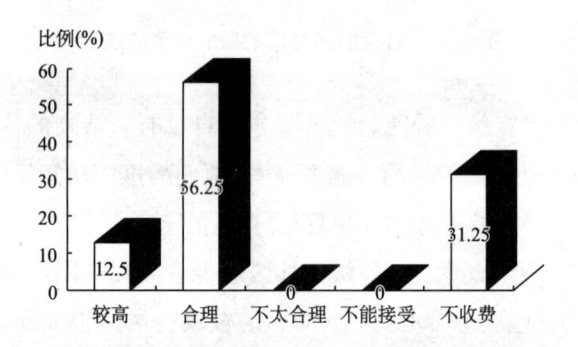

图 6—8　社区服务中心收费的认知统计

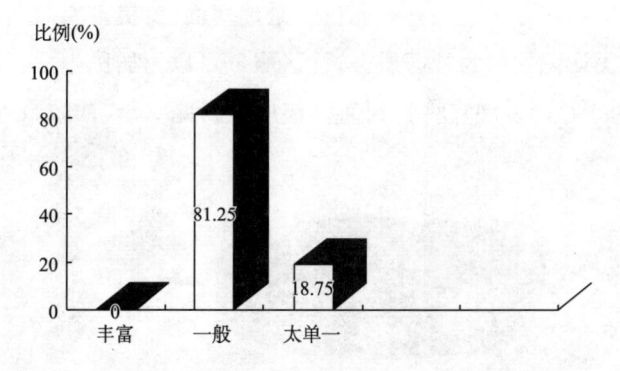

图 6—9　社区服务中心项目内容的认知统计

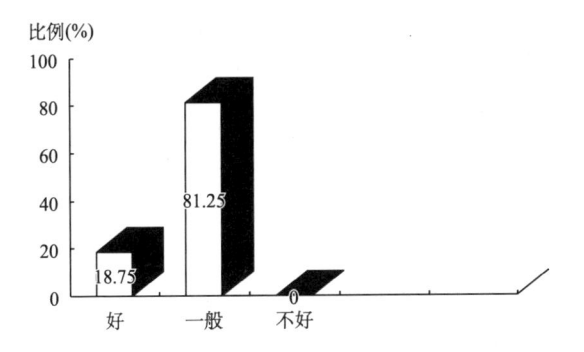

图 6—10 社区服务中心项目质量的认知统计

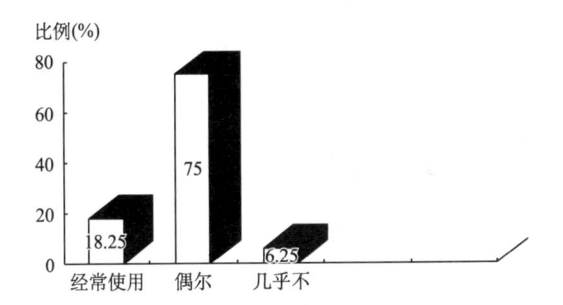

图 6—11 社区服务中心使用频率的统计

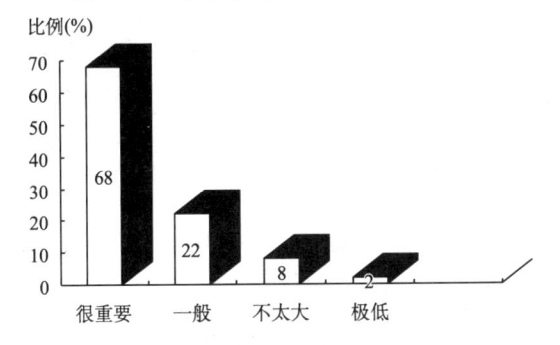

图 6—12 社区服务中心在增进社区居民的认识和交往及提供方便上的作用以及必要性统计

(三) 社会交往与社会参与

从调查结果来看,西冲社区是一个相对内向封闭,流动性不大的社区,需要加强的是加大社区的开放程度,居民普遍认为社区关系融洽(图 6—13～14)。

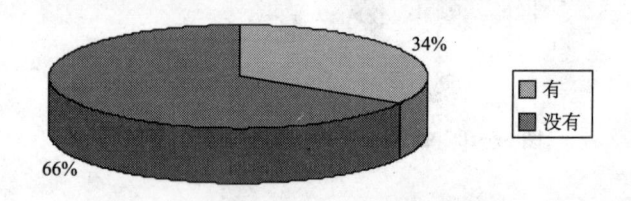

图 6—13　与本社区居民关系如何的统计

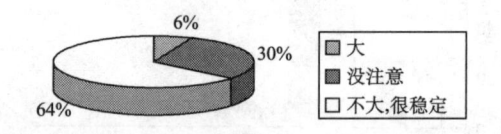

(有 34%，没有 66%)

图 6—14　你认为本社区居民的流动性大不大的统计

(大 30%，没注意 6%，不大,很稳定 64%)

图 6—15 显示了政府在居民心中的地位,当社区内出现危机情况时,42%的居民首先会想到派出所,这是离社区居民最近也接触最多的政府直派机构,在居民心中具有重要的地位。

图 6—16 表示,此项调查选项为邻居的只占 4%,显示社区内邻居之间沟通过少,因此在建设社区过程中应该提供更多更广泛的交流平台。

图 6—17 表示,此项调查再次显示出居民的社会交往中相对内向封闭的特点。通常情况下居民遇到困难首先想到的是亲朋好友,

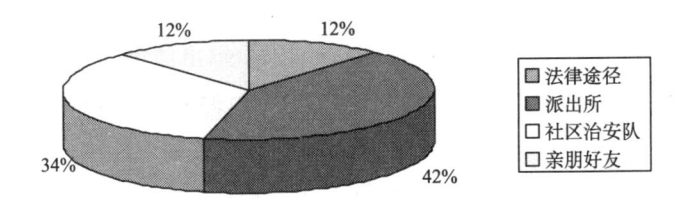

第六章 公共服务业管治的社区研究——广州和深圳案例 355

图6—15 在社区内发生冲突您会依靠哪些途径解决的统计

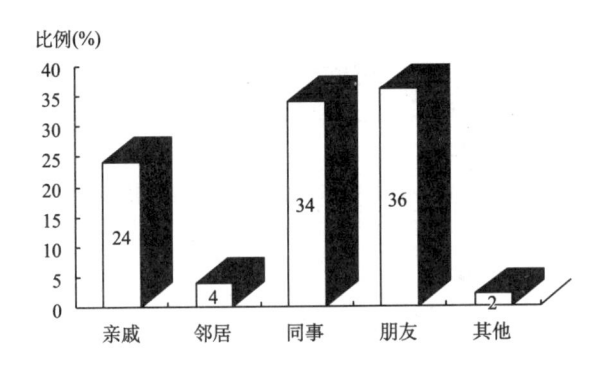

图6—16 主要社会交往的统计

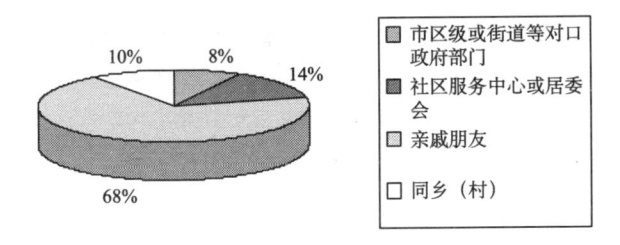

图6—17 在日常生活中遇到困难解决途径的统计

其次是所在村集体(原村集体现改牌为居委会)和同乡,最后才是上级政府部门,这一结果也证实了西冲社区仍然是乡村地缘型社区类型。

图6—18～19表示,这两项调查结果显示出居民对组织的参与意识不强,而且对组织的类型不清楚,而预料经营组织这个选项可能占有更大的比例。因为调查的对象有70%是属于本社区的,而本社区的居民主要来自股份公司(以前称为经济合作社),实际上却不是。

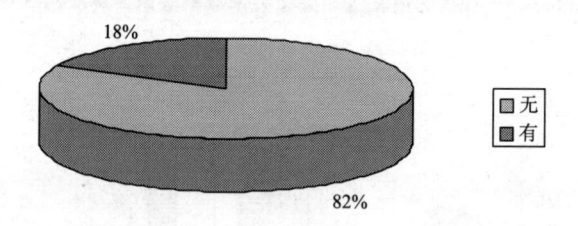

图6—18 有无参加社会组织或社团的统计

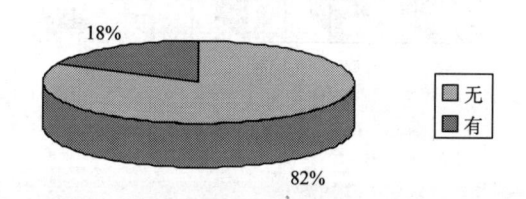

图6—19 是何种类型组织的统计

(注:经营组织主要指企业或公司,慈善组织指非限定性的公益组织,互助组织指为特定的组织成员服务的有限公益组织)

图6—20表示,这个问题选项"无"占了近3/4,说明了居民参与志愿服务与社区组织力度关系大。

图6—21表示,这个问题选择为"一般"的最多,占一半以上,表明社区居民对社区活动的参与积极性处于模糊和需要引导状态。但

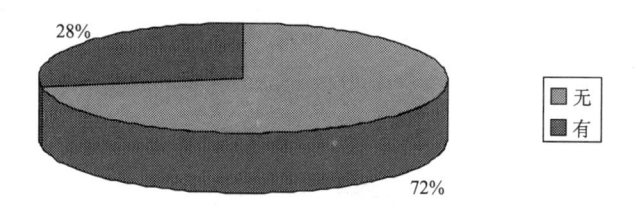

第六章 公共服务业管治的社区研究——广州和深圳案例　357

图6—20　有无参加志愿服务组织或义工队伍的统计

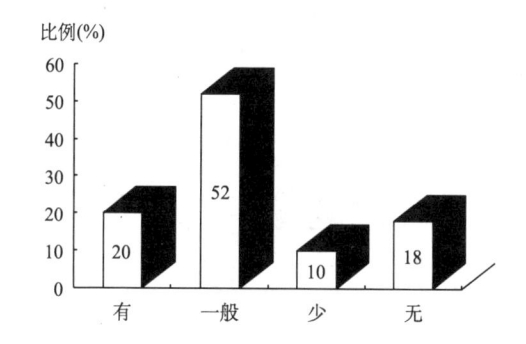

图6—21　对社区活动或社会活动有无参与积极性的统计

从另外一个角度说明社区活动场所地理位置的影响和社区活动的缺少导致居民参与积极性并不强烈的可能性存在。

在访谈中我们得知社区活动场所的地理位置和社区活动是否丰富是影响社区居民是否方便参加活动的一个重要因素(图6—22)。

图6—23表示,这一结果能解释当前社区内存在的一些问题,由于缺乏法律基本知识,当地人在意识形态、行为态度上都有一定的落后。

图6—24表示,这个问题说明社区的建设是非常有希望的,超过3/4的居民比较关注社区改革与发展,也反映出社区参与的潜力。

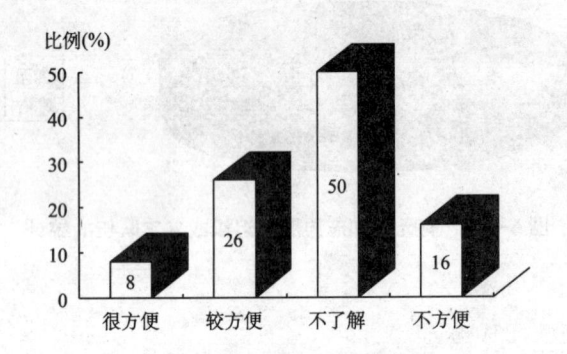

图 6—22 居民参加社区（小区）公共活动是否方便的统计

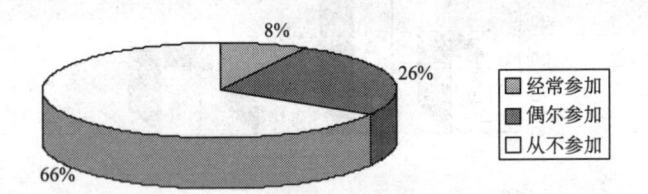

图 6—23 您是否参加过单位或社区举办的全民法制宣传教育活动的统计

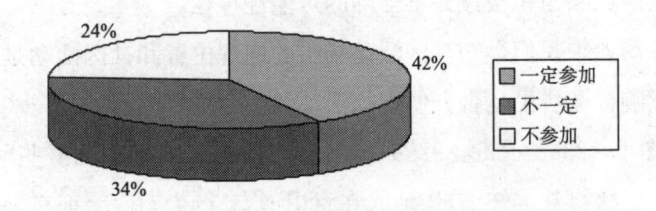

图 6—24 居民是否参加社区开展多种形式的有关改革和发展等形势教育主题活动的统计

本地居民对社区较为熟悉,他们对本地存在的问题往往看得比较准,因此在社区发展过程中本地居民的参与具有重要的意义。

图 6—25～26 表示,这几个问题集中反映了一个很重要的问题就是社区文化建设程度如何。大部分居民对于此类社区文化的宣传并不太关注,最大的影响因素是宣传力度不够,宣传方式(途径)不贴近居民,居民对文化宣传大多持观望态度,相当部分对此有兴趣,但缺乏积极和恰当的引导。

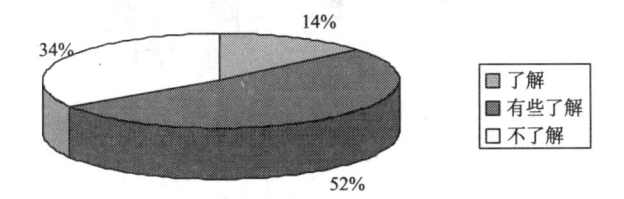

图 6—25 对建设小康社会、建设和谐社会、提高党的执政能力等国家重大方针政策是否了解的统计

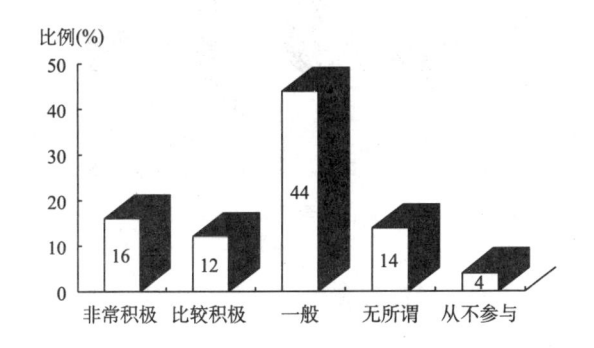

图 6—26 对居民是否曾积极地参与社区建设的统计

图 6—27～28 两项调查反映了居民与政府和社区组织的关系如何,从调查结果来看,社区居民对于政府具有较高的信任度。

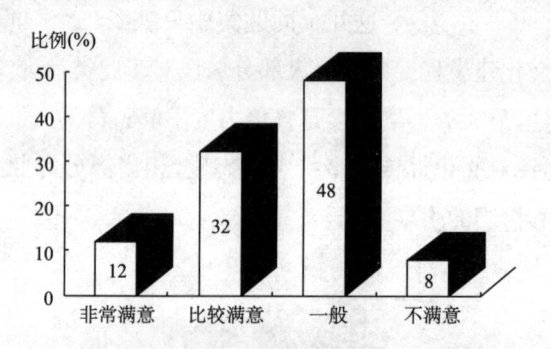

图 6—27 对居委会与社区居民关系的调查统计

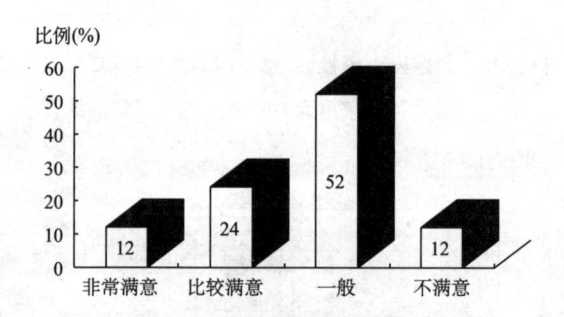

图 6—28 对居委会与政府部门(街道办事处)关系的调查统计

有超过 3/4 的居民没有表达过对公共服务的情况,一则说明街道办和居委会相对居民来说过分封闭,因此缺乏对公共服务的评估;另一则说明缺乏沟通居民与居委会和街道办的桥梁(图 6—29)。

图 6—30 与表 6—78 表明西冲近几年有一定的发展,但发展并

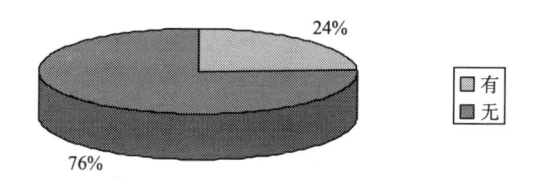

第六章 公共服务业管治的社区研究——广州和深圳案例 361

图6—29 对有无向有关部门或相关机构表达过
或反映过关于公共服务情况的调查统计

不太明显,主要集中于环境卫生、交通和水电气等基础性市政设施上。而其他社区服务并没有较大的发展。

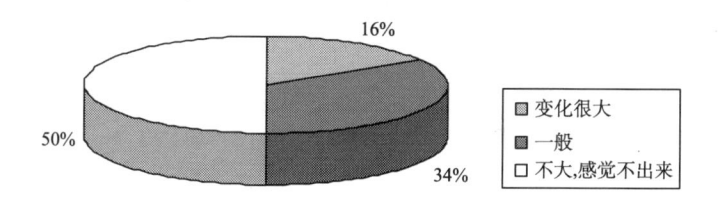

图6—30 居民对近年来公共设施和公共服务方面变化的调查统计

表6—78 你认为哪一方面变化最大的调查统计

编号	项目名称	比例(%)
A	交通	44
B	水电气等	40
C	教育	26
D	医疗卫生	18
E	环境卫生	46
F	生活服务	12
G	老年服务	20
H	治安	18
I	商业	26
J	文化娱乐	12

四、结论

在对西冲社区的典型调查中我们得出以下认识。

第一,西冲公共服务建设近几年有一定的发展,但发展并不太明显,主要集中于环境卫生、交通和水电气等基础性市政设施上,而其他社区服务并没有较大的发展。社区公共服务及设施的现状调查表现出政府在这方面的投入不足,不能达到城市型社区建设的需求;另一方面,西冲社区仍然是典型的农村型社区,社区居民的意识和各方面需求都不高,对社区建设和社区发展认识不足。

(1) 社区居民对于教育的重视不足。但是社区居民已经对继续教育有了一定的认识和需求。现实情况是当地居民对于未来发展如何表示出迷茫和无助,一定程度上促使了社区居民对于未来就业方式和领域的关注。因此,这一信息为我们提示了在社区建设和发展中职业教育和培训的重要意义。

(2) 西冲社区在医疗服务及医疗设施上严重欠缺,但是居民普遍要求不高,政府在这方面的投入虽然不全面,仍然给予了极大的肯定和认同。已建并投入使用的社区健康服务中心社区居民则表示出相对较高的满意度和知情度。在今后的社区医疗卫生发展上除了加强政府主导型设施的建设和服务供给外,还要加大相关领域知识和信息的宣传。

(3) 西冲居民文化体育等方面体现出质和量的双重低需求度,除了设施配套严重欠缺外,更重要的是对文化建设的宣传不足,宣传力度不够,宣传方式(途径)不贴近居民。居民对文化宣传大多持观望态度,相当部分对此有兴趣,但缺乏积极和恰当的引导,因此在今后的社区文化建设首要一点就是从基础文化设施上提高居民的文化层次。此外,还要提高社区管理层对文化建设的认知水平,从而加强社区文化建设的宣传力度。

(4) 由于西冲事实上是农村型转型社区,当地居民的生活水平、生活意识、价值观都仍然较落后,传统的家庭养老观念并无多大的改变。因此,大部分居民对于社区福利设施表示陌生和不清楚。但是随着城市化的推进,仍然有一部分居民开始产生对养老服务的需求。

(5) 传统社区组织如原村委会(现居委会)在居民中具有较高的号召力和依赖度,今后在社区服务的发展中它可以起到重要的带动作用。

第二,当前政府主导型社区服务设施的供给在此类落后社区体现出了极大的优势,这意味着今后一段时间在此类社区建设和发展中政府应发挥积极的主导作用。

第三,西冲居民对于传统的最基本的社区服务具有一定的认知,环境卫生、医疗卫生、治安等服务类型占了最高的认知度,这三项也正是政府部门一直在社区重点扶持的项目。但是随着社会的发展,居民对于社区服务有了进一步的需求,提高型社区服务类型如社区教育、老年服务等已逐渐被认知。

第四,社区建设的重要物质基础在于社区服务的供给上,它在社区的兴办并非仅仅是建房而已,更重要的是让广大社区居民认识到何为社区服务,社区服务可以为居民生活带来何种益处,对于社区发展它将起到何种作用。

第五,目前已有的政府主导型社区服务设施服务内容不足,质量也一般,居民的使用率也不高,但是居民普遍认识到它在增进居民的认识和了解中起到重要的作用。

第六,居民的社会交往具有内向封闭的特点。仍然是乡村地缘型社区。社区参与意识不强。社区活动场所的地理位置和社区活动是否丰富是影响社区居民是否方便参加活动的一个重要因素。政府部门在此类社区具有最高的威信和权威,但不是居民的主要依赖对象。

第七,社区居民对区活动的参与积极性似乎不强,但是有一半以上的居民具有社区参与的意识,只是缺乏引导。因此,在未来的社区建设中积极发展民间主导型社会管治模式应是重要的方向。

第七章 结论与讨论

第一节 结 论

本研究从管治发生开始,进而讨论了管治与公共服务的基本理论。在这个理论讨论的基础上,我们进一步研究了中国的公共服务的管治体制,包括它的主体结构与模式,最后从实证案例角度考察了城市公共服务业管治的问题。经过这个自上而下的研究。在理论研究方面,我们得到了下列结论。

第一,公共物品的基本特性是可共享性和经营难控制性。但是公共服务的地理背景——城市具有某种复杂性,这种复杂性可能不同程度破坏公共物品的共享性和难控制性,从而导致管治的多样化。

第二,公共服务业管治的基本结构是由供应和需求的配合,参与这个结构的有三个主体即消费者、生产者和连接生产者和消费者的供应者。供应者的转变意味着管治类型的转变。

第三,我国现阶段公共服务业管治的类型包括政府部门、私人部门和第三部门(包括公民自身及家庭)。这种主体结构的转变在1991年前是被动的,1995年开始是主动的,1991~1994年是过渡阶段。转变的动力包括政府的财政压力、政府的责任感和私人部门的经济利益。

第四,我国公共服务业管治模式包括政府主导型模式、市场主导型模式仍然、民间主导型模式(草根型模式)和社会组织主导型模式。另外还存在政府唯一型作为政府主导的亚型。不论是哪种模式都是与具体社会背景相协调的产物。

第五,现阶段公共服务管治模式形成的机制包括:①国家推行的正式制度调整作为主动因素以及为实施的政府职能转变作为被动因素的政府作用,②地方政府推行的城市管理体制的变革,③ 市场机制促使权力关系的改变,④ 建立在信任基础上的社会规范等非正式制度的形成,⑤公民意识的培育。另外行业差异、地区差异也导致管理模式的差别。

在对城市公共服务(业)更细致的考察中,我们发现城市公共服务业及其管治具有下列特点。

第一,政府对公共服务的投入大大增强,从而刺激了公共服务和公共物品供给大幅度增加。

第二,公共服务业的经济地位提高,公共服务业逐渐成为就业重点。

第三,企业家式的管理模式是政府主导型管治模式的主要特点。

第四,以市场为主导的民营企业在公共服务的管治主体中实力越来越强。

第五,慈善事业不断发展并促进了政府、市场与市民社会的合作。

第六,在医疗卫生领域,资源成分多样化、投入多样化的产业发展基础导致管理模式多样化。

第七,在教育领域,政府规制放松,民间投资日益增加的产业基础导致政府主导为主,草根型模式为辅的管治模式。

第八,在空间分布方面,从城市中心开始向边缘农村转化,依次

第七章 结论与讨论

按政府主导型模式为主、市场主导型模式为主和草根型模式为主。政府唯一型、社会组织型未观察到空间分布的差异。

第九,对服务业的行业分析发现,在政府主导型中各种公共服务中,供水、通信等可营利项目,公众反映一般较好,但是环境卫生、排水这些工作非营利服务公众反映差。政府唯一型的服务如治安,公众评价更低。这反映了政府主导型管治中仍然存在利益驱动。

第十,对服务业的行业分析发现,在市场主导型和市场政府混合管治型,服务业多样化程度到,这种多样化表现在对社会各阶层的适应。社会组织主导管治的公共服务也表现出多样的多样化特征。而且对于政府市场混合型公共服务,其供给水平与居民日常生活中的需求程度有关,居民日常需求越高,则供给满意度越高。

第十一,地理空间的差异性导致了公共服务管治结构和模式上的差异。在这类服务资源丰富的老城区可以采用政府主导、民间为辅的管治模式,也可以是政府、社会组织并行的混合型管治模式。而新城区、新兴城市化地区和郊区的社区充分发挥现有资源,结合社会基础和经济基础采用民间主导型管治模式具有一定的优势。

我们还对城市社区的公共服务差异和公众积极性作了分析。作为实际研究,就不在这里作理论总结。它们有以下四个特点。

第一,社区民间自治(半官方)机构参与有助于社会主导型公共服务水平的提高。不过,随着社会的发展,人们的需求越来越细化,对这类有关基本生活服务要求越来越多样化,而市场是多样化供给的主导力量,因而市场主导将是这类服务管治中的主要力量。这类服务的管治模式也将由以社会组织主导管治模式向社会组织与市场主导管治模式并行发展。

第二,不同地区的居民在公共服务管治中的参与性也有较大的差异。城市型社区的参与性高于转型社区,老城区的社区普遍参与性大,经济水平越高的地区参与积极性也越大。

第三,农村城市化转型社区以及城中村型社区对社区内带有半官方性质的社会组织有较高的偏好度(如社区服务中心、居委会、村委会等),这些社会组织能动性很大,社区公共服务供给潜力大,这主要与这些地区政府投入相对较低有关。在这些新社区草根型管治模式更容易发展,因此这类型社区的社会组织主导型服务有较大的发展空间。

第四,城市居民对公共服务提供的主体和方式持比较务实和开放的态度。只要能有效地满足居民的需要,服务的主体是政府部门,还是社会组织,是市场还是其他(如个人);服务的供给方式是有偿还是无偿,是盈利还是非盈利;志愿的还是义务的,还是专业的、商业的,都得到了同样的重视和认同,并且都能加以利用。普遍对公共服务的多元化供给持认同的态度。由于当前公共服务多元化发展还处于起步的阶段,许多地方还不完善规范,这与市场机制不完善,社会组织发育迟缓等密切相连的。因此,居民对于政府部门作为公共服务供给主体仍然持有较高的信任度。

第二节 公共服务管治模式讨论

本书是对公共服务业管治的实证研究,不讨论政策问题,作为一项研究,仍然有许多问题要讨论。首先是公共服务管治对城市发展的影响和作用,我们认为在地理学上具有以下重要意义。

第七章 结论与讨论

1. 影响区位重构

正如前文所述,多样性的地域空间,同样也具有多样化的公共服务管治模式,在不同的地域空间具有各自独特的适应本地区的公共服务生产供给和消费结构。在城市的郊区,房地产开发商以市场为导向,大力的开发地区的公共服务配套设施,促进开发地区公共服务水平的发展,如学校、医院等,从而促进其开发房地产的市场占有率。这种以市场为主导的公共服务管治模式促进了城市新区的开发,促进了新区的人口和服务的聚集,从而加速了城市的郊区化进程。

2. 促进公共服务(业)的空间结构变化

由于公共服务的城市管治影响,公共服务业的发展会因为管治而表现出蓬勃的生机。正如整个珠三角地区正在加速区域间合作,各地方政府都加入到对话与合作的行列,都以共赢为目标,于是在区域间的公共基础设施建设中不断地尝试强水平政府主导型模式,从而使整个珠三角的公共基础设施整体迈向一个新的台阶。同样的,广州华南板块的崛起,因为这里实行了市场主导型的公共服务管治模式,因而彻底改变了这一地区的公共服务质量和水平,以往的地区劣势成为今天的优势,这正是管治的力量。

3. 集群作用

公共服务管治还有一个十分重要的影响就是在特定公共服务行业上的集群作用。如在教育的发展上总是政府拥有最为强劲的实力,因此政府主导力量在教育的发展上总是最为突出。广州市东山区教育水平居全市之首,省级学校绝大部分居于此,也形成了教育事业上的良性循环和互动，这正体现出政府主导型管治模式的优势。

4. 空间分异

正如前文所述，不同的地域空间会有不同的管治模式，这些不同的管治模式会进一步强化空间特征和地域特色，但是它们都是最适应这个地区居民的，也最能体现这个地区居民的生活特色。这个世界是多样化的世界，同样也有多样化的人群，正是因为有了多样化的场所我们才会有更加多样化的生活。

5. 社会环境重塑

社会环境重塑包括经济环境、生活环境、人文环境等。公共服务管治的最显著特点就是对公共服务本身的改善，它意味着最有效和最高效地解决问题，实现社会效益最大化，包括政府、市场和广大市民的利益。在管治的动态发展过程中最终的导向是"以人为本"。公共服务的提高是为了让市民的生活更加有质量，也为了让社会经济发展更有潜力和动力，而这一切都是为了让人的生活更加美好。管治改变的不仅仅是经济发展水平，更为重要的是对社会整体环境的重塑。

进一步我们要认识的是关于转型时期中国城市公共服务管治及相关研究的发展方向。转型时期对于城市公共服务管治的研究可以说还处于刚刚起步阶段，还有相当多的问题和领域需要我们去挖掘，去深入探讨。对于管治这个新兴领域，各个学科都希望在其中有所突破，不论是政治学、管理学，还是经济学都试图抢占这个阵地。同样的，地理学也应发挥学科优势，也能够在其中有所建树，并能够将地理学发扬光大。这也是每一个地理学工作者追求的目的。

第七章 结论与讨论

也经常会听到许多同行提出公共服务管治的研究到底属于什么学科这样的疑问,笔者也曾为此而疑惑过,后来听取了许多前辈的意见,豁然开朗:研究什么问题并不重要,重要的是地理学者用地理学的思维方式和手段解决问题,指导社会实践。所以现在我们所需要的是抛开一切包袱,尽一个地理工作者的所有专业素养致力于这一全新的研究领域。

最后,我们提出关于转型时期中国城市公共服务管治的问题的建议。

第一,公共服务管治的最主要目的是为了实现人的发展,社会整体的发展。而政府作为社会的掌舵者对社会的发展具有极为重要的意义。正如世界银行在最近的研究中指出,一个高效的国家(政府)对于公共物品和公共服务的充分供给具有重要的意义——其运行规则和组织——它使市场得以繁荣,人民的生活更加健康幸福美满。而正处于转型时期的中国建设强大的政府,不仅是中央政府,还有各级地方政府是实现公共服务良治的必要条件,也是最重要的条件。

第二,市民生活的多样化以及社会的多元化决定了在社会公共服务领域会存在不同的需求和供给关系。管治正是适应了这样的变化特征,以弹性的方式来回应这种多元化。由于社会差异(地理的、经济的、个人自身条件的等)所形成的不同人群或阶层必然会促使公共服务管治的差异。因此,管治绝对没有一个固定的模式,它总是处于不断地调整过程以适应事物的变化。当前中国城市公共服务管治最主要的是关注绩效,关注所涉及的主体。

第三,不论是国家,还是市场以及市民社会都不断地追求变革与创新,这是社会的多元化始然。规范化、均一化的社会是为了让管理者更好地实现管理,但绝不是让广大的人民生活得更加丰富多彩。

而管治恰恰是实现了对人的关怀。因此,管治的思想其实已自觉不自觉地渗透到我们的社会治理和日常生活中。

第三节 公共服务业城市管治的地理学意义

管治的研究起源于社会科学如公共管理学、社会学等,因此,管治研究的开展一开始就具有较强的社会科学性质,注重现象总结。绝大多数是以政治学为理论研究背景研究城市管治结构中的权力关系,或是从制度经济学出发,研究管治的形成机制。但是按照地理学的研究特点,我们还需要在"是什么"和"有什么样的特点"基础上回答"为什么"、"如何解决",并提出建议。我们需要进一步了解不同的空间结构会对权力关系产生何种影响,会形成何种制度,会对制度变迁产生什么影响,尤其需要我们从人地关系中去研究问题和现象的本质,同时从理论上进行深化。无疑这种研究将管理学、政治学、经济学的特点和地理研究联系起来。一方面我们可以借鉴地理学的研究理论,借鉴社会学、管理学的研究方法去研究社会问题,同样也可以用社会学、管理学的研究理论,借鉴地理学的研究方法去解决社会问题。比如,当前在城市地理学和城市规划学界十分热门的行政区划的调整,区域冲突协调的研究,这些问题加入社会学、政治学、管理学的研究方法,那么它就使地理研究超越了空间层次。同样,对城市管治的研究我们加入地理学的研究方法和理论,也使社会问题具有更强的实证性和应用性。

对公共服务业城市管治的地理研究告诉我们社会研究是横跨多

第七章 结论与讨论

学科的研究体系,它不是社会学科的专属。相反,作为自然科学的地理学在社会研究中具有极大的优势,人地关系剖析上的独特性使地理学成为连接社会科学和自然科学的重要桥梁。

参考文献

[1] Agnew, J. 1987. *Place and Politics*. The Geographical Mediation of State and Society. London: Allen and Unwin.
[2] Bagguley, P., Mark, L. J., Sharpiro, D., Urry, J., Walby, S. and Arde, A. 1990. *Restructuring: Place, Class and Gender*. London. Sage.
[3] Becker, B. 2000. Political Economy of City Sizes and Formation. *Journal of Urban Economics*, Vol. 48, pp. 453-484.
[4] Bell, D. 1973. *The Coming of Post-industrial Society*. New York: Basic Books. pp. 127.
[5] Boeninger, E. 1991. *Governance and Development in Proceedings of the World Bank Annual Conference on Development Economics*. World Bank, Washington, D. C.
[6] Brenner, N. 2002. Decoding the Newest "Metropolitan Regionalism" in the USA: A Critical Overview. *Cities*, Vol. 19(1), pp. 3-21.
[7] Bretschger, L. 1999. *Growth and Sustainable Development*. Edward Elgar, Cheltenham.
[8] Carole Rakodi. 2001. Forget Planning, Put Politics First: Priorities for Urban Management in Developing Countries. *Planning and Politics in Urban Management*, Vol. 3, issue 3, pp. 209-213.
[9] Cohen. S. and Taylor. L. 1992. *Social Trends* 22, London: HMSO.
[10] Commission on Globlal Governance. 1995. *Our Global Neighbourhood*. Oxford: Oxford University Press.
[11] David, J. B. 1998. Comment on Urban Governance in Relation to the Operation of Urban Services in Developing Countries by Trudy, H. and Kwasi, A. B. *Habitat Itnl*, Vol. 22 No. 1 pp. 69-72.
[12] David, O., Ted, Gaebler. 1992. Reinventing Government: How the Entrepreneurial Spirit is Transforming the Public Sector. *Reading*. MA: Adidison-Wesley.
[13] Dennis C. M. 1989. *Public Choice II*. Cambridge: Cambridge University

Press. pp. 1-2.
[14] Devas, N. 1999. Who Runs Cities? —The Relationship between Urban Governance, Service Delivery and Poverty. *Urban Governance, Poverty and Partnerships Theme Paper* 4, pp. 18-27.
[15] Fainstein N I and Fainstein S S. 1983. Regime Strategies, Communal Resist-ance, and Economic Forces, in: Fainstein S S and Fainstein N I, (eds). *Restructuring the City*. New York: Longman, pp. 245-282.
[16] France, J., Levacic, R., Mitchell, J. and Thompson, G. 1991. *Markets, Hierarchies and Networks: The Coordination of Social Life*, Sage. pp. 18.
[17] Giddens, A. 1984. *The Constitution of Society*. Cambridge: Polity Press.
[18] Giddens, A. 1987. *Social Theory and Modern Sociology*. Cambridge: Polity Press.
[19] Gyford, J. 1992. Does Place Matter? *Locality and Local Democracy*. London: The Local Government Management Baoard, The Belgrave Pagers No. 3.
[20] Hall, P. and Pfeiffer, U. 2000. *Urban Future 21: A Global Agenda for Twenty-First Century Cities*. Routledge, pp. 163-310.
[21] Hall. T. and Hubbard, P. 1996. *The Environmental Law Hand Book: Planning and Land Use in New South Wales*. Sydney: Redfern Legal Centre publishing.
[22] Harpham, T. and Boating, K. A. 1997. Urban Governance in Relation to the Operation of Urban Services in Developing Countries. *Habitat Itnl*, Vol. 21(1) pp. 66-77.
[23] Harvey, D. 1989. Urban Places in the Global Village: Reflections on the Urban Condition in Late Twentieth Century Capitalism. *World Ities and the Future of Metropoles*. Edited by L. Mazza. Electra. XVII Triennale. pp. 21-32.
[24] Holzer, M. and Callahan K. 1998. *Government at Work: Best Practics and Model Programs*. California: Sage.
[25] Hood, C. 1991. A Public Management for All Seasons. *Public Administration*, Vol. 69, pp. 3-19.

[26] Hull, A. 1998. Spatial Planning: the Development Plan as a Vehicle to Unlock Development Potential? *Cities*, Vol. 15, No. 5, pp. 327-335.

[27] Jessop, B. 1999. Reflections on Globalization and its (II)Logics, in Peter Dicken, Philip Kelley, Kris Olds, and Henry Yeung(eds.). *Globalization and the Asia Pacific: Contested Territories*. London: Routledge, pp 19-38.

[28] Keane, J. 1988. *Democracy and Civil Society*. London: Verso, pp. 71-75.

[29] Kearns, A. 1995. Active Citizenship and Local Governance: Political and Geographical Dimensions. *Political Geography*, Vol. 14, No. 2, pp. 155-175.

[30] Kenneth, D. 1993. The Institutional Framework for Planning and the Role of Local Government. In Nick, D. and Carole, R. (eds), *Managing Fast Growing Citie: New Approaches to Urban Planning and Management in the Developing Countries*. Longman Scientific & Technical. New York. Harlow, Longman.

[31] Kerrie, L M. 1997. The City and the State: Historical Reflections on Hongkong's Identity in Transition 1997 and Beyond. *Cities*, Vol. 14(5), pp. 229-286.

[32] Kombe, W. J. and Kreibich, V. 2000. Reconciling Informal and Formal Land Management: an Agenda for Improving Tenure Security and Urban Governance in Poor Countries. *Habitat International*, Vol. 24, pp. 231-240.

[33] Kooiman, J. and Van Vliet, M. 1993. Governance and Public Management in Eliassen, K. A., Kooiman, J. (Eds). *Managing Public Organizations*. Sage, London, pp. 58-72.

[34] Leftwich, A. 1993. Governance, Democracy and Development in the Third World. *The Third World Quarterly*, Vol. 14(3), pp. 610.

[35] Levitt, T. 1973. *The Third Sector: New Tactics for a Responsive Society*. New York, AMACOM.

[36] Louis, K. 1995. A Fundamental Objection to Tax Equity Norms: A Call for Utilitarianism. *National Tax Journal*, Vol. 48(4), pp. 497-514.

[37] Lynn, P. and Davis-Smith, J. 1992. *The 1991 National Survey of Voluntary Activity*. Berkhemsted: The Volunteer Centre UK.

[38] Mayer, M. 1995. Urban Governance in the Post-fordist City in Healey, P. et al. (eds). *Managing Cities, the New Urban Context*. Chichester. West Sussex: John Wiley&Sons.

[39] Murdoch, J. and Abram, S. 1998. Defining the Limits of Community Governance. *Journal of Rural Studies*, Vol. 14(1), pp. 41-50.

[40] Murphy, P. A. and Chung-Tong Wu. 1999. Governing Global Sydney: From Managerialism to Entrepreneurialism, Friedmann, J. (eds). *Urban and Regional Governance in the Asia Pacific*. Vancouver, Canada.

[41] Osborne, D. and T. Gaebler. 1992. *Reinventing Government*. Readng MA: Addison-Wesley. Paproski, P. 1993. "Urban Governance Systems—Another Unanalysed Abstraction?" *Development Planning Unit*, No. 28. London: University College. Patricia, M., Halfani, M. and Rodrigues, A. 1995. Towards an understanding ofgovernance, in Stren, R. and Bell, J. K. (eds). *Perspectives on the City*, pp. 94-141.

[42] Pierre, J. 1999. Models of Urban Governance: the Institutional Dimension of Urban Politics. *Urban Affairs Review*. Vol. 34(3), pp. 372-96.

[43] Puglisi, M. and Marvin, S. 2002. Developing Urban and Regional Foresight: Exploring Capacities and Identifying Needs in the North West. *Futures*, Vol. 34, pp. 761-777.

[44] Raco, M. 2000. Assessing Community Participation in Local Economic Development-lessons for the New Urban Policy. *Political Geography*, Vol. 19, pp. 573-599.

[45] Rhodes, R. 1996. The New Governance: Governing without Government. *Political Studies*, Vol. 44, pp. 652-667.

[46] Rogerson, R. and Boyle, M. 2000. Property, Politics and the Neo-liberal Revolution in Urban Scotland. *Progress in Planning*, Vol. 54, pp. 133-196.

[47] Stocker, G. 1995. Regime Theory and Urban Politics, in Judge et al. *Theory of Urban Politics*.

[48] Simpson, F. and Chapman, M. 1999. Comparison of Urban Governance

and Planning Policy: East Looking West. *Cities*, Vol. 16, No. 5, pp. 353-364.

[49] Tricker, R. I. 1994. *International Corporate Governance*. Prentice Hall, New York, NY, pp. 482-3.

[50] Werna, E. 2001. Shelter, Employment and the Informal City in the Context of the Present Economic Scene: Implications for Participatory Governance. *Habitat International*, Vol. 25, pp. 209-227.

[51] Williams, G. 1999. Metropolitan Governance and Strategic Planning: a Review of Experience in Manchester, Melbourne and Toronto. *Progress in Planning*, Vol. 52, pp. 99-100.

[52] Williamson, O. E. 1993. Transaction Cost Economics and Organization Theory. *Institutional and Corporate Change*, Vol. 2, pp. 107-156.

[53] World Bank. 1994. *Governance—The World Bank's Experience*. World Bank, Washington, DC.

[54] [美]埃尔文·托夫勒著,黄明坚译:《第三次浪潮》,中信出版社,2006年。

[55] [美]埃丽诺·奥斯特罗姆、拉里·斯罗德、苏珊·温:《制度激励和可持续发展:基础设施政策透视》,上海三联书店,2000年,第122页。

[56] A. 拉奎恩:"21世纪城市的规划:机遇与挑战"(首届世界规划院校大会开幕式主题发言稿),《国外城市规划》,2001年第6期。

[57] [美]奥尔森著,陈郁等译:《集体行动的逻辑》,上海三联书店、上海人民出版社,1995年,第13页。

[58] [美]奥斯特罗姆、帕克斯、惠特克:《公共服务的制度建构》,上海三联书店,2000年。

[59] [美]保罗·A. 萨缪尔森、威廉·D. 诺德豪斯著,胡代光等译:《经济学》,北京经济学院出版社,1996年,第571页。

[60] 鲍勃·杰索普:"治理的兴起及其失败的风险:以经济发展为例的论述",《国际社会科学》,1999年第1期。

[61] [美]贝瑞·卡特:《无限财富》,辽宁画报出版社,2000年。

[62] 陈晨曦:"数字城市公共服务设施规划",武汉大学硕士论文,2001年。

[63] 陈明明:"比较现代化、市民社会、新制度主义",《战略与管理》,2001年第4期。

[64] 陈艳萍:"论居住区有关设施配置指导体系的改革",《建筑学报》,2000年

第 4 期。
[65] 陈振光、胡燕:"西方城市管治:概念与模式",《城市规划》,2000 年第 9 期。
[66] 邓淑莲:"政府与基础设施发展",上海财经大学博士论文,2001 年。
[67] 邓卫:"突破居住区规划的小区单一模式",《城市规划》,2001 年第 2 期。
[68] 丁一凡:《大潮流——经济全球化与中国面临的挑战》,中国发展出版社, 1998 年。
[69] [美]E. S. 萨瓦斯:《民营化与公私部门的伙伴关系》,中国人民大学出版社,2001 年,第 3~5 页。
[70] [美]弗朗西斯·福山:《信任:社会美德与创造经济繁荣》,海南出版社, 2001 年,第 4 页。
[71] 格里·斯托克:"作为理论的治理:五个论点",《国际社会科学》,1999 年第 1 期。
[72] 顾朝林:"发展中国家城市管治研究及其对我国的启发",《城市规划》, 2001 年第 9 期。
[73] 顾朝林:"论城市管治研究",《城市规划》,2000 年第 9 期。
[74] 顾朝林:"南京城市行政区重构与城市管治研究",《城市规划》,2002 年第 9 期。
[75] 洪明、徐逸伦:"我国小城镇管治研究初探",《城市规划》,2001 年第 9 期。
[76] 胡鞍钢、王绍光:《政府与市场》,中国计划出版社,2000 年。
[77] 胡仙芝:"从善政向善治的转变——治理理论与中国行政改革研讨会综述",《中国行政管理》,2001 年第 9 期。
[78] 胡燕、陈振光:"中国市民社会与城市政府的互动——以广州洛溪大桥收费风波为例",《城市规划》,2002 年第 9 期。
[79] 黄光宇、张继刚:"我国城市管治研究与思考",《城市规划》,2000 年第 9 期。
[80] 黄恒学:《公共经济学》,北京大学出版社,2002 年,第 109 页。
[81] 黄丽:《国外大都市区治理模式》,东南大学出版社,2003 年。
[82] 黄伟、刘学政:"公共管理社会化与公共服务市场化",《城市发展研究》, 2002 年第 6 期。
[83] 江波:"体制分析与体制选择——对中国第三产业中的公共服务与准公共服务研究",华南师范大学博士论文,2001 年。
[84] 景跃进:"市民社会与此中国现代化学术讨论会要",《中国社会科学季

刊》,1993年第14卷。
- [85] [美]凯恩斯:《就业利息和货币通论》,商务印书馆,1988年,第7页。
- [86] 李兴耕等:《当代外国经济学家论市场经济》,中共中央党校出版社,1994年,第288页。
- [87] 李秀辉、张世英:"PPP与城市公共基础设施的建设",《城市规划》,2002年第7期。
- [88] 历幡:"国内外城市基础设施建设对比研究",《城市经济研究》,1993年第1期。
- [89] 林喆:"权力的分化及国家权力的社会化",《政治与法律》,2001年第2期。
- [90] 刘筱:"广州市郊区化研究",中山大学硕士论文,2000年。
- [91] 刘筱:"浅议Governance在全球的兴起",《城市规划汇刊》,2002年第1期。
- [92] 罗鹏飞、徐逸伦:"管治与我国城市社区组织的制度创新",《现代城市研究》,2003年第2期。
- [93] 马克思、恩格斯:《马克思恩格斯选集》第三卷,人民出版社,1972年,第9~10页。
- [94] 迈克尔·麦金尼斯:《多中心地体制与地方公共经济》,上海三联书店,2000年,第99页。
- [95] [英]R.科斯、[美]A.阿尔钦、[美]D.诺斯等:《财产权利与制度变迁》,上海三联书店,1994年。
- [96] 让-皮埃尔·戈丹:"现代的治理——昨天和今天:借重法国政府政策得以明确的几点认识",《国际社会科学》,1999年第1期。
- [97] 任远:"城市社区服务建设问题与对策研究",《现代城市研究》,2001年第5期。
- [98] [日]山田浩之:《城市经济学》,东北财经大学出版社,1991年,第124页。
- [99] 沈建法:"城市政治经济学与城市管治",《城市规划》,2000年第11期。
- [100] 沈建法:"跨境城市区域中的城市管治——以香港为例",《城市规划》,2002年第9期。
- [101] 宋林飞:《现代社会学》,上海人民出版社,1987年,第338页。
- [102] 孙钰:"城市公共物品的市场化运营研究",南开大学博士论文,1999年。
- [103] 唐子来:"居住小区服务设施的需求形态:趋势推断和实证检验",《城市规划》,1999年第5期。
- [104] 汪永成、马敬仁:"香港公共物品供给模式及其启示",《城市问题》,1999

年第 2 期。
- [105] 王绍光:《多元与统一——第三部门国际法际比较研究》,浙江人民出版社,1999 年,第 9~10 页。
- [106] 王振海:《社区政治论》,山西人民出版社,2003 年,第 3 页。
- [107] 吴缚龙:"市场经济转型中的中国城市管治",《城市规划》,2002 年第 9 期。
- [108] 吴锦良:《政府改革与第三部门发展》,中国社会科学出版社,2001 年。
- [109] 吴湘玲、朱登兴:"城市公共服务市场化——提高行政效率的一种探讨",《社会主义研究》,2001 年第 3 期。
- [110] 吴忠泽:《社团管理工作》,中国社会出版社,1996 年,第 7~8 页。
- [111] 徐小青:《中国农村公共服务》,中国发展出版社,2002 年,第 19 页。
- [112] 徐宗威:"法国城市公用事业特许经营制度及启示",《城市发展研究》,2001 年第 8 期。
- [113] 杨团:《社区公共服务论析》,华夏出版社,2002 年。
- [114] 杨震、赵民:"论市场经济下居住区公共服务设施的建设方式",《城市规划》,2002 年第 5 期。
- [115] 姚鑫、陈振光:"论中国大城市管治方式的转变",《城市规划》,2002 年第 9 期。
- [116] 易晓峰、唐发华:"西方城市管治研究的产生、理论和进展",《南京大学学报》(哲学·人文科学·社会科学),2001 年第 5 期。
- [117] 易晓峰、甄峰:"城市开发中的城市管治研究——以汕头市南区开发为例",《城市规划汇刊》,2001 年第 1 期。
- [118] 易峥:"转型时期中国城市居住流动研究——以广州为例",中山大学博士论文,2003 年。
- [119] 余池明:"十五期间城市基础设施的投资需求和融资策略",《城市发展研究》,2001 年第 4 期。
- [120] 俞可平:《治理和善治》,社会科学出版社,2000 年。
- [121] 曾萍、沈陆澄:"市场经济条件下教育设施规划的失灵、重整与预警——谈汕头市龙湖区中小学校布局规划的实践",《规划师》,2001 年第 5 期。
- [122] 詹姆斯·布坎南:《自由、市场和国家》,北京经济学院出版,1988 年。
- [123] 詹姆斯·布坎南:《民主过程中的财政》,上海三联书店,1992 年,第 13 页。

[124] 张京祥:"城市与区域管治及其在中国的研究和应用",《城市问题》,2000年第6期。
[125] 张京祥、黄春晓:"管治理念及中国大都市区管理模式的重构",《南京大学学报》(哲学·人文科学·社会科学),2001年第5期。
[126] 张京祥、沈建法、黄军尧、甄峰等:"都市密集地区区域管治中行政区划的影响",《城市规划》,2002年第9期。
[127] 张京祥、庄林德:"管治及城市与区域管治——一种新制度性规划理念",《城市规划》,2000年第6期。
[128] 张仁俐、赵旭、黄宽宏、张绍等:"当前居住区公建配套标准的制订",《城市规划汇刊》,2001年第3期。
[129] 张晓霞:"公共服务市场化研究",兰州大学硕士论文,2000年。
[130] 郑秉文:《市场缺陷分析》,辽宁人民出版社,1991年,第211页。
[131] 周春山:"改革开放以来大都市人口分布与迁居研究——以广州为例",中山大学博士论文,1994年。
[132] 周婕、龚传忠:"基于管治思维的中国城市建设行政管理体制",《城市规划》,2001年第9期。
[133] 踪家峰、王志锋、郭鸿懋等:"论城市治理模式",《上海社会科学院学术季刊》,2002年第2期。

后　　记

　　2002年，我参加了导师闫小培教授主持的国家自然科学基金（杰出青年基金）的课题，研究具有挑战性的领域"公共服务业的管治模式"，并且于2004年6月完成了博士学位论文。2007年，我又获得了国家自然科学基金（青年基金）的支持，继续研究这个项目，基于这些研究成果终于有了此书。

　　面对眼前的书稿，我想告诉读者的是在这本书的写作中，始终得到了闫小培教授的指导。闫小培教授指导我确定了大纲，帮助我理清了学术思想，与我讨论了书的细节，并且审阅了本书，为本书的最后完成奠定了坚实的基础。今天，当我在键盘上录入最后一个字符时，不觉深深庆幸在人生道路的选择与行进中一直有这位杰出女性在影响和改变着我。闫小培教授从本科做我们班主任起，她就为我们树立一个优雅、自信的知识女性典范，她对事业的追求和对家庭的责任告诉了我们什么才是成功的女性。我敬佩的不仅仅是她严谨的治学态度和精深的学术涵养，更为重要的是她坦荡的人品、从容的态度以及自信坚强的品格，这正是一直鼓励我努力至今的动力。除了闫老师，还有母校中山大学的许学强教授、陈浩光教授、魏清泉教授、司徒尚纪教授，我衷心感谢他们在我求学的十年中对我的悉心教导和培育，他们深厚的师德修养、严谨的治学态度使我终身受益无穷。我还感谢中山大学城市与区域研究中心的年轻教师周春山、李玲、林琳、薛德升、曹小曙、林耿等学者，对于我来说他们不仅仅是老师，还是在学业以外给我很多人生经验和启发的兄长、朋友。我还要感谢韩杰明老师对我日常学习和查阅资料的热心帮助,感谢中山大学城市与区域研究中心的同窗、同门,感谢钟韵、方远平、王建军、程玉鸿、林彰平等同学的真诚帮助,他们也见证了我的成长。

感谢中国科学院科技政策与管理科学研究所的王铮研究员,在本书写作过程中他给我的科学思想启示和某些内容的讨论让我受益匪浅。特别是他的智慧与才华以及对科学的执着精神深深地感染着我,他让我感悟到了世间无处不在的美——艺术之美、生活之美,还有科学之美,对美的追求才是成就人生的最强大力量。我还要感谢给予我支持和协助的吴静、袁涛、张焕波等同学,师弟刘志刚、赵品明,他们在数据处理和资料整理上给予我大力帮助。对于本书的完成我还要感谢北大研究生院深圳分院的同窗好友普军博士、中国城市规划设计研究院深圳分院的王泽坚硕士,他们为我的研究提供了众多实际的支撑,特别是帮助我获取了充分的一手素材,使得我可以进行深入的研究。另外,深圳市公众力咨询公司在书稿的排版和文字处理中也给予了大力的帮助。

感谢中山大学老师也是我的挚友沈静博士一直以来对我的鼓励和帮助,这么多年的相互扶持,共同经历了那么多美好与挫折,使我始终保持对工作、生活的热情和激情。

感谢我现在的工作单位深圳大学管理学院。新的工作环境和研究领域丰富了我的研究视野和学术思想,并且支持我进入中国科学院科技政策与管理科学研究所进行博士后研究,使我更好地发现了人文地理学与公共管理学、区域经济学的研究契合点。

我还要感谢在实地调研过程中给予我极大帮助的共青团广东省委青年志愿者指导中心,广州市民政局基层政权建设处夏成就处长、

后　记

社区建设处潘永红科长，广州市劳动和社会保障局政策法规处谢迎建处长、养老保险处韩世杰处长，广州市计委办公室邓世文先生、天河区政府天园街道办事处陶小民副主任、骏景社区居委会何月玲主任、南华西街团工委黄启文副书记，广州市三元里实业有限公司李国强副书记等，在此向他们致以诚挚的谢意。

特别感谢商务印书馆的颜廷真博士在本书出版过程中付出的辛苦劳动和真诚的建议帮助，本书能够在商务印书馆出版是我的荣幸！

从1992年我进入中山大学学习，转瞬之间，在学术道路上我已行走了16年。从本科到博士，再到博士后，从菁菁康乐园的学子走到葱葱荔园的讲台，每一阶段都让我感慨万千，不知不觉竟然发现人生梦想和人生道路已与年少的憧憬相去甚远，唯一不变的是执着与追求的幸福。无疑，求学与为学之路很苦，尤其是对于一名现代青年女性，但人生道路始终都在学习取舍。虽然错过了青春年华的浮光华彩，却换来了终身受益的知识，更为重要的是它带给了我对人生的把握和自信，给予我坚强的信念和价值观。

最后我要感谢我的家人，是他们陪伴我并给予我勇气，使我坚持走过了研究与写作的所有过程，是他们让我明白了爱的力量，明白了责任和使命，在事业与生活之间领悟到两者的和谐之美！从走向学术道路的那一天开始，我逐渐明白了什么叫坚持，什么叫毅力，什么叫忍耐，这些品质让我学会了如何去面对孩子。从为人母的第一天开始，我也逐渐培养了观察能力，学会了淡定，领悟到了更深刻的爱与智，而这些更让我敏锐地发现了科学之美，从而让我走上了学术不归路。

谨以本书献给我的家人，你们无私的关爱和默默的支持是我一生最宝贵的财富。我将永远铭记父亲的话："放手向前走，无论你遇到什么困难,我们都无条件地支持你,我们永远是你的大后方!""大后方"——我的亲人,谢谢您们。

  区域管治的问题很多,我想本书是我对区域管治研究的第一个总结。

刘 筱

2008 年 6 月于深圳大学